◉诉讼法学文库 2010（4）
总主编　樊崇义
安徽省教育厅人文社科项目“证明标准层次性研究”（编号：2008SK067）
暨安徽大学人才建设项目“刑事证明标准研究”成果

证明标准研究

——以刑事诉讼为视角

ON THE STANDARD OF PROOF

——FROM THE PERSPECTIVE OF CRIMINAL PROCEDURE

郭志远　著

中国人民公安大学出版社
·北　京·

图书在版编目（CIP）数据

证明标准研究：以刑事诉讼为视角/郭志远著. —北京：中国人民公安大学出版社，2010.4

（诉讼法学文库）

ISBN 978-7-81139-937-0

Ⅰ. ①证… Ⅱ. ①郭… Ⅲ. ①刑事诉讼—证据—研究—中国 Ⅳ. ①D925.213.4

中国版本图书馆 CIP 数据核字（2010）第 003166 号

证明标准研究

——以刑事诉讼为视角

ON THE STANDARD OF PROOF

——FROM THE PERSPECTIVE OF CRIMINAL PROCEDURE

郭志远 著

出版发行：中国人民公安大学出版社

地　　址：北京市西城区木樨地南里

邮政编码：100038

经　　销：新华书店

印　　刷：北京蓝空印刷厂

版　　次：2010 年 4 月第 1 版

印　　次：2010 年 4 月第 1 次

印　　张：16.5

开　　本：787 毫米×1092 毫米 1/16

字　　数：304 千字

书　　号：ISBN 978-7-81139-937-0/D·764

定　　价：46.00 元

网　　址：www.cppsup.com.cn www.porclub.com.cn

电子邮箱：cpep@public.bta.net.cn zbs@cppsu.edu.cn

营销中心电话（批销）：（010）83903254

警官读者俱乐部电话（邮购）：（010）83903253

读者服务部电话（书店）：（010）83903257

教材分社电话：（010）83903259

公安图书分社电话：（010）83905672

法律图书分社电话：（010）83905637

公安文艺分社电话：（010）83903973

杂志分社电话：（010）83903239

电子音像分社电话：（010）83905727

“诉讼法学文库”总序

诉讼法制是现代法治的重要内容和标志之一，也是依法治国的重要保障。我国法制建设的历程已经证明，诉讼制度是否健全与完善，直接决定着实体法律的实际效力：没有相应的诉讼制度作为依托，实体权利只能是“镜中花、水中月”；没有完善的诉讼制度予以保障，实体法律将无法如其所愿地实现其追求的立法目的。更为重要的是，诉讼法制的完善程度如何，还直接反映和体现着一个国家、一个民族进步、文明、民主和法治的程度，是区分进步与落后、民主与专制、法治与人治、文明与野蛮的标志。在现代法治国家，诉讼制度作为法治的一个重要环节，受到了前所未有的重视。美国联邦最高法院法官威廉·道格拉斯曾谈道，“权利法案的大多数规定都是程序性条款，这一事实绝不是无意义的。正是程序决定了法治与恣意的人治之间的基本区别”。①

我国1999年宪法修正案正式确立了“依法治国，建设社会主义法治国家”的治国方略，为推进我国社会主义民主、法制建设，完善我国司法体制，提出了新的纲领和目标。而社会主义市场经济的初步发展则培育了公众的权利观念，并由此对司法公正提出了更高的要求。在此大背景下，通过增设新的诉讼制度以充实公民实体权利的实现途径，通过完善现行诉讼制度以保障实体法律的公正实施，从而推进依法治国，加快社会主义民主与法制建设的步伐，已经成为我国法治建设的关键所在。

诉讼制度的构建，与人们对诉讼原理的认识和把握有着密切的关系。诉讼原理是人类在长期的诉讼实践中，在大量经验教训的基础上总结出来的，对有关诉讼活动的规律性认识。诉讼原理在诉讼制度的构建及运作中发挥着高屋建瓴的作用。只有正确认识和准确把握诉讼原理，才能构建较为完善的诉讼制度，才能推动诉讼活动向良性运作的状态发展。我国在改革与完善诉讼法律制度时，对于人类经过长期理论与实践探索获得的原理性认识，不能不予以重视，也不能不认真加以借鉴、吸收。

我国诉讼的立法和实践曾十分严重地受到“左”倾思潮和法律虚无主义的影响，诉讼规律和诉讼原理长期被忽视、被冷落。由此造成的后果之一是：司法机关和诉讼制度的功能被狭隘化。例如，刑事司法机关和刑事诉讼法律

① 转引自季卫东：《法律程序的意义》，载《比较法研究》总第25期。

仅仅被视为镇压敌人、惩罚犯罪并通过镇压敌人、惩罚犯罪来维护社会秩序的功能单一的工具，忽视了司法机关和诉讼法制所具有的制约国家权力使之不被滥用和保护包括犯罪嫌疑人、被告人在内的公民基本人权的作用，忽视了刑事诉讼所具有的独立品格和价值。对诉讼原理、诉讼规律认识的片面和浅陋，已经严重地制约了我国诉讼法制发展的步伐，而且直接对公正、文明地进行诉讼活动产生了非常消极的影响。要扭转这一局面，必须在宏观法律观念上作一个大的转变，同时大力借鉴、吸收法治发达国家丰富的研究成果和宝贵的实践经验，加强对诉讼原理、诉讼规律的研究。

对诉讼原理的正确认识是诉讼立法科学化的前提条件。正确把握诉讼原理，可以帮助我们全面地认识司法机关的功能，并对各种不同的诉讼模式、规则进行正确的取舍，从而在一定的诉讼原理的指导下构建更为科学和更适合"本土资源"的诉讼模式、规则。由此制定的法律，将具有更强的民主性、文明性和科学性。反之，如果不能正确把握诉讼原理，对于存在着内在价值冲突的各种可供选择的立法方案就可能难以作出正确的选择，立法活动就可能要多走许多弯路，甚至要付出沉重的代价。

对诉讼原理的正确认识对于司法活动同样具有重要的积极价值。对诉讼原理的正确把握可以在一定程度上弥补立法的不足。法律永远是抽象的。要将抽象的法律适用于具体的案件，就必须有科学的观念作为指导。对基本诉讼原理的正确认识，将有利于指导人们对司法活动中必然存在的种种法律适用问题作出科学的解释，从而使法律文本本身存在的不足得到补救。在现代社会，由于法律的稳定性与现实生活千变万化之间的落差只能通过赋予司法人员自由裁量权的途径予以调和，因此，对基本诉讼原理的认识，还直接决定着司法人员在行使法律赋予的自由裁量权时，能否作出符合公正标准的决定或者裁判。

要贯彻"依法治国，建设社会主义法治国家"的治国方略，保障诉讼活动的公正进行，也必须认真研究诉讼原理，把握诉讼规律。当前，我国已有不少学者开始探索一些诉讼原理性的问题，如诉讼法律观、诉讼法哲学、诉讼目的、诉讼职能、诉讼价值、诉讼法律关系等，并已取得了一定的研究成果，这有力地推动了人们法律观念的变化，并对立法和司法活动发挥着积极的影响作用。但总的看来，我国诉讼法学界对诉讼原理问题的研究距离立法、司法实践的需求还有很大差距，还需要继续深人。尤其是现有的研究成果一般只是就诉讼的某一方面进行探讨，缺乏对一般性诉讼原理的全面、系统的探讨。因此，随着我国法治进程的推进，探讨一般性诉讼原理已经成为我国诉讼法学界必须研究的课题。

为吸引更多的诉讼法学者致力于诉讼原理的研究，同时也为了能够促使诉讼原理研究及时对立法、司法、学理研究等多个领域产生积极的影响，并对司法实际工作有所帮助，中国政法大学诉讼法学研究中心特意组织力量进行此项题为"诉讼法学文库"的大型丛书的编辑出版工作。"诉讼法学文库"是中心的一项长期出版项目，面向国内外专家、学者开放，凡以诉讼原理、诉讼规律为内容且有新意、有深度、有分量的专著、译著，以及对公安、司法工作有指导意义，对立法工作有参考价值的其他诉讼法学著作均可入选。

"诉讼法学文库"自 2001 年面世以来，得到了诉讼法学界专家、学者、实务工作者的热情支持，现已出版发行专著 60 多部，这些成果深受广大读者的青睐，已有多部著作获省部级以上的奖励，在这里特向广大读者和作者致以诚恳的谢意！由于编辑工作的需要，该文库从 2006 年起，每年以入选先后，另行排序。特此说明。

中国政法大学诉讼法学研究中心名誉主任

樊崇义

2007 年元月于北京

序

2009年11月25日早晨，我打开邮箱，接到郭志远同学从美国发来的邮件，说他的专著《证明标准研究——以刑事诉讼为视角》要出版了，请我作序。我很高兴。学生们出成果了，是一件值得高兴的事。

郭志远这本书从酝酿到现在已经很长时间了。郭志远读博士期间，我是他的导师，早在2006年，我们就曾经一起探讨过刑事诉讼证明各阶段证明标准的层次性问题，我们之前取得了一致意见。但这个问题在学术界和司法实务界存在不同意见，也缺乏前人的研究成果可资借鉴。后来，他愿意把这个问题作为博士论文的主要内容来写。这需要一定的勇气，更需要艰苦的探索。经过慎重考虑，我同意了他的这个选题。2008年，郭志远顺利通过博士论文答辩并取得学位，后来又远赴美国明尼苏达大学法学院学习。虽然他已经通过博士论文答辩了，但是他在美国期间仍然继续修改和完善他的博士论文，直至现在成为一本专著，并即将出版。我很高兴，并为他对知识渴求的精神、在学术研究中作出的艰苦努力而深深感动。

刑事诉讼证明标准既是一个重大的理论问题，又是长期以来困扰司法实务部门的难题。要想界定刑事证明标准的概念，首先应明确刑事证明标准所适用的领域，即刑事证明的概念及其特性，因此，刑事证明基本理论是研究的起点。由于刑事证明标准是一个多学科的问题，该项制度的确定，与秩序、效益等价值密切相关，为加深对其的认识，运用交叉学科方法对之进行多维分析就显得很有必要。刑事证明标准在适用主体、责任、对象及阶段上存在层次性，通过比较研究可以发现，我国刑事证明标准层次性立法存在缺陷，不符合诉讼规律，有完善的必要。英美和大陆两大法系有罪判决证明标准沿革及其特性告诉我们，证明标准是与一国诉讼文化传统、心理习惯密切相关的，移植该项制度应采取批判分析的态度，应结合我国诉讼实际，构建主客观相结合的、双重意义上的证明标准。有罪判决、公诉与逮捕是刑事诉讼中重要的诉讼行为，其事实要件设定得科学与否关涉犯罪事实的证明和人权保障，我国在这些制度的立法上虽具有一定优点，但也存在一定的缺陷，仍需借鉴域外立法的先进经验，结合诉讼实际重新进行构建。

作者从证明概念入手，首先分析了刑事证明与诉讼证明及证明之间的关系，认为刑事证明是公安机关、人民检察院、当事人及其代理人、辩护人等证明主体在证明责任的作用和规制下，依照法定的程序，调查、收集、提供证据，对待证事实进行求证的诉讼活动。然后论述了刑事证明与查明、释明等邻近概念在证明标准要求上所存在的差别。最后探讨了不同种类的刑事证明与刑事证明标准之间的联系。

为深入探讨我国刑事证明标准概念，作者从哲学角度，探讨了刑事证明标准与辩证唯物主义之间的联系在形式真实与实质真实、证明的层次性方面的体现；从基本概念、基本原理及形成原因等方面论证了刑事证明相对性原理，论述了其与刑事证明标准之间的内在联系。在考察、评析刑事证明标准历史沿革，即迷信真实、规定真实、判断真实的基础上，评析了我国学界关于刑事证明标准的代表性观点，并主张从主客观相结合的角度对之进行重新界定：证明主体在刑事诉讼过程中，运用证据，针对证明对象，进行证明所应达到的程度，该程度因诉讼阶段、证明对象不同，所呈现的层次性亦不同，在证据的质和量上的要求也不同。

作者还运用交叉学科的知识，对刑事证明标准这一重要制度进行了深入分析。从价值论角度分析了刑事证明标准所具有的社会秩序、公平、人权保障及法益衡量价值；从经济学角度，运用资源博弈理论、错误成本理论及道德成本理论分析了刑事证明标准的经济价值；从法文化角度探讨了诉讼文化与刑事证明标准之间的一般联系，考察了西方国家诉讼文化对其刑事证明标准的影响，剖析了我国传统和现代诉讼文化对刑事证明标准的影响，通过比较研究，思考了我国刑事证明标准完善的价值取向。

刑事证明标准究竟是否具有层次性，国内学界是有争议的。作者评析了我国刑事证明标准层次性的代表性观点，并主张刑事证明标准层次性，是指在广义的刑事证明过程中，即侦查、起诉、审判三个阶段中，不同的证明主体，在不同的证明阶段，针对不同的证明对象，提供证据进行证明所应达到的不同程度；探讨了刑事证明标准层次性的理论基础，即证明主体、责任、对象及阶段任务的差异性；在考察域外立法与实践中刑事证明标准层次性的基础上，提出了完善我国该项制度的构想。

两大法系有罪判决证明标准是研究刑事证明标准问题的主线。作者主要从比较法角度考察了英美法系的“排除合理怀疑”及大陆法系的“内心确信”有罪判决证明标准的沿革及其内涵；分析了二者在认识论等方面具有一定的相似性，在证明程度等方面具有一定的差别及相互借鉴、融合的趋势；评析了两大法系刑事证明标准所具有的诸如主观性和不确定性的缺陷，为我国批判吸收其立法、实践经验提供了理论铺垫。

作者评析了我国立法上有罪判决证明标准的特征及学界的代表性观点：客观真实说、主观真实说及法律真实说，并主张以事实的主客观性原理为基础，重构我国主客观相结合的双重意义上的刑事证明标准，即“排除合理怀疑的唯一性”、“高度确信的优势证明”（例外情形），重点论述了我国构建死刑判决证明标准的理论基础、价值及障碍，建议将其量刑证明标准确定为“确定无疑的唯一性”。

公诉是刑事诉讼过程中提起诉讼的重要环节，针对我国公诉证明标准的完善问题，作者从比较法的角度，考察了两大法系的公诉证明标准，即英国的“预期可予定罪”、美国的“合理的根据”、德国的“有足够的事实根据”、法国的“充分的证据”和日本的“有犯罪嫌疑”，分析了两大法系公诉证明标准的共同特征，评析了我国公诉证明标准的优点和缺陷，提出应坚持高标准、客观性和可操作性原则来完善我国的该项制度，并建议将之确定为“证据确实、充分的唯一性”。

逮捕是保障刑事诉讼顺利进行的一项重要的强制性措施，作者从比较法角度考察了两大法系的逮捕证明标准，即英国的“合理根据”、美国的“可成立理由”、德国的“逃亡嫌疑”和“急迫的犯罪嫌疑”、日本的“相当理由”和“充分理由”，分析了它们之间的共同特征，评价了我国逮捕证明标准所具有的客观性、层次性优点和模糊性、缺乏比例性缺陷，提出应坚持高标准、客观性、经济性原则来完善我国逮捕证明标准制度，并建议将之确定为“充足证据证明有犯罪事实”和“紧迫的犯罪嫌疑”。

搜查是发现犯罪嫌疑人和有关物证的重要强制性措施，作者从比较法角度考察了两大法系主要国家的搜查证明标准，即英国的“合理根据”、美国的“可成立理由”、德国的“主观判断”、日本的“必要性”，将国外搜查证明标准与我国该项制度进行了比较分析，指出了我国搜查证明标准之缺陷及完善路径：应设立多元化的证明标准制度，即搜查令适用“可成立理由”的证明标准，无证搜查适用“合理相信”的证明标准；对犯罪嫌疑人、被告人的人身及处所或物品的搜查适用“可成立理由”的证明标准，对犯罪嫌疑人、被告人以外的第三人的人身及处所或物品的搜查适用更高的证明标准，借鉴我国台湾地区“刑事诉讼法”的规定，可设立“相当理由”的证明标准。

从我们当年探讨的一个问题成为今天的一本书，郭志远付出了巨大的劳动。我一直以为一篇文章或一本书有一两点创新就比较好了，而郭志远的这本书中充满了创新和探索精神，这是非常难能可贵的。郭志远在报考博士之前就是安徽大学的教师，并且已经在诉讼法研究方面取得了不少成果。在读博士期间，他认真学习、积极探索，现在又远赴国外深造。作为他的老师，能有这样的学生是一件幸运的事情。我祝愿他不断进步，有更多的新作问世。

是为序。

杨宇冠

中国政法大学诉讼法研究院教授、副院长

2009年11月26日

目　录

引　言

一、研究问题的缘起

证明标准是诉讼、证据法中的重要制度，可以说处于核心地位。目前我国很多学者对刑事证明标准制度的研究，较多地是从英美法系及大陆法系国家的证据立法、实践及理论角度，结合我国证据制度的现状及完善需要进行的。刚接触刑事证明标准制度时，从证明责任角度来看，笔者认为其发生作用的领域仅是在案件事实真伪不明时，[①] 仅局限在审判阶段，理由在于证明责任的承担主体是否履行了应尽的证明责任（当然包括举证责任和说服责任）必须通过法院的最终裁判才能看出来，而案件事实真伪不明发生的时空领域主要是在审判阶段。

后来得益于读博期间导师组指导老师的教诲，拜读了国内外著名学者关于刑事证明及刑事证明标准的观点，[②] 结合自身教学、科研及实践经验，笔者对该问题的观点也发生了变化，认为前述观点在民事诉讼中可能具有实际意义，而考虑到刑事诉讼的特性，从司法实践来看，刑事证明活动则不应仅限于审判阶段，审判前的阶段也应适用，刑事证明的概念应取最广义之说。从证明责任理论角度看，法院不是证明主体；刑事证明标准适用于广义上的

---

① 详见李浩著：《民事证明责任研究》，法律出版社2003年版，第53~59页。

② 陈光中、陈海光、魏晓娜：《刑事证据制度与认识论——兼与误区论、法律真实论、相对真实论商榷》，载《中国法学》2001年第1期，第31~52页。樊崇义：《客观真实管见——兼论刑事诉讼证明标准》，载《中国法学》2000年第1期，第114~120页。卞建林、郭志媛：《论诉讼证明的相对性》，载《中国法学》2001年第2期，第167~176页。刘金友：《坚持主客观标准的统一》，载《人民检察》2003年第5期，第24~25页。龙宗智：《我国刑事诉讼证明标准》，载《法学研究》第18卷第6期，第119~127页。陈卫东、刘计划：《关于完善我国刑事证明标准体系的若干思考》，载《法律科学》2001年第3期，第60~72页。何家弘：《论司法证明的目的和标准》，载《法学研究》2001年第6期。陈瑞华：《对证明标准问题的一点思考》，载《人民检察》2003年第5期，第20、21页。汪建成、孙远：《刑事证据立法方向的转变》，载《法学研究》2003年第5期，第24~44页。王敏远：《一个谬误、两句废话、三种学说》，载王敏远主编：《公法》（第4卷），法律出版社2003年版，第172~269页。熊秋红：《对刑事证明标准的思考——以刑事证明中的可能性和确定性为视角》，载《法商研究》2003年第1期，第79~85页。

刑事证明领域，且具有层次性；刑事证明标准具有多维价值；应总结两大法系有罪判决、公诉及逮捕证明标准的缺陷及优点；有必要结合我国刑事司法实际情况，以事实主客观性原理为基础，深入研究我国有罪判决、公诉及逮捕证明标准。

二、研究的问题及现状

刑事证明标准这一问题已为我国一些著名学者所提出并加以研究，成果可谓丰硕。陈光中教授①、樊崇义教授、卞建林教授②、杨宇冠教授、刘金友教授、龙宗智教授、陈瑞华教授、汪建成教授、陈卫东教授、王敏远教授、熊秋红教授等都对该问题进行过深入论述。近年来，已有关于刑事证明标准研究的著作问世。③ 这些研究成果拓展了该问题研究的视野和领域，但结合我国刑事诉讼法的修改，还有很多问题值得从不同角度，运用不同学科方法，联系我国刑事司法实际进行深入探讨、论述的必要。

本书以刑事证明标准问题为主线，剖析了刑事证明的基本理论；探索了刑事证明的概念；从多学科角度对刑事证明标准进行了价值探讨；比较研究了两大法系有罪判决证明标准制度；从比较法角度论述了我国有罪判决、公诉及逮捕证明标准的完善。

三、研究方法

刑事证明标准是一个多维的问题，内容覆盖面很广，理论性与实践性很强，多种研究方法的综合运用必不可少：

1. 多学科研究的方法

如陈瑞华教授所言："法学者应当对那种单纯的对策法学、引进法学和移植法学方法作出深刻的反思，并抛弃那种将理论问题意识形态化，孤立地看待刑事诉讼问题的研究方式，真正从法学各学科交叉的角度，来发现新的前沿课题。"④ 因此，通过诉讼法学、证据法学、经济学、法文化等多学科研究的方法，可以对刑事证明标准制度作出全面、科学的判断。

2. 实证分析的方法

法律实证分析"是指按照一定程序规范对一切可进行标准化处理的法律

---

① 陈光中：《构建层次性的证明标准》，载《检察日报》2002年3月26日。

② 卞建林主编：《刑事证明理论》，中国人民公安大学出版社2004年版。

③ 李玉华著：《刑事证明标准研究》，中国人民公安大学出版社2008年版。

④ 陈瑞华：《刑事诉讼法学研究范式的反思》，载《政法论坛》2005年第3期，第3页。

信息进行经验研究、量化分析的研究方法”[①]。运用实证分析的方法对刑事证明标准这一极具实践性的问题展开研究，可以实现既源于实践，又回归实践的目的，避免研究成果只是一种空中楼阁，缺乏实际支撑。针对公诉、逮捕证明标准的研究，本书引用了实务部门多年司法实践的数据作为研究的基础性材料。

3．比较研究的方法

比较研究是一种具有广泛意义的科学研究方法，它大致可以分为两类：一类是纵向比较，一类是横向比较。通过对刑事证明标准制度沿革的考察，及两大法系有罪判决、公诉及逮捕证明标准制度的比较研究，实现了对该问题纵向与横向的全面认识，为全面、客观分析借鉴国外有益经验，构建我国刑事证明标准制度提供了科学依据。

4．理论联系实际的方法

国内学者对刑事证明标准争议较大的是其可操作性问题，因此为使研究成果不仅在理论上能够站得住脚，而且使其与我国刑事诉讼实际相适应，从而具有现实的生命力，本书从刑事证明的基本原理入手，界定了刑事证明标准概念，结合司法实际，探讨了不同阶段刑事证明标准制度的完善，提出了详细的建构方法，力争实现理论与实践的统一。

四、研究意义

刑事证明标准是一个古老而全新的话题，说其古老，是因为其在两大法系中产生历史较长，只要是稍微对证据法研究全面的著作，都会涉及对该问题的论述；说其全新，是因为该项制度与司法实践有紧密的联系，和人们对司法事实的认识有紧密的联系，是一个诉讼法学中永恒的话题，学界会从不同的视角展开新型的研究。正因为如此，对该问题的研究也就显得很艰难，但笔者相信这些研究具有以下意义：

（1）从不同角度深入论述刑事证明的基本原理，认识到要想科学界定刑事证明标准概念，应从刑事证明基本理论着眼，需结合辩证唯物主义认识论原理，从主客观相结合、抽象与实践相结合的角度重新探讨并确定刑事证明标准概念。

（2）从交叉学科的角度认识刑事证明标准，探讨其不仅与案件事实认定密切相关，而且与社会秩序、人权保障、经济等价值追求不可分割，是一国文化背景的反映，只有采取“拿来主义”态度，方可培育出适宜我国法律文

---

① 白建军：《论法律实证分析》，载《中国法学》2000 年第 4 期，第 32 页。

化土壤的证明标准制度。

（3）深入分析刑事证明标准层次性，结合国内外司法实践，论述层次性理论、立法与实践的必要性，对我国刑事证明标准层次性立法提出完善构想，以符合诉讼认识规律，并利于司法实际需要。

（4）探讨西方国家刑事证明标准产生、沿革及其内涵，加深对国外证明标准理论与实践的认识论述刑事证明标准制度的本土化不仅是必要的而且是可行的。结合我国刑事有罪判决证明标准立法与理论观点的探讨，提出了改革我国该项制度的具体途径，以解决司法实践中存在的问题。

（5）针对刑事证明适用阶段的特点，从刑事证明标准层次性角度出发，以有罪判决证明标准为参照，结合我国刑事诉讼法的修订，探讨了我国公诉、逮捕、搜查证明标准制度完善的具体路径。

第一章 刑事证明概述

一、刑事证明概念之界定

（一）证明的概念

证明是一个为人们熟知的词语，使用范围极其广泛，有自然领域的证明，如数学家的数学证明[①]，物理学家、化学家、考古学家等所从事相应的证明活动；也有社会领域的证明，如社会发展规律的证明，对某一种社会制度、社会现象、社会活动合理性的证明；此外，还有心理学、人类学上的证明，等等。在日常生活中，常有这样的话——“你怎么能够证明你说的是正确的?”所以，从最广泛意义上讲，证明是指人类所独有的逻辑思维活动，是人类探索、认识自然界和自身真理的行为过程，是人类意识对自然界和社会规律认识的外在反映。在日常用语中，证明通常有三个含义：“第一，是指用一定的材料来表明事物的真实性；第二，是指证明书或者证明信；第三，也叫论证。形式逻辑中指根据一些真实的判断，得出另一个判断的真实性的思维过程，由论题、论据和论证过程三部分组成。”[②] 在科学研究中，“证明是科学思维的主要神经，是一切论断的科学性的最首要而必需的条件。……科学要求证明，这是科学思维最根本的、最主要的特点之一。”[③] 此外，从一般的逻辑学意义上看，证明是人类认识世界活动中的一种通过一定的规则根据已知来推测未知的活动。例如，《大不列颠百科全书》从逻辑学角度将证明定义为：“一种确定命题正确性的逻辑论证，尽管证明也可以基于归纳逻辑，但这个术语一般意味着严格演绎。在逻辑和数学的形式公理系统中，一

---

① 详见［英］威廉·涅尔、玛莎·涅尔著：《逻辑学的发展》，张家龙、洪汉鼎译，商务印书馆1985年版，第485~540页。

② 《新华词典》（修订版），商务印书馆1989年版，第1141页。

③ ［苏联］阿斯姆斯著：《关于证明与反驳的逻辑学说》，臧之全译，生活·读书·新知三联书店1955年版，第2页。

个证明是合乎公式（按照公认的规则生成）的一个有限序列，其中：（1）每个公式是一个公理或者是从前面一个或若干个公式通过正确推理推导出的公式；（2）最后一个公式是待证明的公式。”①

（二）刑事证明的概念

1. 刑事证明概念观点述评

从法律角度看，学界对证明的概念也有不同的理解。有观点认为证明是指“一切导致内心确认或者否定某种状态的事实或情况”。② 日本著名刑事诉讼法学家田口守一指出，“证明是用证据再现某种事实”。③ 在我国诉讼立法及学术研究中，刑事证明无统一的概念，概括起来学界主要有下述代表性的观点：

（1）广义与狭义说。这种观点是将证明分为广义与狭义两种，称为广义与狭义证明说。在该种学说中，还分两种情形：一种是指在广义上证明活动的主体包括国家司法机关和诉讼当事人；一种是指在广义上证明活动的主体除包括国家司法机关和诉讼当事人以外，还包括其他诉讼参与人。第一种观点认为，“诉讼中的证明有自己的特点，它是指司法机关或当事人依法运用证据确定或阐明案件事实的诉讼活动”④。第二种观点认为，“刑事诉讼中的证明是指国家司法机关在刑事诉讼中依照法定程序，运用证据来查明和确定案件事实的诉讼活动”。“刑事诉讼中的证明活动一般有狭义和广义两种：狭义的证明，是指侦查人员、检察人员和审判人员依照法定程序收集证据，审查判断证据，运用证据来确定有无犯罪，是谁实施了犯罪，犯罪人的罪责轻重，以及其他有关事实的诉讼活动；广义的证明，是指除司法人员依法运用证据确定案件事实的诉讼活动以外，还包括当事人和其他诉讼参与人依法提供证据，运用证据证明自己诉讼主张的活动”⑤；还有“刑事诉讼中的证明通常是指公安、司法机关在刑事诉讼中运用证据认定案件事实的活动。从广义上理解，刑事证明还包括当事人和其他诉讼参与人依法提供证据、运用证据证明自己所主张的事实的活动”⑥。

（2）诉讼活动说。该观点将刑事证明视为诉讼活动的组成部分，从诉讼行为的角度界定证明的定义。例如，“在证据法或诉讼法领域，证明有特定

---

① 《大不列颠百科全书》，中国大百科全书出版社 1999 年版，第 111 页。

② 《牛津法律大辞典》，光明日报出版社 1988 年版，第 67 页。

③ ［日］田口守一著：《刑事诉讼法》，刘迪等译，法律出版社 2000 年版，第 223 页。

④ 陈一云主编：《证据学》（第二版），中国人民大学出版社 2000 年版，第 114 页。

⑤ 程荣斌主编：《刑事诉讼法》，中国人民大学出版社 1999 年版，第 195～196 页。

⑥ 陈光中、徐静村主编：《刑事诉讼法学》（修订版），中国政法大学出版社 2000 年版，第 168～169 页。

的含义，它是指诉讼主体按照法定的程序和标准，运用已知的证据和事实来认定案件事实的活动。这种证明，人们有时候又称之为‘司法证明’”①。

（3）司法机关主体说。该观点认为证明活动的主体仅是从事侦查、起诉或审判的司法机关的行为，不包括当事人的刑事证明行为。其中的一种观点认为证明活动的主体包含从事侦查、起诉、审判的司法机关。例如，“刑事诉讼中的证明，是侦查、检察、审判人员，运用证据查明案件真实情况的活动。这种活动包括收集证据、审查判断证据和运用真实的证据，证明案件事实”②。裴苍龄教授认为，“诉讼证明是指司法机关在当事人、诉讼参与人参加下，依据证据查证属实的证据资料，按照法定程序，查明案件事实和有关事实的诉讼活动”③。另一种观点认为，法院不是刑事证明的主体，除当事人外，公安机关、检察机关是证明主体。例如，“从诉讼法的角度界定，证明就是国家公诉机关和诉讼当事人在法庭审理中依照法律规定的程序和要求向审判机关提出证据，运用证据阐明系争事实、论证诉讼主张的活动”④。

（4）法律目的说。该观点强调证明的法律目的和意义。“法律意义上的证明，是指在法律程序中特定的机关、组织和人员，本着查明案件真实情况的目的，依法运用证据确定和阐明未知案件事实的活动。”⑤

（5）心证过程说。该观点主要从证明主体提供证据，使审判人员形成心证过程的角度对刑事证明的概念进行界定。例如，“当事人为得有利于已之裁判提出证据，使法院得生强固之心证，认为普通经验上确系如此行为，谓之证明。提出证据使法院得生薄弱之心证，认为普通经验上大概如此之行为，谓之释明”⑥；“证明乃使法院确信犯罪事实存在与否之过程，包括经由调查证据，并作证据评价，而获得心证，以作为判决依据之整个过程”⑦；刑事诉讼证明，是指“司法机关依法运用证据说明和确定案件真实情况的诉讼活动，是刑事诉讼活动的重要组成部分”⑧。

（6）审判中心说。该观点认为，“司法中的证明，就是指司法人员或司法活动的参与者运用证据明确或表明案件事实的活动。这包括两层含义：其一是提出事实主张的当事人、律师、检察官等用证据向法官说明或表明案件

---

① 樊崇义主编：《证据法学》（第三版），法律出版社2003年版，第224页。

② 武延平主编：《中国刑事诉讼法教程》，中国政法大学出版社1999年版，第157页。

③ 裴苍龄著：《证据法学新论》，法律出版社1989年版，第145页。

④ 卞建林主编：《证据法学》（修订版），中国政法大学出版社2002年版，第193页。

⑤ 刘金友主编：《证据理论与实务》，法律出版社1992年版，第117页。

⑥ 黄栋培著：《民事诉讼法释论》，台湾五南图书出版有限公司1982年版，第465页。

⑦ 林山田著：《刑事程序法》，台湾五南图书出版有限公司1998年版，第372～373页。

⑧ 《诉讼法大辞典》，复旦大学出版社1993年版，第238～239页。

事实存在与否的活动；其二是法官运用证据查明和认定案件事实的认识活动。狭义的证明，仅指前一种含义上的证明”①；“从诉讼法的角度界定，证明就是国家公诉机关和诉讼当事人在法庭审理中依照法律规定的程序和要求向审判机关提出证据，运用证据阐明系争事实、论证诉讼主张的活动。”②

（7）当事人主体说。该观点只承认当事人是证明活动的主体，而未将司法机关纳入证明主体的范畴。例如，“证明系指当事人所提出之证据方法，使法院可以完全确信其主张之事实为真实之行为”③。

（8）证据说。该观点并不将证明与证据的概念进行严格区分，在特定的时候，二者含义是一致的。例如，“‘证明’的含义是模糊不清的。我们有时用它表示证据，如证词或书证。有时，当我们说一件事情被证明时，我的意思是就已提供的材料，我们确信：主张的事实是真实的。因此，‘证明’是证据产生的确信或说服的最终结果”④。

“概念是同类事物的共同的、一般的特点或本质的反映。任何概念都是在概括，都是超出感性的直观，它的形成标志着认识上的质的飞跃。”⑤ 笔者认为，上述代表性的观点都具有一定的科学性，在一定意义上反映了刑事证明的特性，但并没有全面反映刑事证明的本质。具体理由是：广义、狭义说从诉讼活动和诉讼制度的角度界定证明，其科学性在于将证明与诉讼程序的模式、诉讼制度的历史形态联系了起来，有利于从宏观上把握证明的模式和类型，但是其确切的含义还是不清楚，比较模糊；主观思维说强调证明是证明主体的思维活动和具体的诉讼行为的统一，但其忽略了证明的客观性，在认识上不够全面；审判中心说忽略了刑事诉讼中侦查、起诉的重要作用；其他诸学说都显得过于片面，有的只注意到了证明的程度、所呈现的状态，有的只强调刑事证明的主体或者是司法机关，或者是当事人，而没有从主体、对象及阶段等方面对其的定义进行科学界定。

2．刑事证明概念之确定

证明是人类从已知求解未知事实的活动，笔者认为，所谓诉讼证明，是指诉讼过程中特定诉讼主体依据已知事实求证未知案件事实的活动。刑事诉讼证明即刑事证明，是诉讼证明的一种，在我国诉讼立法和实践语境下，与

---

① 何家弘、刘品新著：《证据法学》，法律出版社2004年版，第195页。

② 卞建林主编：《证据法学》（修订版），中国政法大学出版社2002年版，第193页。

③ 陈计男著：《民事诉讼法论》（上），台北三民书局2005年版，第452页。

④ ［美］约翰·W. 斯特龙主编：《麦考密克论证据》（第五版），汤维建等译，中国政法大学出版社2004年版，648页。

⑤ 国家教委社科司组编：《马克思主义原理》（修订本），高等教育出版社1998年版，第205页。

之相并列的还有民事诉讼证明和行政诉讼证明。相对于诉讼证明和证明的概念而言，刑事证明是诉讼证明的下位概念，在外延和内涵上均小于诉讼证明，其在整个证明体系中的位置可如图1所示：

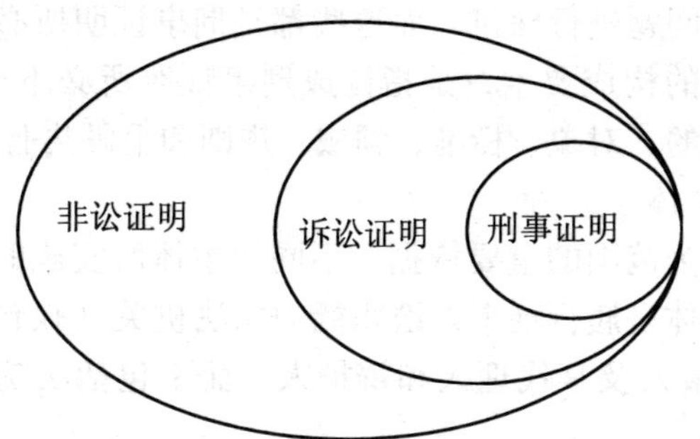

图1：刑事证明在整个证明体系中的位置

在刑事诉讼过程中，证明活动的进行，诉讼进程的推进，离不开两个方面的因素：一方面，诉讼主体对未知事实的主观性思维活动。因为，从犯罪现场的发现，证据线索的获取，犯罪嫌疑人和被告人的锁定和确定，公诉的提起，判决的作出，等等，一系列事实的认定都离不开司法机关和当事人的主观思维判断活动。这种求证待证案件事实的思维活动是内在的，在一定程度上不易为人们所察觉，如卧底侦查行为。① 另一方面，诉讼主体的证明活动呈现出一系列的行为，如收集立案证据，移送审查起诉，提起公诉，等等。正是这些外化证明活动（可表现为查明、质证、认证、判明等行为）的进行，使得刑事诉讼进程得以推进。在刑事司法实践中，正是由于侦查人员能够根据犯罪现场及经验进行判断，才得以锁定侦查的方向和目标，正是审判人员根据审判经验，才得以取舍对同一事实完全迥异的鉴定结论和对证据材料及其证明力进行甄别、判断。可见，诉讼证明活动的进行是证明主体主观思维活动与客观证明活动的统一，其中主观思维活动引领客观证明活动；客观证明活动彰显主观思维活动，从而又推进了主观思维活动的进程。在诉讼过程中，只有实现证明主体主观思维活动与客观活动之间有机的统一，案件事实才能得以正确证明。

综上所述，笔者认为，我国刑事诉讼中的证明是指，在刑事诉讼过程中，公安机关、人民检察院、当事人及其代理人、辩护人等证明主体在证明责任的作用和规制下，依照法定的程序，调查、收集、提供证据，对待证事实进行求证的诉讼活动。

---

① 详见郭志远：《卧底侦查所获证据材料的证据能力》，载《中国律师》2008年第1期。

（三）刑事证明的构成要素

刑事证明是诉讼行为的一种，和其他诉讼活动一样，都离不开主体、对象、时间和空间等因素，而要想对其概念进行深入理解和界定有必要对其主体、适用的领域等问题进行探讨，而这些都是刑事证明所必不可少的构成要素。所谓刑事证明的构成要素，是指构成刑事证明所必不可少的组成要素，其应包含主体、目的、对象、标准、领域、规则和手段共七个方面。

1. 刑事证明主体

主体是确定行为范围的重要依据，不同的主体所实施的行为内容是不同的。刑事证明的主体是履行刑事诉讼职能的司法机关（仅包括侦查机关、检察机关）、诉讼当事人及其代理人和辩护人，而不包括法院和其他诉讼参与人，理由在于：

（1）法院不是刑事证明的主体。笔者认为法院不是刑事证明主体的具体理由有：

第一，法院不是证明责任的承担主体。有学者言："举证之所在，败诉之所在"[①]，"从证明责任的本义来看，它是一个与诉讼主张和证明不力时所要承受的不利后果紧密相连的概念，只有在诉讼中提出了具体诉讼主张的当事人才承担证明责任。从证明责任的本质来看，它是行为责任与结果责任的统一，承担证明责任者必须是可能承受不利后果甚至败诉风险的诉讼主体，因此是否有自己的诉讼主张以及是否可能因证明不力而承受于己不利的裁判是判断证明主体的唯一标准。按照这一标准，无论在何种性质的诉讼中，能够成为证明主体的都只能是诉讼当事人。在我国刑事诉讼中，由于公诉人不属于当事人，所以证明主体应为国家机关和诉讼当事人"。[②] 因此作为控方的检察机关和侦查机关是证明责任的承担主体，是证明主体，而法院不是刑事证明主体。

第二，法院调查收集证据活动的性质是查明案件事实的需要，是立法兼顾实践的结果。从证明责任的理论与实践来看，诉讼模式不同，证明责任规制于诉讼主体的原理是不同的。在当事人主义刑事诉讼中，证明责任是通过将提供证据的责任与不利后果的责任紧密联系在一起的。当事人若不能履行提供证据的责任，说服法官或陪审团相信所主张的事实，则可能承受不利的诉讼后果。而在职权主义的刑事诉讼中，证明责任的分配并不是严格地将行为意义上的举证责任与结果上的败诉负担紧密联系在一起的。在诉讼中，出于案件事实查明的实际需要，通过对违法行为的审判以达到实现惩罚犯罪和

① 参见王兆鹏著：《刑事诉讼讲义》（二），台湾元照出版公司 2003 年版，第 217 页。

② 卞建林主编：《刑事证明理论》，中国人民公安大学出版社 2004 年版，第 13 页。

维护社会秩序稳定的目的，在一定的情形下，即使是在民事诉讼中，法院也会被赋予调查取证的权力与责任。但我们不能因此而认为法院是证明责任的承担主体，更不能认为法院是证明主体，该种立法只是基于查明案件真相的需要，且为一些国家立法所确认。例如，《法国民事诉讼法》第179条第1款规定：“为亲自查证有争议的事实，法官得在各方当事人到场或者传唤当事人到场的情况下，对案件的任何方面的事实亲自进行审查。”①《德国民事诉讼法》第355条第1款规定：“调查证据，由受诉法院为之。”②《日本民事诉讼法》第185条第1款规定：“法院认为必要时，可以在法院外进行调查证据。”③

第三，法院作为刑事证明主体违背了中立原则。正如戈尔丁所言，法官要想做到中立，必须做到：“（1）与自身有关的人不应该是法官；（2）结果中不应含纠纷解决者个人利益；（3）纠纷解决不应有支持或反对某一方的偏见。”④ 所以，法院在审判活动中除作为国家法律的代言人、适用者外，并不充当任何其他国家机关的利益、地方利益、部门利益和公民与社会组织个体利益的代表，其只是事实的最终裁决者而已，根本无权与对立的主体进行质辩。若将法院作为证明主体对待，在追求某一事实是否成立的目标指引下，其不仅难以扮演事实公正判断者的角色，而且也难以做到中立，与司法的本质属性相违背。

第四，法院作为刑事证明主体与现代诉讼模式不相适应。刑事诉讼模式的发展可谓经历了弹劾式、纠问式，直至今日的当事人主义和职权主义的诉讼模式。在弹劾式诉讼模式下，法官不进行任何的证据收集证明活动，只是根据神示的方法对案件事实在真伪不明时作出裁判；在纠问式诉讼模式下，法官穷尽证据收集之所能，是积极的证明主体，而当事人是消极的证明客体；在当事人主义诉讼模式下，证据的收集与提供，证明活动的进行，是当事人自己的事情，法官只是消极的仲裁者角色，依据当事人提供的证据形成心证作出裁判；在职权主义诉讼模式之下，法官虽享有强大的证据调查收集权利，但从当今世界各国关于职权主义的立法来看，完全的职权主义是不存在的。较当事人主义而言，职权主义诉讼模式下的法官虽享有较大的证据收集权利，但在案件事实证据的调查范围上同样受限于当事人的请求，本着诉裁一致的

---

① 张卫平、陈刚编著：《法国民事诉讼法导论》，中国政法大学出版社1997年版，第93页。

② 谢怀栻译：《德意志联邦共和国民事诉讼法》，中国法制出版社2001年版，第87页。

③ ［日］中村英朗著：《新民事诉讼法讲义》，陈刚等译，法律出版社2001年版，第208页。

④ ［美］马丁·P. 戈尔丁著：《法律哲学》，齐海滨译，生活·读书·新知三联书店1987年版，第240页以下。

原则，法官在诉讼中的作用越来越走向消极的中立者的地位。可见，法院不是刑事证明主体与法官中立理念、程序正当观念是相一致的。

在我国理论界，有学者认为根据证明所说服的对象不同，“证明可分为自向证明和他向证明，凡是利用证据说服自己相信证明的案件事实是真实的即为自向证明；凡是利用证据说服他人相信自己证明的案件事实是真实的即为他向证明，因此法院属于自向证明的主体”①。在刑事诉讼中，笔者认为，诉讼当事人要想让自己主张的事实得到最终满足，当然要取得法院裁判的支持，此谓他向证明，但侦查机关、检察机关要想对刑事案件进行立案、起诉也存在一个自向证明和他向证明的问题，同理得出，法院作出裁判对事实进行认定，也属于自向证明范畴结论是不完全正确的。因为自向证明往往只是证明主体内心自向活动的结果，并没有外化物体现出来。例如，要想判断今天的天气会发生变化，笔者可能只是根据自身的一些心理感受，而不需要证据进行证明，也不需要通过一些材料展示出来。根据英美法的刑事证明标准，法官或陪审团要想认定案件事实，形成内心确信，这种心证的形成是建立在当事人双方提供的材料和质辩的基础上进行的，在内心深处要说服（satisfy）自己和当事人，在有裁判理由制度的国家，法官也只是在裁判中对形成心证的理由进行叙述而已，与向他人提供证据证明一定案件事实是否存在的活动之间有本质区别。

（2）其他诉讼参与人不是证明主体。由于刑事诉讼中的其他诉讼参与人不是享有质证权的主体，对诉讼证明活动不能够起到决定性的作用，笔者认为其不是刑事证明主体。其他诉讼参与人虽然因案件事实证明的需要而参加到刑事诉讼中来，但他们在诉讼中所享有的诉讼权利和义务完全不同于诉讼当事人及其代理人和辩护人，是提供自己的言词证据来证明案件事实，对所提供的证据与案件事实之间的关系（证明力问题）无权进行质证和辩论，或者说他们虽是一定程度上的诉讼参与人，但只是一个或多个证据的提供主体而已。

2. 刑事证明目的

自然证明和其他社会领域证明的目的是为了追求客观规律，探求真理，为人类谋福利，而刑事证明的目的在于运用推理等方法查明案件事实，决定犯罪嫌疑人、被告人有罪或无罪，是否处罚、如何处罚以及程序问题。仅就法庭阶段而言，与自然科学证明进行比较，刑事证明与其之间有很多不同：“第一，自然科学家在实验室内的研究是以专业的自然现象为证明对象的；

① 何家弘主编：《新编证据法学》，法律出版社2000年版，第263页。

相反，法庭上的各种调查则以纷繁复杂的日常现象为对象。第二，自然科学家的证明很少有时间、场所的制约，只要具备资料就可以在实验室之外的任何场所进行；而在法庭上则有明显的时间和场所的限制，证据调查必须在法庭上进行各种证明。第三，自然科学的研究可以收集尽可能充分的资料来进行证明；而在法庭上则只能收集被认为是可以解决实际问题所需要的合理数量的资料，并且原则上只能采纳当事人所提供的资料。第四，自然科学家可以在宁静的实验室内进行日常的资料收集和证明活动；而在法庭上则是于特殊紧张的气氛中进行各种资料的收集和证明活动。第五，在自然科学研究中，作出判断的都是该领域里的专门人员；而在法庭上虽说法官也熟稔于事实的认定，但纠纷所涉及的领域可能非常广泛，与自然科学家相比，法官就可能是一个外行。如此比较之下，可见法庭上的证明受到远较自然科学的证明更多的制约，但相对地却因此而产生一出出的人间戏剧。"① 因此，在刑事诉讼中特定的场合、有限的时间内，控辩双方都会积极拿出证据来证明自己主张事实的真实性，对争执事实的证明只要达到了法律所规定的证明标准，司法者即可对事实之真伪作出判定，从而适用法律结束诉讼。

3. 刑事证明对象

从证明对象来看，刑事证明所要求证的事实具有特定性。诉讼中所应调查的事项往往是由当事人和控方决定的，这就决定了该证明具有自觉性和目的性。在诉讼活动中，求证的事实基本上是当初设定的事实（如公诉书中所指控的事实），刑事证明的主要活动都是围绕着指控的事实是否存在而展开的。如陈朴生先生所言："刑事程序之作用，在致力于真实事实之发现。惟事实之认定，历经一定之过程，即必先假定其事实，就其事实寻求证明方法；再就其证明方法中，择其最可信之证据，以资认定。"② 为达到案件事实的证明目的，刑事诉讼立法会采取一定的责任分配原则，通过证据的具体收集和提供来进行。一般而言，基于证明责任分配原理，刑事诉讼中一般由控方就指控的事实承担举证责任，但控方也有提供证据进行反驳和质证的权利，事实审理者必须评估、衡量控辩双方所提供的证据是否能够将自己的主张证明至证明标准所要求的程度。而自然证明和其他社会领域证明活动则无特定性的目标，只是一种构想，因为不知科学实验的结果究竟如何，所以所需要证明的对象也不甚清楚，且这种试验结果是不确定的，可能这种结果根本不存在，甚至根本无法得到证明。

---

① ［日］石井一正著：《日本实用刑事证据法》，陈浩然译，台湾五南图书出版有限公司2000年版，第4、5页。

② 陈朴生著：《刑事证据法》，台湾三民书局1983年版，第151页。

4. 刑事证明标准

从证明所应达到的程度即证明标准角度看，刑事证明与自然证明和其他社会证明之间也有很多区别。“诉讼上的证明，不是自然科学家做试验所根据的所谓论理证明，而是历史证明。论理证明是以‘真实’本身为目标的，相反，历史证明‘有高度盖然性’即可。换言之，能够证明到一般人谁都不怀疑的程度就是真实。因为按照当时的科学水平，是不允许对论理证明提出反证的，而对历史证明这种诉讼上的证明一般是可以进行反证的。”① 同时，“诉讼上命题之事实，是以社会事实为其基础。社会事实本甚复杂，因受假定范围之限制，证据资料提供之方法，诉讼制度，裁判制度之约束，认定者之认识能力，及确信程度之形成之影响。故诉讼上命题之解答，即事实之认定，与数学上命题之解答具有正确性者不同，自以为认定者已尽其认识能力，判明何种事实之存在，其可能性较大，且依其判断，使确信其为真实已足；换言之，其所认定者，为最接近于真实的事实即可。”② 由于自然证明和其他社会证明的目的是为了揭示自然规律、客观实在性，这就决定了它们的证明标准是一元的，国度虽不同，但标准却是同一的，如对数学领域的勾股定理的证明、圆周率的证明不因时间、国界的变化而有所区别。而在诉讼中，对案件事实的证明则呈现出极其复杂的特性。从纵向来说，不同诉讼历史发展阶段的刑事证明标准是完全不同的，在奴隶制时代的弹劾式诉讼模式下，发生案件事实真伪不明情形时，法官只需借助神意这种方法就可判明，这种事实认定所达到的程度要求和抛硬币得出来的结论应该说没有两样；在封建制时代的纠问式诉讼模式下，由于强调追求打击犯罪，实行有罪推定，在证明方法上主张“罪从供定”，只要有一定数量的口供，即算案件事实得到证明，这种证明标准的危害后果就是大量的冤假错案层出不穷，真正的案件事实并没有得到完全查明；在资本主义时代，实行自由心证证据制度，由法官依照“理性”和“良心”对案件事实进行认定，虽然强调理性是事实正确认定的基础，良心是事实正确认定的保障，但在实践中这种自由裁量的行为难以保障案件事实的正确认定，所以大部分国家证据立法中还设定了很多的证据规则，从证据的调查、收集、提供、审查、判断及认定等诸多环节加以认定，以期减少事实证明错误的概率。从横向来说，虽然是同时代，不同国家刑事证明标准的设置也是不同的。例如，英美法系国家在立法上针对不同性质的诉讼设定不同的证明标准，刑事诉讼中有罪判决实行“排除合理怀疑”的证

---

① 最判昭和二十三年（1948年）8月5日刑集第2卷第9号第1123页。转引自［日］田口守一著：《刑事诉讼法》，刘迪等译，法律出版社2000年版，第223页。

② 陈朴生著：《刑事证据法》，台湾三民书局1983年版，第579～580页。

明标准，民事案件事实实行“证据优势”的证明标准；行政案件则倾向于实行介于刑事与民事刑事证明标准之间的第三种证明标准，即“清楚的、明确的、令人信服的”证明标准。而大陆法系国家则不主张实行证明标准的多元化，不考虑因诉讼性质的不同而实行有区别的证明标准，如法国诉讼中案件事实实行“内心确信”的证明标准。我国的三大诉讼立法对案件事实的认定实行统一的“案件事实清楚，证据确实、充分”的证明标准，不仅如此，就是在刑事诉讼内部，对起诉和有罪判决证明标准的立法也基本是一致的，即“案件事实清楚，证据确实充分”，笔者认为，刑事诉讼阶段是一个渐进性的过程，从立案、侦查、起诉到审判是一个逐步收集证据，发现事实真相的过程，所适用证明标准的立法也应体现这个渐进性的规律，适用不同证明程度的证明标准。

5. 刑事证明适用的领域

笔者认为，刑事证明存在的领域为刑事诉讼过程的始终，而不仅是审判阶段。在刑事诉讼过程中，尤其是在法院审判阶段，无论是公诉人，还是被告人都应当提供证据并进行质辩，以阐明所提供的证据对案件事实的证明作用及其程度。证明活动仅限于审判阶段的观点不仅过于限定了我国刑事证明的内涵，而且与我国诉讼实际不符，因为“我国刑事诉讼尽管以审判为中心，但侦查、审查起诉程序占有重要的诉讼地位，而且相当多的案件在侦查、起诉阶段就作出了最终处理，包括一部分轻罪不起诉案件。侦查机关、检察机关和法院一样须运用证据进行证明活动”①。需要指出的是，法院虽不是证明主体，但并不意味着证明的领域不存在于该阶段，恰恰相反，正是由于控辩双方将证据提交在法庭审理中，质辩意见发表于法庭上，都想向法官证明自己主张的事实是存在或不存在，因此该阶段的证明色彩更加浓厚。

6. 刑事证明规则

其他领域尤其是自然科学领域的证明目的是谋求人类福祉，因此，在证明的方法和手段上只要其不侵犯公民的合法权益和违背人类的基本道德准则，即可进行，无具体的限制性规则。而刑事证明是一种具体的诉讼行为，直接受诉讼法律规范和证据规则的调整和约束，面临多元法律价值的选择与平衡，证据的收集、提供、使用受严格的时效及排除等规则规制，在诸如惩罚犯罪、保障人权、秩序、安全、自由、效率等价值追求与冲突之间进行权衡时，不能只注重证明手段的客观性、证明目标的单一性、证明标准的统一性，还应根据具体的诉讼需求、国家文化背景、诉讼模式和不同时期的具体诉讼任务

---

① 陈光中：《刑事证据制度与认识论》，载《中国法学》2001年第1期，第39页。

和目标作出判断。如陈朴生先生所言："人类在生活中发生之事实，即所谓生活事实，本具有无限性、发展性、多样性、复杂性。诉讼制度、裁判制度之机能，固在发现真实；但因诉讼主体之组成，程序之构造，受有形式的限制，求证及采证之方法又不相同。于事实之认定，虽不影响；然其诉讼案件之进行，既循一定之程序，就假定事实，寻求其证明方法，并按照证据法则判断其证据能力，而为事实之认定。是其所发现者，既确信为真实事实，即裁判之任务即已达成。不过因事实之认定，以致裁判错误者，仍属难免。裁判如有错误，于裁判之威信不无影响。"① 因此，刑事诉讼证据立法确立了一系列的举证、采证和认证规则以规范证明行为。例如，针对犯罪嫌疑人、被告人的讯问有讯问规则；针对提出证据的时间和主体有证明责任规则；针对具体证据的采信，有非法证据排除规则、传闻证据排除规则；等等。

7. 刑事证明手段

从证明的手段来看，刑事证明完全不同于自然证明和其他社会领域的证明。为实现对一定的法律秩序的维护，实现人身权、财产权等法律关系的稳定化，刑事证明可以自己创设一系列证明的手段和方法，如推定、自认等制度，通过立法手段将一定的"事实"拟制为真实的，从而达到对案件事实的证明。例如，《中华人民共和国刑法》第395条第1款规定，国家工作人员的财产或者支出明显超过合法收入，差额巨大的，可以责令说明来源。本人不能说明其来源是合法的，差额部分以非法所得论，处5年以下有期徒刑或者拘役，财产的差额部分予以追缴。而自然证明和其他社会证明由于自身的性质和追求的目标完全不同于刑事证明，其运用的手段注重的是发现科学规律，不论是对过去的事件还是对未知事物的证明，所展现给人们的都是一种真理性、客观性，只能借助于缜密的科学实验、调查进行探知，禁止采用刑事证明中的拟制性的证明方法。

二、刑事证明与邻近概念之比较

在诉讼活动中，存在着一系列与刑事证明（本节均称为证明）相邻近的概念，对这些概念的区分，有助于把握不同的概念所应适用的标准，有助于司法实践中对刑事证明标准的正确理解和把握。

（一）证明与查明

在诉讼活动中，查明是一个经常使用的概念，而且也是一个容易与证明相混淆的概念。"所谓查明，就是通过调查研究，明确有关事实的真伪，如

---

① 陈朴生著：《刑事证据法》，台湾三民书局1983年版，第151～152页。

侦查人员、公诉人员或审判人员查明案件事实的活动。”① 由于诉讼中查明的外在表现形式为发现、收集、调查、判断及运用证据的过程，加之受职权主义诉讼模式的影响，容易形成认为刑事证明活动完全是司法人员的事情，与当事人无关，他们只是被追诉的客体，所以查明的实质就是证明，证明即查明的片面性观点。对证明与查明之间的关系，笔者认为需要结合具体诉讼模式进行深入探讨。

在纠问式诉讼模式中，查明是司法者判明案件事实的基本方法，在该种证据制度下，控辩双方并没有真正意义上的对抗行为，国家司法机关将侦查、控辩、裁判职能集于一身，与犯罪嫌疑人、被告人站在对立的地位，收集、调查、判断证据的权力完全属于司法机关，证明对象的设定权也掌握在司法机关的手中，查明行为是司法官员的主动行为。虽然被告人可以抗辩和举证，但是并不影响司法官对事实的认定，其至多只是为案件的查明提供线索和素材。在查明作为诉讼案件证明方式的诉讼模式下，证明标准的设计是机械的，如罪从供定，只要有供述性证据即可定案，司法人员享有对案件事实作出判断的毫无限制的主观性权利。而在现代诉讼模式下，证明与查明则是两个既有联系又有区别的概念。主要体现在：第一，主体范围不同。在刑事诉讼过程中，查明的主体是侦查人员、公诉人员和审判人员。当事人及其他诉讼参与人虽不享有查明的权利，但其是证明的主体。第二，目的不同。查明的目的往往是让查明者自己明白，以便作出某种决定或裁断。而证明的目的不仅包含查明的目的，而且包含通过证据的收集、提供及论证，让他人相信自己主张事实的真实性，以满足自己的诉讼请求。第三，表现形式不同。查明的过程一般表现为查找、收集、使用证据的过程。而证明的过程表现较为复杂，除查明的过程外，还包括当事人的说服、控辩双方的质证等过程。第四，后果不同。证明是与证明责任、证明标准等概念相联系的，当证明主体对自己主张的事实无法提供证据或提供的证据不足以让裁判者支持自己时，其可能承担诉讼上的不利后果。而查明往往是司法主体依据职权主动采取的行为，在其履行法定义务按照法定的方法、程序进行查明活动后，完全可能对求证的事实作出不同的决定或认定，如某事实存在或不存在，其并不因这种事实存在或不存在而承受诉讼上的利益或不利益。

查明虽不同于证明，但二者之间具有紧密的联系：“查明是证明的前提或基础，证明是查明的延续或目的。”② 正是因为司法主体的查明活动，获得了证明案件事实的一些基础性证据，证明活动才得以顺利开展，诉讼活动才

① 何家弘、刘品新著：《证据法学》，法律出版社2004年版，第196页。

② 卞建林主编：《刑事证明理论》，中国人民公安大学出版社2004年版，第9页。

得以顺利进行，裁判者也才能够综合证据形成对案件事实的初步或最终认识；也正是因为有了证明目标的确定，证明标准的设定，查明活动的进行才有目标、才有归宿，因此，可以说，证明是查明活动的缘起和归宿，查明是证明活动的手段和途径。

（二）证明与释明

证明与释明之间是一对紧密联系的概念，二者都是诉讼中的证实行为，它们之间的划分依据是司法者获得心证程度的不同，如我国台湾学者所言："证明与释明，二者在法律上所要求之心证程度并不相同。盖证明，乃裁判官因而就某种事实得有确信之心证；而释明，则以裁判官得从而推定之程度为已足。一般所谓证明，仅指狭义之证明而言；且应依证据证明之事实，并不限于实体法上事实，即诉讼上事实亦属之。为释明对象之事实，仅属诉讼程序上之特定事实。且释明其原因事实时，当事人只以叙明其证明之方法为已足，毋庸提出证据；而证明，则不特应指出其证明之方法，并应提出其证据。"① 有学者言："当事人为得有利于己之裁判提出证据，使法院得生强固之心证，认为普通经验上确系如此行为，谓之证明。提出证据使法院得生薄弱之心证，认为普通经验上大概如此之行为，谓之释明"②。

在刑事诉讼中，证明与释明之间的区别主要表现在下述方面："（1）为就某事实之真实与否，非使法院得确信为目的，只须使得大致真实之心证已足，即属于轻微的证据；（2）须于法律有特别规定时方可适用；（3）不遵守诉讼法规定的调查证据形式；（4）法院虽得适用可使法院值得其主张为真实一切证据方法，但不能即时调查的，不在此限"③；（5）通常对于诉讼程序上的特定事实，可以适用释明，基本达到确信程度的心证即可。例如，现行《日本刑事诉讼法》第206条第1款规定："检察官或者司法警察员由于不得已的事由没有能够遵守前三条规定的时间限制，检察官可以向法官说明该事由，并请求羁押被疑人"；第227条第2款规定："检察官在提出前款的请求时，应当说明有必要询问证人的理由以及该项询问是证明犯罪所不可缺少的事项。"④ 而对实体法事实，必须进行证明，且应提供证据。在诉讼进程中，笔者认为，由于实体法事项的证明往往涉及当事人之间权利义务关系的确定及犯罪嫌疑人、被告人的定罪和处罚问题，而大部分程序法事实的证明事项并不最终确定诉讼的后果，因此，证明与释明所要求的心证程度的高低，反

---

① 陈朴生著：《刑事证据法》，台湾三民书局1983年版，第156页。

② 黄栋培著：《民事诉讼法释论》，台湾五南图书出版有限公司1982年版，第465页。

③ 吴学义编著：《民事诉讼法要论》，台湾中正书局1979年版，第162~163页。

④ 宋英辉译：《日本刑事诉讼法》，中国政法大学出版社2000年版，第49、55页。

映了二者证明标准上的层次性高低，应当说，证明的标准在要求的程度上高于释明。

（三）证明与判明

根据《新华词典》的解释，判明有“分辨，断定，判定是非之意”①。在诉讼中，判明主要是指，作出裁判的主体针对当事人之间争执的事实及法律关系，以裁判文书的方式作出确认的行为。判明与证明虽然都是存在于诉讼中的行为，但二者之间亦有很多不同之处：第一，主体不同。判明的主体是法院，而证明的主体要宽泛得多，包括除法院之外的侦查、检察、当事人等其他证明主体。第二，在证明标准的要求上不同。由于判明是一种确定争执的事实真伪和对发生争议的法律关系进行判定的行为，因此，其证明标准实质为裁判阶段法院所适用的证明标准，在层次上远高于侦查、起诉等阶段的证明标准。第三，效力不同。由于判明是法院针对事实和法律关系作出判定的行为，因此，在诉讼中，除上诉和再审等程序发生外，其往往具有终局性的法律效力，而证明由于包含很多环节，有的环节只是一种求证未知案件事实的活动，侦查人员、检察人员、当事人等主体的证明活动不具有最终的法律效力，须经法院作出裁判进行确认后，方能得知案件事实的证明结果如何。第四，使用的证据手段不同。证明的过程是一个从已知走向未知的过程，在这个过程中，侦查人员、检察人员等证明主体可以作出各种合理假设，然后进行证据收集，以求证案件事实，查找犯罪嫌疑人；而判明往往是诉讼的结束，法院所使用的方法是受到严格限制的，如审判主体不得进行臆测，不得使用未经当事人质证的证据，等等。

（四）证明与说明

我国现行《刑事诉讼法》第 87 条规定，人民检察院认为公安机关对应当立案侦查的案件而不立案侦查的，或者被害人认为公安机关对应当立案侦查的案件而不立案侦查，向人民检察院提出的，人民检察院应当要求公安机关说明不立案的理由。这里使用了“说明”一词。在我国诉讼证据立法和实践中，凡需要用证据来查明和阐明案件事实的，为“证明”；凡不需要用证据来查明或阐明，而只需要用口头或书面形式说明有关诉讼事实的，为“说明”。在诉讼实践中，如被告人拒绝指定辩护，要求重新委托辩护人，被害人表示不愿意出庭，当事人申请延期审理或侦查、检察及审判人员回避的，等等，对此不需要提供证据进行证明，只要说明有一定的理由，司法机关即可满足其请求。原因在于证明要求证据对案件事实的证明在司法人员心中要

---

① 《新华词典》（修订版），商务印书馆 1989 年版，第 668 页。

达到内心确信的程度，当然，随着诉讼性质的不同，这种内心确信的程度也有所不同；而说明只要求司法者对诉讼中的一些事实的已然性、现实性或可能性具有一定程度的相信，而且基于此种相信，当该情形存在时，可能会对当事人的诉讼权利构成侵犯，或对诉讼公正产生影响。

说明只是解决诉讼进程中的一些具体程序性事项，其要求的程度只是这种影响的存在有一定的可能性而已，并不要求提供翔实的证据，甚至根本不用提供证据即可认定其主张成立，如英美刑事诉讼立法上的无因回避制度，当事人提出回避的申请时，可以不用提交任何证据，而只需要说明裁判人员存在影响诉讼公正的“倾向”（Tendency）即可，可见，说明理由的成立所要求的标准在层次上是无法与证明相比较的。

三、刑事证明分类与证明标准

在刑事诉讼中，证明是一个动态与静态、主观与客观相结合的过程，依据不同的标准，我国学者将其分为不同的种类，笔者仅列出具有一定影响的分类，并对其与证明标准之间的联系加以分析。

（一）行为意义上的证明与结果意义上的证明

根据证明的表现形态不同，可将证明分为行为意义上的证明和结果意义上的证明。行为意义上的证明指的是一种证明行为，在法律意义上，具体是指证明主体“主张、提供、形成确信”①，以证明案件事实的活动，强调的是一种证明行为。结果意义上的证明是严格意义上的证明，是指运用已知事实阐明或查明案件未知事实的结果，特别是指司法人员对案件事实所形成的内心确信的状态，即“证据的效果；通过证据证明某个事实的成立；……通过展示证据，说服陪审团或者法官相信主张事实的真实性；……通过事实裁判或者法官通过证据在头脑中形成的法定程度的确信。”②

在刑事诉讼过程中，行为意义上的证明表现为一系列的状态，如取证、举证、质证、查证等。结果意义上的证明可以分为狭义上的证明和释明。狭义上的证明指的是严格证明，它适用的对象是案件事实的成立问题，这种证明必须达到较高的程度，需要较高的证明标准，如英美法系刑事诉讼中的“排除合理怀疑”证明标准。释明只需要一定的证据认定某种事实大致可能成立即可，仅需要薄弱的心证和较低程度的确信。

刑事证明是行为意义上的证明与结果意义上的证明的统一，二者在诉讼过程中并不是严格区分的。结果意义上的证明是否能够最终实现，依赖于行

① Black Law Dictionary, 5th edition, West Publishing Co. 1979. p.1102.

② Black Law Dictionary, 5th edition, West Publishing Co. 1979. pp.1093,1094.

为意义上的证明所达到的程度；行为意义上的证明要想变得具有实际意义，取决于其与结果意义上的证明之间的联系程度，若其不以结果意义上的证明为行动的目标和最终选择，就失去了存在的价值和意义；行为意义上的证明是由迈向结果意义上的证明进程中的一系列证明行为组成的，不与案件事实的认定结果发生直接性的关系，其适用的证明标准因具体的证明行为不同而呈现出不同的状态和层次，如逮捕、公诉的证明标准就有所差别；结果意义上的证明正是与案件事实的认定结果相连，进而影响到定罪和处罚问题，故其证明标准较行为意义上的证明高。

（二）严格证明与自由证明

根据所要达到的程度不同，证明可分为严格证明和自由证明。严格证明是指“对于攸关认定犯罪行为之经过、行为人之责任及刑罚之高度等问题的重要事项，法律规定需以严格之方式提出证据。”[①] 或谓“有证据能力的证据并且经过证实的调查程序作出的证明……其他的证明，叫自由证明。自由证明是用某种证据经某种程序的证明。”[②] 严格证明与自由证明在性质和机能上有如下差异：

1. 立证主题不同

在刑事诉讼中，犯罪嫌疑人、被告人的犯罪事实适用严格证明。凡涉及案件的发生过程、行为人的罪过、刑罚的幅度，即涉及定罪、量刑有实体意义的事实情节，法律对其证明规则需作出严格的规定。在采取诉因制度[③]的国家，以诉因为诉讼的客体，严格证明的对象是“指诉因所表示之一定犯罪事实及其法的效果，即刑罚权范围之事实……犯罪事实，既属诉讼法上最基本的事实，直接影响其实体判决之结果。故其证明程序，设定立证主题，法律为保障当事人之权限，乃设有严格的规则，借以限制裁判官之裁量。此项立证主题如何构成，系追诉者之权限，裁判官不得加以干涉，除与已起诉之犯罪，有审判不可分之情形外，自不得径行判决……以形成程序事项，为其立证主题者，此项事实，往往随诉讼之进行而发生……其立证主题自始确定，永不变更，自许依裁判官之自由裁量，而为自由的证明……但此项程序之形成，仍由法院主持，故当事人在程序上之立证主题，许法院按其情形，依职

---

① ［德］克劳斯·罗科信著：《刑事诉讼法》（第21版），吴丽琪译，法律出版社2003年版，第208页。

② ［日］田口守一著：《刑事诉讼法》，刘迪等译，法律出版社2000年版，第220页。

③ 起诉书中明确记载的特定诉因，即犯罪事实就是法院的审判对象，同时也是被告人防御的对象。但是，在诉讼进展过程中，如果不变更当初的诉因，那么该诉因就是审判的对象，其他的犯罪事实就不能成为审判的对象。要追诉与诉因不同的犯罪事实时，只能另行起诉。参见［日］田口守一著：《刑事诉讼法》，刘迪等译，法律出版社2000年版，第165页。

权加以干涉。”[①] 例如，在德国刑事诉讼中，自由证明适用的主题主要有：“对裁判只具诉讼上之重要性之事实认定，例如有权提起告诉之人知悉犯罪行为以及行为人之时间或者对年龄之认定；……例如羁押命令之签发或开启审判程序之裁定；对被告是否曾被施以法律禁止之讯问方法被讯问时。”[②]

2. 心证程度不同

严格证明有两层意思：“首先，严格证明，必须按照法定程序进行；其次，严格证明必须达到高度‘确信’的程度。”[③] 在“内心确信”证据制度下，严格证明要求“经过审判期日之严格程序，法院依审判所得之证据，足以证明被告之事实达到无合理（beyond reasonable doubt）的‘确信’程度者，始能为有罪判决；反面言之，只要对于被告有罪一事，有合理的怀疑，则对于被告犯罪嫌疑即未达有罪判决之确信程度，除程序判决之情形外，应为无罪判决。应予注意，法院不得径以被告之反证不成立为由，而为有罪判决。”[④] 由于严格证明具有严格的形式要求，对于司法者作出判断形成一定的限制，耗费时间，捆绑手脚，因此，不可能期待所有的争点全部使用严格程序来证明。所以，对诉讼中的程序性事项，如有无管辖权，申请回避的理由是否成立，法官的心证无须达到确信程度，只要其在心证上认为“很有可能”或“大致相信”即可，完全在于法官的自由裁量。这种“很有可能”或“大致相信”的心证程度，相当于释明的心证程度。例如，刑事被告人若指控侦查人员使用了刑讯以获取证据，此时，提出主张的被告人只要提出使法官达到较低程度的心证即可裁决侦查人员所获得的证据是否可采。同理，一些刑事强制措施的采取事实理由无须达到“确信”的程度。我国《刑事诉讼法》第61条第2款规定，公安机关对于现行犯或者重大嫌疑分子，如果有被害人或者在场亲眼看见的人指认他犯罪的，可以先行拘留。这里当然意味着重大嫌疑分子可能没有实行犯罪的情形，但从表面证据来看，其满足了采取拘留这种强制措施所适用的较低程度的证明标准，当然可以采取。我国台湾地区“刑事诉讼法”也规定，“程序争点之证明，仅须自由证明的程序，例如，法官有无回避的事由、告诉人何时知悉犯人、证人有无特定业务关系、证人是否已达结婚年龄。在证明程序上仅适用自由证明的有：起诉审查程序、

---

① 陈朴生著：《刑事证据法》，台湾三民书局1983年版，第177页。

② ［德］克劳斯·罗科信著：《刑事诉讼法》（第21版），吴丽琪译，法律出版社2003年版，第208页。

③ 刘金友主编：《证据法学》（新编），中国政法大学出版社2003年版，第169页。

④ 林钰雄著：《刑事诉讼法》（上册），中国人民大学出版社2005年版，第360~361页。

简式审判程序[①]、简易判决处刑[②]及羁押、搜索、鉴定、留置、许可、证据保全及其他依法所为强制处分之审查。”[③]

3. 使用的证据资料不同

因严格证明的对象是关于犯罪事实是否存在以及刑罚权的范围问题，其所利用的证据资料在法律上是被加以限制的。现行《日本刑事诉讼法》第319条第1款规定：“出于强制、拷问或者胁迫的自白，在经过不适当的长期扣留或者拘禁后的自白，以及其他可以怀疑为并非出于自由意志的自白，都不得作为证据。”[④] 此外，德国现行刑事诉讼法中亦有类似规定[⑤]。而自由的证明事实，“不特立其立证主题，并未加以限制；即其立证之资料，亦不加以限制。因之，无证据能力之证据，或未经合法调查之证据，仍得利用为程序上事实之证据，既许裁判官为合理的裁量，乃何种资料，于立证资料上具有适格性，依裁判官之具体的判断而为决定。”[⑥]

（三）实体法事实证明与程序法事实证明

以证明对象为标准，可将证明分为针对实体法事实的证明和针对程序法事实的证明。所谓实体法事实的证明，是指针对实体法上的要件事实的证明，在刑事诉讼中主要是指针对犯罪构成诸要件，以及量刑情节事实的证明。所谓程序法事实的证明，主要是指针对刑事诉讼程序进展过程中所遇到的一些程序性状况或事项所展开的证明，如回避的理由，有无管辖权，等等。

实体法事实的证明结果最终体现在法院的裁判中，若涉及犯罪嫌疑人、被告人的行为是否构成犯罪，以及应当如何作出处罚，司法机关应当以判决的形式作出。实体法事实的证明结果不仅要对控方的证明行为和结果作出判断，而且要对被指控的犯罪嫌疑人、被告人的行为性质作出判断，甚至要对

---

① 我国台湾地区“刑事诉讼法”第273条第1款规定，除被告所犯为死刑、无期徒刑、最轻刑为3年以上有期徒刑之罪或高等法院管辖第一审案件者外，于前条第一项程序进行中，被告先就被诉事实为有罪之陈述时，审判长官得告知被告简式审判程序之旨，并听取当事人、代理人、辩护人及辅佐人之意见后，裁定进行简式审判程序。

② 我国台湾地区“刑事诉讼法”第449条规定，第一审法院依被告在侦查中之自白或其他现存之证据，已足认定其犯罪者，得因检察官之声请，不经通常审判程序，径以简易判决处刑。但有必要时，应于处刑前讯问被告。前项案件检察官依通常程序起诉，经被告自白犯罪，法院认为宜以简易判决处刑者，得不经通常审判程序，径以简易判决处刑。依前二项规定所科之刑以宣告缓刑、得易科罚金之有期徒刑及拘役或罚金为限。

③ 林钰雄著：《刑事诉讼法》（上册），中国人民大学出版社2005年版，第353页。

④ 宋英辉译：《日本刑事诉讼法》，中国政法大学出版社2000年版，第73页。

⑤ 详见《德国刑事诉讼法典》证人（第48～71条）、鉴定人（第72～85条）、勘验（第86～93条）及文书证件（第249～256条）之规定。参见李昌珂译：《德国刑事诉讼法典》，中国政法大学出版社1995年版。

⑥ 陈朴生著：《刑事证据法》，台湾三民书局1983年版，第179页。

其应承担的刑事权利义务作出确定，因此，这种事实的证明标准在层次上要远远高于程序法事实的证明，具体到英美法系国家三大诉讼中而言，至少要达到“盖然性优势”（Preponderance of the Evidence）[①] 的程度。程序法事实的证明主要是关于刑事诉讼的一些保障性制度，如回避、管辖等，因这些事实并不直接关涉刑事案件事实的准确认定，只是与事实证明的准确性之间有某种间接性、或然性的联系，并不一定关涉定罪和处罚的准确性，因此，对这种事实证明所适用的标准就低，只要有证据证明这种可能性在一定程度上存在即可，而没有达到优势证据的程度，如侦查程序开始时，只要有“犯罪嫌疑”即可进行。

（四）司法人员的证明与当事人的证明

根据证明主体的不同，可将证明分为司法人员的证明[②]和当事人（包含诉讼代理人和辩护人）的证明。司法人员的证明，是指侦查、检察人员为了查明案件事实的需要，依照法定程序和标准，收集、调查证据，对指控的案件事实进行求证的诉讼活动。当事人的证明，是指当事人为了支持自己的事实主张和保护自己的合法权益而依法进行的取证、举证、质证等诉讼活动。由于证明是与败诉风险相关的概念，而法院在证明活动中不与诉讼风险相联系，因此不应是刑事证明的主体，不包括在本部分所指司法人员范畴内。

在刑事诉讼中，司法人员所进行的证明活动，无论是提出有罪的证据，还是无罪、罪轻的证据都事关当事人的生命、自由和财产权，且这些权利一旦被侵犯，很难恢复，其证明活动是要受制于诸如非法证据排除、补强等一系列证据适用和取证规则的限制，因此，这种证明活动对事实的认定，结论的作出需要满足较高程度的证明标准。例如，我国刑事诉讼法规定，侦查机关侦查终结后，对案件事实的认定应当做到“案件事实清楚，证据确实、充分”[③]。基于一个人不承担证明自己无罪的理念，加之自身取证能力的限制，当事人所享有的取证权无法与国家机关相抗衡，因此，对事实主张只要提出合理的根据，依法进行质证和辩论，达到动摇控方提出证据的可信性，削弱其证明体系的证明力，就可达到摧毁司法机关证明体系、否定其事实主张的效果，从而实现对自身合法权益的维护。

---

① The trier of fact must believe that it is more probable that the fact is true or exists than it is that it does not exist. See: Gellhorn, p. 270 & Oregon Jury Instructions 22.02.

② 笔者此处之所以特别提出司法人员的证明，意在强调法院不是证明主体。

③ 我国《刑事诉讼法》第129条规定，公安机关侦查终结的案件，应当做到犯罪事实清楚，证据确实、充分，并且写出起诉意见书，连同案卷材料、证据一并移送同级人民检察院审查决定。

（五）权力性证明与权利性证明

根据证明权的属性不同，笔者认为可将证明分为权力性证明和权利性证明（我国著名学者提出职权性证明和义务性证明概念，[①] 笔者认为职权性证明也是司法机关的法定义务，从某种意义上说也是义务性证明，概念在内涵上容易混淆）。所谓权力性证明，是指证明主体进行证明行为的权力来源于国家的法定，是其职责，既不能放弃也不能转移。所谓权利性证明，是指证明主体进行证明行为权利来源于国家法定，但是这种权利可以转让、放弃。应当说，我国刑事诉讼中公安、检察机关及其工作人员所进行的证明活动属于权力性证明的范畴，而诉讼当事人的证明行为属于权利性的范畴。对于权力性证明主体而言，若其没有履行或适当履行则构成法定职责的违反，而对权利性证明主体而言，若其没有履行该义务，司法机关可能会认定一定的事实存在，从而作出对其不利的判断，承担诉讼上的不利益。

由于权力性证明是特殊指控主体的职权行为，且这种行为影响到刑事诉讼中的犯罪嫌疑人、被告人的生命、人身、自由及财产等权利的剥夺与实现，法律上对其设定的证明标准应不同于权利性证明。一般而言，在英美法系国家，权力性证明要想成立须达到“排除合理怀疑”的程度，而权利性证明只需达到“盖然性平衡”的程度即可。例如，在英国刑事诉讼中，“民事案件的证明标准可适用于承担证明责任的被告人的情形是可以看到的，第一个权威的例子是（涉及主观精神状态），在 Sodema v. R. 案中，Lord Hailsham 法官说，被告人承担的主观精神状态的证明责任并没有控方的重。第二个权威的例子是，1916 年《防止腐败法》（Prevention of Corruption Act 1916）规定，在刑事诉讼中，任何报酬都应被视为贿赂，除非相反的事实得到证明。”[②]

此外，在刑事证明的分类中，还有直接证明与间接证明的说法。所谓直接证明，“指用直接证据证明与诉讼之结果有影响之法律效果之事实（即主要事实）”[③]；对于间接证明，在德国、日本民事诉讼立法及判例上有所谓的“表见证明”或“一应推定”的概念。“表见证明是指具有高度盖然性之经验法则，即利用经验法则，由某客观事实，以推认侵权行为之故意、过失或因果关系等构成要件之一种间接证明[④]。日本判例上的‘一应推定’，亦是基于具高度盖然性之经验法则为事实上推定之意，且其适用，亦不限于侵权行为

---

① 何家弘、刘品新著：《证据法学》，法律出版社 2004 年版，第 195 页。

② Richard May, B. A., LL. B.. Criminal Evidence, London Sweet and Maxwell, 1986. p. 61.

③ 陈计男著：《民事诉讼法论》（上）（增订三版），台湾三民书局 2005 年版，第 453 页。

④ 如将汽车驶入人行道，将他人撞伤；外科手术医师进行手术后，将手术刀和医用纱布遗留在病人体内。

之故意、过失或因果关系之认定。”[①] 可见，由于直接证明所针对的对象是案件的主要事实，这些事实的证明对案件事实的最终认定、定罪和量刑都有重要影响，在证明标准的要求上应高于间接证明。

① 陈计男著：《民事诉讼法论》（上）（增订三版），台湾三民书局2005年版，第454页。

第二章 我国刑事证明标准概念研究

一、刑事证明标准与辩证唯物主义

真实同真理一样，同属于哲学的范畴，它既是人类对事物认知的一个程度和目标，也是人类思维的价值和取向。刑事证明标准属于事实真相的范畴，其实质是对事物所达到的认识程度问题，而这又与哲学上的认识论密切相关。长期以来，在我国认识论体系中占据统治地位的一直是马克思主义的辩证唯物主义。对事实的认识是从客观真相的角度进行理解。有学者认为“事实本身的真实，也即事实的真情，事物的真相”①。受此影响，持辩证唯物主义观点的人对证明标准的概念往往不是从主观角度理解，而是从客观角度进行定义，“有关的法条和论著都不是从司法人员的主观意识状态提出要求和设立标准，而是强调证据的客观性，强调案件事实的客观方面。要求司法人员在使用证据认定事实时不应反求于内心，而应当始终盯住客观真实的情况。主张证明结论应当是排他的、唯一的，但不用‘排除合理怀疑’等带有主观色彩的概念来限定和解释排他性”②。笔者认为有必要从辩证唯物主义主要内涵入手深入探讨其与刑事证明标准之间的联系，这样方可结合我国刑事司法实际对其概念予以科学定义。

（一）刑事证明目标双重性

笔者认为刑事证明过程是追求实质真实与形式真实双重目的的统一，其与辩证唯物主义认识论之间具有紧密联系。“所谓实质真实，是指证明活动的结果在实质上符合客观事实，是实质内容的真实。所谓形式真实，是指证明活动的过程和形式符合证明规律的要求，是形式所表现的真实”③。辩证唯物主义认为，受认知当下性和局限性的影响，任何实践形态的证明都是“追

---

① 裴苍龄著：《证据法学新论》，法律出版社 1989 年版，第 183 页。

② 龙宗智：《我国刑事诉讼的证明标准》，载《法学研究》1996 年第 6 期，第 120 页。

③ 何家弘：《论司法证明的基本范畴》，载《北方法学》2007 年第 1 期，第 75 页。

求真实”，而不能绝对保证获得真实，甚至也不能保证必定能够作出真实性的判断。因为，在接近真实的过程中，人们认识水平的提高有一个渐进的过程，所适用的标准，对事物规律性的把握有一个由低级层次向高级层次过渡的过程。而抽象的真理，抽象的案件事实的真实性，只是一个理论上的研究课题，只是人们对事实追求的理想。若将这种标准放诸于实践，则会受到诸如认知目的、主体、对象、手段、时间和空间等各种当下因素的制约，会形成认知的局限性。由于这种局限性，“对于‘事物的真实情况’，人们有可能作出错误的陈述，也有可能一时难以说清楚；对于事实判断的真实性，有可能作出错误的评断，也有可能一时难以评断”①。

在刑事司法实践过程中，案件事实的发现同样具有真理抽象性和实践性的特性，受认知局限性的影响，绝对的案件真实性，即实质真实是无法达到的。由于需要在冲突的诉讼价值之间选择，实现价值平衡，司法人员和诉讼当事人会选择符合认识规律的、可操作性强的证明标准来解决在每一诉讼阶段的证明问题，针对每一证明对象，不同证明主体对案件事实的证明所应到达的具体证明标准也就不同。这样，对案件事实证明的标准就会呈现递进的色彩，从而使得证明标准在刑事证明过程中具有层次性，而侦查、起诉和判决阶段对事实的证明存在于该阶段任务相适应的不同的证明标准，因而具有形式真实的色彩。笔者认为，诉讼的目的在于追求诉讼真实的发现过程实质真实与形式真实的统一，因为我们固然追求抽象意义上的真实，发现案件事实真相，即使是在立法上以抽象的真理作为证明标准的目标，但这只是人类在认识自然、改造自然过程中的最高追求，在实践中是难以达到的。在刑事诉讼中，尤其是在案件事实的认定对当事人的权利义务影响不大的纠纷诉讼中，若一味追求真实发现，则容易导致真实发现观念的绝对化，不利于刑事诉讼多元价值的追求，因为“真实发现亦应受相关法理之制约，如诚信原则、正当程序及其他宪法原则”②。具体而言，在刑事诉讼中，如轻罪、刑事自诉等案件，我们不可能、也不必要穷尽每一个细节，在某种程度上，可能会选择追求形式真实，即“仅依当事人主张之事实及证据，在形式上犯罪足认为真实之事实者，即据以采为判决之基础，不论其是否完全符合事实，不再予以调查。”③ 也正是基于这种理念，德国在刑事证据立法上，“在民事诉讼程序上只采用‘形式真实原则’。在刑事诉讼上乃采用调查原则，此又称

① 张志铭：《裁判中的事实认知》，载王敏远主编：《公法》（第4卷），法律出版社2003年版，第6页。

② 姜世明著：《新民事证据法论》，台湾学林文化出版事业有限公司2002年版，第153页。

③ 陈健民著：《刑事诉讼法要论》，台湾政策基金研究会2007年版，第33页。

为实质真实原则、侦查原则或纠问原则（明文规定于法条中）”①。

综上所述，笔者认为，刑事证明是在抽象的证明目标上追求实质真实，实现打击犯罪与保障人权的双重目的，但在具体运作过程中，考虑到诉讼目的及价值多元化的需要，会兼顾形式真实，这在认识论上也是符合真理的抽象性与实践性要求的，二者之间并不矛盾。因此，对刑事证明概念的确定也应从抽象和实践两个层面来进行。

（二）刑事证明过程层次性

马克思主义把人的个体认识活动放到人类创造历史的整个社会实践中来考察，将作为社会历史活动范畴的“实践”引入认识论作为基础，并把辩证法应用于反映过程，揭示了主体反映客体的认识过程实质上是一个充满矛盾的过程，正是这些矛盾的产生和解决从而推动着人类认识的不断前进和发展。

认识过程具有有限性和无限性。列宁指出：“认识是思维对客体的永远的、无止境的接近。自然界在人的思想中的反映，要理解为不是‘僵死的’，不是‘抽象的’，处在矛盾运动的永恒过程中，处在矛盾的产生和解决的永恒过程中。”② 从认识的客体方面看，客观存在的物质世界及其发展是无限的。在空间上，它的层次、联系是无穷的；在时间上，一过程向另一过程的推移和转变是无止境的。无限的物质世界又是通过有限的、暂时的具体事物的存在表现出来的，客观的物质世界是无限和有限、统一和多样的矛盾的统一。人们总是希望能够认识客观的物质世界的全部，但是在一定的历史阶段，无限的物质世界只能是其中有限的一部分进入人们的视野、活动范围，成为认识的对象，因此，人们只能通过有限去认识无限。这样一来，就存在着认识对象的无限性和有限性、统一性和多样性的矛盾。就每一具体事物而言，它既是有限的，但它的层次、结构以及与其他事物的联系又是无限的、多样的，而且每一具体事物还存在着运动和静止、整体和部分、共性和个性、现象和本质、偶然和必然等矛盾。

认识过程具有阶段性和反复性。列宁指出：“从生动的直观到抽象的思维，并从抽象的思维到实践，这就是认识真理、认识客观实在的辩证途径。”③ 辩证的认识运动，首先是实践到认识的过程。在这个过程中，主体对客体的反映采取了感性直观和理性思维两种形式，认识经历由感性认识到理

---

① 《德国刑事诉讼法》第155条第2项规定：“法院在此范围内（此乃指起诉书中所载之事项）有权利义务独立行使调查职权”。第224条第2项规定：“法院为了调查真相，依职权对所有对判决有重要之事实或证据加以调查”。参见［德］克劳斯·罗科信著：《刑事诉讼法》（第21版），吴丽琪译，法律出版社2003年版，第114～115页。

② 《列宁全集》（中文第2版第55卷），人民出版社1985年版，第165页。

③ 《列宁全集》（中文第2版第55卷），人民出版社1985年版，第142页。

性认识两个阶段。感性认识是认识的低级阶段，是对事物外部形态的直接的、具体的反映，它包括感觉、知觉、表象等形式。感性认识的局限性只是反映了事物的现象、各个片面和外部的联系，而认识的任务却要求把握事物的本质、全体和内部联系，这是认识过程中首先遇到的一个矛盾。理性认识是认识的高级阶段，是对事物内部联系的间接的概括的反映，它包括概念、判断、推理以及由此构成的假说和理论等形式。理性认识在认识的形式上超脱了客观事物，而在内容上则更深刻、更正确、更完整地反映了客观事物。感性认识与理性认识之间有紧密的联系。理性认识依赖于感性认识，必须以感性认识为基础；而感性认识有待于发展到理性认识，必须向理性认识转化。由感性认识发展到理性认识，这是认识过程中的第一次飞跃，为了实现这一次飞跃，必须占有丰富而真实的感性材料，同时运用科学的思维方法对感性材料进行加工制作。由于“矛盾存在于一切事物的发展过程中……矛盾是简单的运动形式的基础，更是复杂的运动形式的基础”①。人们对一个事物本质的认识往往要经历一个反复的过程，“对于一个复杂事物的认识往往要经过由感性认识到理性认识，再由理性认识到实践的多次反复才能完成。”② 这是因为在认识过程中始终存在着主观和客观的矛盾。从客观方面看，事物本质的暴露有一个过程。当它没有充分暴露的时候，人们不可能清楚地认识它，如果本质为假象所掩盖，还可能发生错觉，被假象所迷惑。从主观方面看，人的认识能力有一个提高的过程。人的认识受着实践范围、立场、观点、方法、思维能力、工作经验和知识水平等因素的制约。恩格斯说：“从历史的观点来看……：我们只能在我们时代的条件下进行认识，而且这些条件达到什么程度，我们便认识到什么程度。”③

刑事诉讼过程实质是对案件事实逐步走向深入认识的过程，是有限性和无限性、阶段性和反复性的统一。从对犯罪嫌疑人有犯罪嫌疑的感性认识开始侦查，到掌握了犯罪事实的充足证据，逐渐形成了理性认识，然后将客观事实的证明标准引入证明目标领域，从而使对该案件事实真相的认识逐渐接近该目标，在审判阶段，通过控辩双方提供的证据的质证、对抗，对事实的存否进行辩论，通过法院判定争执的事实究竟是否满足最终证明标准的要求，并作出诉讼结束的判决。正是在这种矛盾的诉讼运动过程中，案件事实真相逐渐明朗、清晰，但由于人类认识的局限性，上述目标可能会对现实条件作

① 毛泽东：《矛盾论》，载《毛泽东选集》（第1卷），人民出版社1952年版，第280页。

② 国家教委社科司组编：《马克思主义原理》（修订本），高等教育出版社1998年版，第210页。

③ 《马克思恩格斯全集》（第20卷），人民出版社1971年版，第585页。

出一定的让步，从而不能实现绝对的真实，而会选择相对的真实，这说明了，刑事证明过程不仅具有主客观相结合的特性，而且具有一定的层次性，因此，对刑事证明标准概念的确定也应考虑该证明过程的局限性和有限性、阶段性和反复性。

从案件事实的证明角度而言，刑事诉讼事实的认定是一个抽象与实践、辩证的、递进的认识过程。因此，在我国探讨和建立刑事证明标准概念及制度时，首先需要探索刑事证明中的相对性和绝对性理论，认识到真理的抽象性和实践性，以及认识的辩证运动原理，树立形式真实与实质真实相结合的理念。构建刑事证明标准并不是要求放弃客观真实，排斥法律真实，而是在探求案件客观真实为目标引导下，确立具有科学性的刑事证明标准，以使诉讼活动能够在明确标准指引下，以符合人类认知规律的方式，得以顺利、有效地进行。

二、刑事证明相对性

美国著名法学者波斯纳认为："所谓事实的准确性，并非指追求客观真实，而是由于事实发现能力的有限性以及人们发现追求客观事实的主观路径，从而将事实发现的目标定位于实现追求客观真实与其他价值目标之间的平衡。"① 基于认识的辩证运动原理，笔者认为刑事证明对案件事实的探知是一个相对性的过程，但也不排斥特定案件事实领域证明的绝对性，二者统一于刑事证明过程之中。确定刑事证明的相对性有助于我们对刑事证明标准概念有更为全面的认识，即由于证明过程的相对性，诉讼过程的实质就是证明的过程，证明标准同样适用于诉讼过程的每一阶段，在不同的阶段，这种标准也就随着认识的相对性而有所变化，但总的来说，是一个不断接近真实的过程，因此，对其定义也应考虑证明的相对性原理。

（一）何谓刑事证明相对性

刑事证明作为人类认识事实证明活动的一种，对于特定的证明主体而言是一个从已知部分证据事实推论未知事实的过程。从哲学的本体角度而言，刑事证明是一个意识反映存在的过程。证明是诉讼活动的重要组成部分，案件事实的认定，法律规范的适用都离不开证明这个基础性的活动。从性质角度而言，刑事证明首先属于人们主观对客观发生的社会事件的一种认识活动，因此必须遵循认识论的普遍规律。其次，刑事证明是人类特有的一种逻辑思维活动，必须运用辩证思维的形式和方法，符合形式逻辑和辩证逻辑的一般

---

① ［美］理查德·A. 波斯纳著：《证据法的经济分析》，徐昕、徐昀译，中国法制出版社 2001 年版，第 11 页。

规则。最后，刑事证明是一种诉讼行为，必须受到程序性法律规范的指引和约束，要遵循程序公正、人权保障、正当程序等一系列价值理念的约束。这就决定了刑事证明不同于单纯追求案件真相的自然领域和社会领域的其他证明。“有一个一般性的原则认为，法律不要纠缠于细枝末节的问题”①，在证明过程中，因受到时限、资源等因素的限制，对案件事实的探求不能一味苛求每个细节，在理想与现实之间可能会作出选择，因现实条件的限制，证明的理想可能会作出让步。可见，刑事证明结果的案件事实与客观的案件事实本身之间会有不相一致的地方，从而形成了刑事证明的相对性，构成了刑事司法的一个价值取向、原理。所谓刑事证明的相对性是指，在刑事诉讼过程中，证明主体对证明对象通过法定的证明程序，遵循法定的证明规则，依据法定的证明标准，所得出的证明案件事实与追求的客观真实目标不完全一致的情形，一句话就是，证明的结果与案件的客观事实之间具有相对性。

刑事证明相对性包含下述含义：第一，刑事证明的目标是案件事实，判定的尺度是证明标准，只要达到法定证明标准，该过程即可结束。刑事证明是一个发现、证明案件事实真相的过程，该过程的前进方向是法定证明标准所规定的证据要求，当这些要求满足时，说明案件真相已可判明，诉讼任务即可结束。第二，刑事证明是要件性事实证明，非全面性证明。刑事证明的目的是发现犯罪事实是否存在，是否满足法定的量刑要件事实要求，在特殊的情形下，需要对回避、管辖等程序性事实进行证明，从实质上来看，刑事证明的对象不是案件中的每个事实，而只是对定罪量刑有影响的情节性事实，所发现的真相并不要求与对案件事实认定和定罪有影响的客观事实真相的每一细节相符。

刑事证明的相对性内涵指所证明的案件事实是相对性事实，而不是绝对性真实，这与辩证唯物主义认识论的绝对真理和相对真理之间密切相关。列宁指出：“如果有客观真理，那么表现客观真理的人的表象能否立即地、完全地、无条件地、绝对地表现它，或者只能近似地、相对地表现它？这第二个问题是关于绝对真理和相对真理的相互关系问题。”② 真理作为主体对客体的正确反映，是主观和客观的符合、一致，所以，真理的实现程度，即主观和客观的符合程度也取决于主体和客体两个方面。因为，客观世界是无限性和有限性、统一性和多样性的统一，人的认识能力是至上性和非至上性的统一，主观和客观的符合，即真理的实现是一个动态的过程：一方面，客观世

① ［美］迈克尔·D. 贝勒斯著：《法律的原则——一个规范的分析》，张文显等译，中国大百科全书出版社1996年版，第32页。

② 《列宁全集》（中文第2版第18卷），人民出版社1985年版，第122页。

界的一切事物都有可能或早或晚地转化为主体思想的内容，人的认识也有能力正确地反映客观事物的本来面貌，可以从永恒的物质世界获得客观性的内容，把握绝对的客观真理；另一方面，无限的物质世界又是通过有限的、暂时的具体事物表现出来的，人们又没有能力立即地、完全地正确反映客观世界的本来面貌，只能通过认识有限的、暂时的东西来认识无限的永恒的物质世界，获得近似的、相对的客观真理。

绝对真理与相对真理是实现客观真理的两种形式，它们从不同方面表现人们对客观真理的把握过程。列宁指出："绝对真理是由发展中的相对真理的总和构成的；相对真理是不依赖于人类而存在的客体的正确反映；这些反映越来越正确；每一个科学真理尽管有相对性，其中都含有绝对真理的成分"①。因此，任何客观真理既具有绝对性，又具有相对性，是绝对真理和相对真理的统一。列宁还指出："辩证法的基本原理是：没有抽象的真理，真理总是具体的。"② 真理的具体性是由真理的客观性所决定的，也是与真理的过程性紧密相连的。真理是主体对客体的正确反映，是主观和客观的统一。"真理是有条件的。真理都是在一定的时间、地点、条件下主观对客观的符合，它要受条件的制约，并随条件的变化而变化，离开具体的时间、地点和条件，真理就是抽象的、无意义的。"③

在刑事诉讼中，我们对客观世界的认识，只是永无止境的真理长河中的某个发展阶段，对案件事实真相的认识，既含有绝对真理的成分，同时又含有相对真理的内容。因此，刑事诉讼中的证明，不能只谈抽象的真实性，因主体主观认知能力及客观条件的限制，得出的案件事实不是绝对真理，而只是相对真理。原因在于，在诉讼过程中，由于"一切犯罪皆发生于过去，又犯罪证据不可能收集齐全并提出于法庭之情况，不可能要求达到绝对真实之证明，只能满足于近乎绝对真实之相对真实之证明。在此情况之下，证明标准只达到确信性（确信程度）、高度盖然性或不容有合理怀疑之程度即可。"④ 但从哲学上的认识论来看，客观世界是可以被人们所知的，虽然认识具有相对性，人类在探知未知世界的过程中虽有很多困难，对客观事物的认识永远无法达到与客观实际完全一致的程度，但在一定的条件、限度和范围内，人类对具体客观事物的某些方面和某些环节的认识是能够达到与客观实际真相

---

① 《列宁全集》（中文第2版第55卷），人民出版社1985年版，第323页。

② 《列宁全集》（中文第2版第18卷），人民出版社1985年版，第412页。

③ 国家教委社科司组编：《马克思主义原理》（修订本），高等教育出版社1998年版，第228页。

④ 蔡墩铭著：《刑事证据法论》，台湾五南图书出版有限公司2000年版，第360页。

的绝对性相一致程度的，我们应对案件事实真理性的认识持乐观态度，而不能故步自封。就刑事诉讼中的案件事实证明而言，“所有的证据都是盖然性的，并不存在形而上学的绝对真实”①，因主客观条件的限制、司法人员和诉讼当事人不可能把案件的一切情况都查得清清楚楚，也难以穷尽案件发生的每一个细枝末节，把有关定罪量刑的所有情节都查得清清楚楚，在这种意义上，案件事实真相的查明永远是不可能的，是相对的。但是，在能够认定有罪的案件事实中，对于有关案件定罪量刑的基本事实，特别是犯罪嫌疑人、被告人是否实施了犯罪，以及实施的关键性情节事实则是可以查清的，可以达到绝对性的程度，因此，在这种证明中的相对性是含有绝对性的，可以说刑事证明过程是绝对性与相对性的统一。

（二）刑事证明相对性形成原因

1. 客观条件的限制

（1）证明对象的不可回溯性。从性质上看，刑事证明是一种追本溯源的复杂过程，或称“历史证明”②。Radin 说“确定事实是法律遇到永久的、不可解决的问题之一，事件是独一无二的，想象的或模拟的重建都不能确切地重现过去。”③ 原因在于：一方面，刑事证明的事实是发生的事实，而事实已经过去，永不复返，“虽不一定是青春无痕，也往往如云烟过眼。吾人凭借各种推理的方法，把已经过去的事实，重新在审理事实的人的心目中构成一幅图画。如非极端谨慎，这一幅构成的图画，便可与当初事实的真相发生重大的出入，或发生以偏赅全之弊。”④ 因此，“在任何司法程序中，关于过去事实的争议，事实发现者（fact finder）从来不能够获得关于过去事件发生的准确信息，他所能获得的只是一种事实发生可能性的确信”⑤；另一方面，刑事证明对象所涉及的事实是司法机关和当事人所主张或要求证明的事实。基于当事人或控方的原因，当事人提出的证明对象所涉及的案件事实也会因刑事证明主体的主观性而不一定能够全面反映案件客观事实。在诉讼中，当事人所主张的虚假的案件事实一般能够被司法机关运用有关证据加以排除，而有的虚假的案件事实则也可能被司法机关加以肯定，如民事诉讼中当事人自

---

① ［美］理查德·A. 波斯纳著：《证据法的经济分析》，徐昕、徐昀译，中国法制出版社 2001 年版，第 9 页。

② 根据诉讼上的证明的特征，首先可以把证明分为理论证明和历史证明。前者是自然科学使用的概念；后者是法律学使用的概念。参见［日］田口守一著：《刑事诉讼法》，刘迪等译，法律出版社 2000 年版，第 223 页。

③ 沈达明编著：《英美证据法》，中信出版社 1996 年版，第 2 页。

④ 李学灯著：《证据法比较研究》，台湾五南图书出版公司 1992 年版，第 689 页。

⑤ Allen, Christopher. Practical Guide to Evidence(second edition), London Sydney. 2001. p 120.

认的有关事实、刑事诉讼中犯罪嫌疑人承认的有关犯罪事实完全可能是虚假的，但却被司法机关加以肯定。这样一来所得出的案件事实与该案件的客观真实之间则不完全一致，甚至可能完全相反。

（2）证明手段的限制。不同于自然领域和社会领域的一些证明，为探求真理，可以不计时日，不计人力及物力的投入，刑事证明是一个多元价值选择的过程，对案件事实的证明受到时间、空间资源及事物本身变迁等客观条件的限制。如李学灯教授所言："古今中外的审判，虽有时因求真之不易，以致经年累月而难以终结，但究竟不能为无限度之延长。否则不独当事人俟河之清，人寿几何之惑；并且时日愈远，困惑愈多。有时还可使人感于正义的迟延，每为正义的否定。（Justice delayed is often justice denied.）社会的交往愈繁，事态的纷纭愈多。有时事件的真相，可能超出常人之想象。并且在事件发生的当时，或紧接其后，如不能设法保留真相，到了审判中再加寻求，往往已有物换星移，面目全非之感。"① 从客观情况来看，司法机关和当事人受客观因素的影响，其有关证明活动往往不可能在法律规定的时间内完成，如犯罪发生后，犯罪嫌疑人留下的脚印因大雨冲刷而不存在，司法机关和当事人难以收集到该证据，导致案件事实难以证明。

2. 主观条件的限制

（1）证据提供主体认知能力的局限性。刑事证明活动的进行是由司法人员及诉讼当事人进行的，事实审理者没有重新见到过去所发生的事实的能力。在诉讼中证明案件事实的司法人员，不是对案件事实亲身经历者，必须依赖于诉讼参与人所提供的证词，而这些诉讼主体在认知、探求事实真相过程中都会受到主观上认识能力诸如感觉能力、记忆能力、判断能力、表述能力的限制，因为"任何人的观察，都可能发生偏差，在心理学上已成为公认的事实……人类之记忆，每与时俱逝。时日愈久，记忆愈淡。就是通常有陈述能力的人，其陈述亦可能有所欠缺。因为有些事，用口头陈述，往往无可言喻。用画面定能如亲观电影之逼真，述者对于有些奇妙的情节，有时觉得妙不可言，听者还不如自己去看上一遍……陈述纵无欠缺，语意是否确实，有无误解，亦可能发生问题……所以在审判中，有时对于关系重大的一字一句，因其意义而发生争执，往往不惜寻根究底，盘问明白。"② 过去事实的构建需要借助于可靠性不同的各种证人的感官印象及陈述，而事实认定者对这些证人的品格等状况并不真正了解。"有些证人说谎；极少数证人以高度的忠实性观察，记忆并重述过去实际发生的事；极少数证人处于这两个极端之间。证

---

① 李学灯著：《证据法比较研究》，台湾五南图书出版公司1992年版，第691页。

② 李学灯著：《证据法比较研究》，台湾五南图书出版公司1992年版，第689~690页。

人证言所描述的是自己与时间的结合。而‘感觉包含判断行为，而且可以说就是判断行为。我们所看到的事，很明显是我们过去经验的某种加权平均数的函数。’如果证人不是一个客观的观察者，自己卷入了事件之中，则问题更加复杂。事实审理者在重建事件中发生错误的可能性因此加倍。因为事实审理者必须扣除证人的卷入对他的观察、记忆和叙述所产生效果。”① 因此，证明主体案件事实认知能力的局限性决定了发生的案件事实真相难以全部查明。

（2）证明主体的人格因素。在刑事证明过程中，证明主体会无意识或有意识地对案件事实加以曲解，主要体现在以下几个方面：第一，因受诉讼利益的影响，当事人可能会曲解有关证据和案件事实。当事人是因与案件裁判结果有利害关系而参加到诉讼中的人，出于趋利避害的本能，当事人提供的有关证据尤其是言词证据可能被夸张，甚至是虚假的。第二，裁判主体的人格因素。“审理不可能是纯粹的智力演出”②，“因受判断主体种种主观的要素之作用，不但发现真实较为困难，且有误认事实之危险。故裁判官个人之人格的要素，如教养、家庭环境、生活经验、社会地位、法律经验、政治经验、聪明、意思力等，于事实之认定不无重大影响，于刑罚之量定更不待言。”③ 不同的诉讼主体及法官和陪审团（或陪审员）由于受自身主观情绪的影响，知识、经验的限制，对相同证据的判断结果可能不一，对证据之间的联系、证据与案件事实之间的联系看法也可能不一，这样，有的案件事实在不同的诉讼主体心目中所呈现出来的真假状态则有所不同。例如，根据 1914 年至 1916 年对纽约市治安法院几千件轻微刑事案件处理的调查结果表明，治安法官在处理同类案件时的差别达到了惊人的程度。在送交一个法官处理的 546 个被控酗酒的人中，他只释放了一人，而其他人（约 99%）均有罪，而在另一法官审理的 673 个被控酗酒的人中，531 人（即 79%）是无罪的。在扰乱秩序行为案件中，一个法官只释放 18% 的人，另一法官则释放了 54% 的人。调查报告的结论是，它反映了治安法官的脾气、个性、教育、处境和个人特点。④

---

① 沈达明编著：《英美证据法》，中信出版社 1996 年版，第 3 页。

② 沈达明编著：《英美证据法》，中信出版社 1996 年版，第 2 页。

③ 陈朴生著：《刑事证据法》，台湾三民书局 1983 年版，第 584 页。

④ Jerome Frank, The Judging Process and the Judge's Personality, at Robert M. Cover and Owen M. Fiss, The Structure of Procedure, The Foundation Press, 1979, pp. 183, 187. 转引自沈宗灵著：《现代西方法理学》，北京大学出版社 1992 年版，第 337 ~ 341 页。

3. 司法制度的影响

在司法制度发展的历史进程中，人类对案件事实的证明经历了一个由对案件事实认知能力的贫弱到强大的过程，而在这个过程中，司法制度的变化起到了至关重要的作用。不仅如此，即使是在当今世界范围内的两大法系中，由于受诉讼模式等因素的影响，对案件事实的探知结果的客观性程度也是不同的，并且在同一国家内部，不同级别的法院，不同地区的法院由于各种因素的影响，对相同案件事实所证明的结果可能也不相同。一般而言，影响裁判结果正确性和稳定性的因素主要有："（1）受过法律训练的官员；（2）司法原则；（3）公认的原则技巧；（4）法官的职责；（5）单一正确的答案；（6）法院单一的意见；（7）来自下级法院的事实冻结记录；（8）预先限制、突出和拟定措辞的审理；（9）律师的对抗性辩论；（10）集体判决；（11）司法保障与诚实；（12）公知的法庭；（13）概论各时期风格及展望；（14）专业司法职位。"[①] 在我国目前的司法实践中，由于司法人员的素质与司法机关的级别呈倒挂状态，而大量的案件事实证明阶段都是发生在级别较低的司法机关，加上侦查技术、措施等条件的落后，部分案件事实的证明甚至是完全错误的，导致了大量的审判"回炉"现象。例如，据官方发布，"自1998年1月至2006年9月以来，全国法院共审结刑事二审案件760984件，其中改判和发回重审161366件，占21.20%；共审结刑事再审案件60717件，其中改判和发回重审19212件，占31.64%。"[②]

4. 法律价值的选择

刑事证明的主体是司法机关和当事人，而自然证明和其他社会领域的证明主体是科学家、社会学者或广大民众，由此所导致的证明结果应有所不同。因为，一方面，"法院不是科学单位。法庭是由一个或一个以上精通法律与一般调查技巧的人组成的。此人或这些人并不一定精于争执牵涉道德领域。法官有时单独行事，有时和没有接受任何调查训练的陪审员一起工作……法院只是为解决所受理的争端，对事实作出断定。因此，一开始就应该肯定：不能期待法院作出非常正确的结论，社会与诉讼当事人应满足于大体上接近科学所要求的结论。"[③] 另一方面，"证据法是确定向法庭提供何种信息以及如何提供信息以解决事实争议的一整套规则"[④]。刑事证明不同于自然证明和

① ［美］卡尔·N. 鲁埃林著：《普通法的传统》，陈绪刚等译，中国政法大学出版社2002年版，第18页。

② 袁祥：《每一起死刑案件都要经得起历史的考验》，载《光明日报》2006年11月9日。

③ 沈达明编著：《英美证据法》，中信出版社1996年版，第2页。

④ ［美］理查德·A. 波斯纳著：《证据法的经济分析》，徐昕、徐昀译，中国法制出版社2001年版，第10页。

其他社会领域证明的最大不同之处是应遵守“游戏规则”。诉讼是一个多元价值选择的过程，不能仅将案件事实真相的证明作为唯一的价值追求，效率、正义、平等等价值都是其追求的目标。证明活动进行、证明的方法与手段均由法律的明确要求和严格的程序控制，证据的收集、取得、提供、质证和认证等一系列活动均须遵循相应的法律规则，如非法证据排除、传闻证据排除、补强等规则的限制，从而使得某些与案件事实有客观联系的材料被排除在诉讼之外，从而导致案件客观事实得不到证明或者证明的案件事实与案件客观事实大相径庭。例如，《美国联邦民事诉讼法》第 37 条（b）款为处罚当事人违反诉讼法规则，禁止他把一些法院制定的书证，事物或证言作为证据提出。[①]“排除这些有关联性的证据，当然会增加事实问题得不到解决的危险。立法者的理由是，这样做能加强诉讼法规则作为一个整体的运行，增加在其他案件中事实问题能得到更好的解决的可能性。”[②]

（三）刑事证明相对性与证明标准

在刑事诉讼中，证明的相对性体现为证明标准制度，即案件被证明至何种程度被认为是真实的，这直接关涉刑事证明标准概念的确定对事实证明所应达到程度的影响。实际上，由于诉讼目的、性质不同，加上主体、阶段等因素的影响，对案件事实所能够求证的程度不可能与案件真实情况完全一致，不仅在不同的诉讼之间，即使是在同一诉讼内部，证明标准也会呈现出一定差别。在刑事诉讼中，控方代表国家对被告人进行追诉，目的在于认定被告人是否犯有被控告的罪行，是否需要追究刑事责任，以决定如何进行定罪和处罚。由于刑事责任的严厉程度是民事和行政责任所无法比拟的，在很多情况下要剥夺犯罪人的人身自由甚至是生命。而且，这种处罚具有不可恢复性。笔者认为在刑事诉讼中，公正与效率价值目标相比较，前者更为重要。相应地，在证明标准的要求上也就更高。如美国学者 Mueller 和 Kirkpatrick 所言，“很长时间以来，英美法系就在刑事案件中要求比民事诉讼高的证明标准，因为如果判决错误会导致更加严重的后果，包括失去自由甚至失去生命”[③]。因为，“美国法律体系的一个固有的至关重要的价值取向就是，刑事审判必须防止将无罪的人错误地认定有罪，即使付出有时让有罪的人逍遥法外的代

---

① Rule 37. (Failure to Make or Cooperate in Discovery; Sanctions) (b).

② 沈达明编著：《英美证据法》，中信出版社 1996 年版，第 4 页。

③ 澳大利亚联邦《1995 年证据法》第 140 条规定：“民事诉讼的证明标准为或然性权衡（balance of probabilities），证明案件达到或然性权衡时，法院应裁决当事人的案件已得到证明。” SECT 140 Civil proceedings: standard of proof (1) In a civil proceeding, the court must find the case of a party proved if it is satisfied that the case has been proved on the balance of probabilities.

价”[①]。作为这种价值取向的反映，在早期的普通法中该证明标准发展成国家必须“排除合理怀疑地”证明一名被告人有罪。在具体实践中，美国刑事诉讼中的有罪证明标准必须达到“排除合理怀疑的程度”。

三、刑事证明标准制度沿革

证明标准的实质应当是对真实的追求。刑事证明的任务和要求就是通过诉讼这一过程以发现真实，人类历史上的任何一种诉讼证明目的都是寻求真实。与真实相对应的概念就是虚假。排除虚假，确认真实，是一切诉讼的根本任务。在人类社会发展的历史上，社会政治制度不同，人类认知能力和手段不同，证据制度也不同，对真实的理解、追求和具体做法也就不一样。由此所导致的对证明标准真实观的看法和追求也就不同。从总体上看，人类社会发展的不同阶段，曾经有过三种证据制度，每一种证据制度都对应一种真实观，而这一过程从总体上反映了认识主体主观能动性逐渐增强的过程。这三个阶段就是迷信真实、规定真实和判断真实。[②] 时至今日，随着科技在人类探知未知世界中作用的加强，证明手段的能力大获提高，对事实的确定性也随之增强，因此，也出现了科技真实之说[③]。笔者认为科技真实的说法过分强调了现代科技对事实认定的作用，只是看到了问题的表象，而没有深入实质，所谓的科技手段再高，能力再强，只不过是人脑的延伸，是人类认识自然界的一种手段而已，替代不了人脑这个主观思维的作用。或者说科技手段的应用只是人类认识自然界能力增强在诉讼中的反映，只是诉讼主体发现案件事实，证明案件事实能力增强的手段，只是证明过程的客观性因素逐渐增加的体现，但在实质上，其仍为证明主体求证未知案件事实的方法，加之世界上目前两大法系仍然实行的是自由心证证据制度，虽然科技证明作用有所增强，但并未改变该证据制度的实质，因此，刑事证明标准制度的严格没有必要划分出科技真实阶段的必要。

（一）迷信真实阶段

所谓迷信真实，是指“基于崇拜神灵而虚构出来的真实”[④]，其是与弹劾

---

① Muller, Kirkpatrick. Evidence(second edition), Aspen & Business, 1999. p.145.

② 该三种概念来源于刘金友：《坚持主客观标准的统一》，载《人民检察》2003 年第 5 期，第 24 页。樊崇义教授认为迷信真实、形式真实和主观真实在实质上与文中三个概念同义。参见樊崇义：《客观真实管见》，载《中国法学》2000 年第 1 期，第 117 页。笔者于此书中对三个概念加以详述。

③ 持此观点的人认为科学技术是“物证”发展的基石，“物证”手段是科学技术支撑的司法证明手段。科技的发展促使“科学证据”的产生。参见孙冲：《司法证明与科学发展》，载《证据学论坛》（第 1 卷），何家弘主编，中国检察出版社 2001 年版，第 471 页。

④ 裴苍龄著：《证据法学新论》，法律出版社 1989 年版，第 181 页。

式诉讼模式和神示证据制度相对应的。在弹劾式诉讼模式中，采当事人主导原则，诉讼是通过平等的双方当事人之间的言词陈述和辩论进行的，并且裁判的基础是当事人在法官面前所作的陈述。在诉讼中，双方当事人各据其理，争执不下，往往使案情处于真伪不明的状态。与弹劾式诉讼模式相对应的是神示证据制度，在该制度下，生产力水平极不发达，科学水平落后，人类对自然界的认识能力极其有限，对自然界的一些基本现象无法作出解释，相信是神灵在主宰世界，神灵的替代物可洞察人间一切，是否真实只有神灵才能判断出来。出于解决纷争的需要，当事实仲裁者（法官）无法对事实真伪作出判断时，就必须求助于神灵的力量来将事实判明，从而使裁决的事实基础得以实现，因此，自然界的万事万物就被赋予迷信的色彩，赋予神灵的力量，事实查明的手段也就被赋予神灵的色彩，在不同的民族、不同的地区、不同的时代，呈现出复杂的多样性。例如，《汉穆拉比法典》第20条规定："倘奴隶从拘捕者之手脱逃，则此自由民应对奴隶主指神为誓，不负责任。"第126条规定："设若某人并没有失落什么而声称自己失落了某物，并诬陷自己的邻居，则他的邻居应在神前发誓来揭穿他并没有失落什么，而他则应加倍偿还他的邻居自己所贪图的物品。"第131条规定："倘自由民之妻被其夫发誓诬陷，而她并为被破获有与其他男人同寝之事，则她应对神宣誓，并得回其家。"第226条、第227条规定："如理发师不告知奴隶的主人而为奴隶剃落奴隶印记，则此理发师应断指。但是如果理发师因被自由民欺骗而剃落奴隶印记，则此理发师应宣誓：'我非有意剃之'，从而就可免负刑事责任。"《萨利克法典》规定："如果有人被判处'把手放入'沸水锅，的考验，那么双方可达成协议，使判决者可赎回自己的手，并须提出共同宣誓的证人。如果过失是这样情况：即已有犯罪证据，依照法律应予判罪者，应付六百银币，折合十五金币，那么，它可以一百二十银币，折合三金币来赎买自己的手。"[①] 此外还有水审[②]、火审、烙铁审、面包审、十字形证明、鳄鱼审[③]等等。我国古代也有神兽决狱的说法，如"皋陶治狱，其疑罪者，令羊触之，有罪则触，无罪则不触。"[④] 在我国凉山彝族存在捞鸡蛋的审判方法，先由毕

---

① 《萨利克法典》，法律出版社200年版，第34页。

② 同样的审理方式，由于文化背景不同，审理结果也不相同。在古巴比伦王国，被告人被投入水中，若沉于水中，则被认为神要惩罚他，那么他的陈述是虚假或者他是有罪的，然而日耳曼民族正相反，因为日耳曼人认为水是纯洁的，被告人沉入水中，则说明他被纯洁的水神所接受，所以该人是清白的；若浮于水，则结论正相反。参见刘金友主编：《证据法学》（新编），中国政法大学出版社2003年版，第11页。

③ 参见江伟主编：《证据法学》，法律出版社1999年版，第11页。

④ 《论衡·是应》。

摩念经，烧一大锅沸水或油，再将鸡蛋投入锅中，令嫌疑人伸手于油锅或沸水锅之中，将鸡蛋取出。如果捞蛋人的手被沸水或沸油烫伤了，就证明有罪；如果没有被烫伤，则证明无罪。①

神示证据制度是建立在非理性基础之上的，“其所依赖的神的启示本为虚无缥缈之物，当然不足以凭借其发现案件的真实情况”②，这种制度下的所谓真实由于证明手段上的狭隘性，所得出的结论与案件真实之间不一定相符，但在案件事实的判定标准上是荒唐的、迷信的、非理性的，只是迷信真实，甚至是虚假真实，在证明标准真实的客观程度上是无法予以定义的。但神明裁判所认定的事实反映了人们认识自然界的局限性，是当时落后的生产力和科学技术的表现，其对判断证据的证明力起到了一定的作用。人们信奉神灵，在神灵面前人们心理受到很大的强制，唯恐不真实的陈述会遭到神的处罚，从而不敢不如实陈述案件事实真相，因此神示证据制度所适用的证明标准也具有定纷止争之功能，在当时的社会条件下为人们所接受是完全可以理解的。

（二）规定真实阶段

所谓规定真实，又称形式真实，是指基于法律关于事实真相要件的直接规定而证明的真实，其是与纠问式诉讼模式和法定证据制度相对应的。随着社会的发展，人类认识能力的增强，弹劾式模式下的神示证据制度越来越不具有发现实质真实的作用，从而导致了自身的萎缩。早在9世纪，就开始出现了对神判法的批判；到了12世纪，这种批判越来越多。③ 到了13世纪，为了适应封建社会的政治、宗教和社会的需要，纠问式诉讼模式开始确立。在纠问式诉讼模式下，实行“不告也理原则”，法官集控诉、侦查和审判职能于一身，主动依职权调查收集犯罪证据，认定犯罪事实，对犯罪行为进行惩处，被告人则是完全的诉讼客体，处于被追诉的地位，不享有任何诉讼权利，只是被逼问和拷打的对象。与纠问式诉讼模式相对应的是法定证据制度，法律预先规定了各种证据的证明力及判断和运用证据的规则，法官必须据此作出裁判，不得享有任何自由裁量权。总体上来说法定证据制度主要有下述特征：第一，各种证据的证明力及证据的收集和判断，均由法律预先明确规定，法官不得自由裁量，“只是立法者所设计和建造的机器的操作者，像演算数学公式一样被动而机械地根据证据规则计算证据的证明力”④，并据此认定案

① 杨怀英主编：《凉山彝族奴隶社会法律制度研究》，四川民族出版社1994年版，第264页。

② 刘金友主编：《证据法学》（新编），中国政法大学出版社2003年版，第11页。

③ Frederick G. Kempin. Historical to Anglo – American Law, West Group 2001, p. 61. 转引自汪海燕著：《刑事诉讼模式的演进》，中国人民公安大学出版社2004年版，第64页。

④ ［美］梅里曼著：《大陆法系》，顾培东等译，西南政法学院1983年印行，第39页。

情。所追求的只是形式真实，不是从实质内容上去寻求真实。第二，证据具有严重的等级化和形式化色彩。法定证据制度下，性别不同，地位不同，证词的证明力也就不同，具有严重的等级性。例如，1875 年的《俄罗斯帝国法规全书》规定，当几个地位或性别不同的证人的语言发生矛盾时，要依照下列原则处理："（1）男人的证言优于女人的证言；（2）学者的证言优于非学者的证言；（3）显贵者的证言优于普通人的证言；（4）僧侣的证言优于世俗人的证言。"[①] 第三，刑讯合法化，口供被视为"证据之王"。在法定证据制度下，当时的法律往往明确规定在什么情况下适用刑讯。例如，1532 年的《加洛林纳法典》第 31 条规定："假如某人被怀疑对他人有损害行为，而疑犯被发觉在被害人面前躲躲闪闪，那么就是足以适用刑讯的证据。"[②]

法定证据制度是建立在唯心主义和形而上学之上的，"将审理某些案件中运用证据的局部经验，当做一切案件收集、判断证据的普遍规律；把某些证据形式上的特征，作为评价所有这些证据证明力的标准"[③]，"用定量分析的数学方法解决属于定性分析领域的审查判断证据有违科学原理"[④]，"这就使法官在审理案件中充任'账房先生'的角色，只能依据法律上僵化死板的规定，对每一案件中证据的证明力加以相加计算，按照结果认定案件事实，依照这种刻板的断案方式是难以发现案件的客观真实的"[⑤]，依据法定证据制度所得出的案件事实只是形式真实。

（三）判断真实阶段

所谓判断真实，也称主观真实、自由真实，是指法律并不预先对证据的证明力加以规定，而是由事实审理者在审理案件中自由判断所得出来的真实，其是与当今世界上英美法系的当事人主义和大陆法系的职权主义诉讼模式相对应的，相适应的证据制度是自由心证制度。由于根据法定证据制度所得出来的结论一方面是形式真实，另一方面限制了事实认定者即法官的自由裁量权，束缚了其主观能动性的发挥。随着 18 世纪末至 19 世纪初欧洲各国资产阶级革命的胜利，封建制度被迅速发展的资本主义制度所取代，新兴资产阶级所倡导的"自由"、"理性"和"良心"等思想，直接影响到政治和法律制度的各个方面。自由心证制度能够体现资本主义时代精神，能够消除法定证据制度对法官运用证据的各种限制，使其可以根据自己的内心确信，自由

① 卞建林主编：《证据法学》（2002 年修订版），中国政法大学出版社 2002 年版，第 21 页。
② 陈一云主编：《证据学》（第二版），中国人民大学出版社 2000 年版，第 30 页。
③ 刘金友主编：《证据法学》（新编），中国政法大学出版社 2003 年版，第 11 页。
④ 江伟主编：《证据法学》，法律出版社 1999 年版，第 14 页。
⑤ 刘金友主编：《证据法学》（新编），中国政法大学出版社 2003 年版，第 11 页。

地运用证据判断案件的真实情况、裁判案件，因此这种证据制度在立法上迅速得到了体现。例如，法国现行刑事诉讼法第353条对自由心证进行了规定："在重罪法庭退庭前，审判长应责令宣读下述训词。这一训词以粗体大字张贴在评议室最明显的位置：'法律不责问法官形成自我确信所依据的理由；法律也不规定一种规则并让法官必须依赖这种规则去认定某项证据是否完备、是否充分。法律只要求法官平心静气、集中精神、自行思考、自行决定，本着诚实之良心，按照理智，寻找针对被告人所提出的证据以及被告人的辩护理由所产生的印象。法律只向法官提出一个概括了法官全部职责的问题：'你已有内心确信之决定吗？'"① 该法第427条规定，在轻罪案件的审理中"除法律另有规定外，犯罪得以任何证据形式认定，并且法官得依其内心确信作出判决"②。

自由心证制度是以对事实认定者的信赖为基础的，其把"法官从法定证据制度的束缚下解脱出来，使他们能够根据自己的理智和信念来判断证据和认定事实，从而为发现客观真实创造了条件"③，但其过于强调认识主体主观性在诉讼证明活动中的突出作用，"特别强调办案人员的主动性和积极性的发挥，这种证据制度把调查、收集、审查、判断证据的权力交给了司法人员，它所追求的真实是主观真实。所谓主观真实是指法官主观感觉中的真实。在自由心证制度下，法官确信真实，那么显然，主观真实是以法官心证也即法官内心确信为转移的"④，这样，容易忽略证明的客观性因素，所得出的结论与案件的真相不一定完全相符，但较迷信真实和规定真实相比较，其对案件事实真相的接近程度大为提高，反映了人类认识能力的增强。

笔者认为，经过对刑事证明标准制度沿革的考察可以看出：从动态的角度看，刑事证明标准是一个从事实认定者的主观能动作用完全得不到发挥（神示证据制度下的迷信真实），到得到充分发挥（自由心证证据制度下的主观真实），并逐步走向主客观（当今诉讼中，一些物证、鉴定结论等科技证据作用大大增强，事实认定结论的客观性增强）相结合的过程，对案件事实真相的探知是一个逐步接近真理性的过程，因此，对其概念的确定也应从动态的、发展的、主客观相结合的角度进行，方可显示其科学性、全面性。

---

① 罗结珍译：《法国刑事诉讼法典》，中国法制出版社2006年版，第248页。

② 罗结珍译：《法国刑事诉讼法典》，中国法制出版社2006年版，第292页。

③ 刘金友主编：《证据法学》（新编），中国政法大学出版社2003年版，第20页。

④ 樊崇义：《客观真实管见——兼论刑事诉讼证明标准》，载《中国法学》2000年第1期，第114～120页。

四、我国刑事证明标准概念之确定

（一）我国关于刑事证明标准概念的观点

标准，是一种事物的上限，也是另一种事物的下限。在《辞海》中的解释是“衡量事物的准则”。那么，证明标准应是“衡量证明主体的证明活动是否达到证明要求及具体达到何种程度的准则和标尺”①。

国内学者对证明标准的定义，侧重从证明责任的角度进行。代表性的观点主要有：第一，刑事诉讼中的证明标准，“是指法律规定的公安司法机关作出有罪认定所要达到的证明程度。在证明标准的概念中，需要强调的是，刑事证明标准是作出有罪认定必须达到的证明程度，至于作出无罪处理本身是不需要达到什么证明标准的。”② 第二，证明标准，“又称证明要求、证明任务，是指要求承担证明责任的人提供证据对案件事实加以证明所要达到的程度。”③ 第三，证明标准，“即法律关于负有证明责任的诉讼主体运用证据证明争议事实，论证诉讼主张所须达到的程度方面的要求。”④ 第四，证明标准，“是指诉讼中对案件事实等待证事项的证明所需达到的要求，也就是说，承担证明责任的诉讼主体提出证据证明应达到何种程度方能确认待证事实的真伪存否从而去除其证明责任……在司法实践中，证明标准即为证据充分或证据不足的分界线。”⑤ 第五，证明标准，“是当事人对其主张的事实的证明应达到的程度，是指当事人进行诉讼证明的尺度，它告诉当事人什么时候诉讼证明成功，其证明责任得以解除。”⑥ 第六，刑事诉讼中的证明标准，“又称证明要求，是指公安司法人员运用证据证明案件事实应达到的程度，即证据达到什么程度，方可进行某种诉讼活动或者作出某种结论，其证明责任方可解除”⑦。

（二）完善我国刑事证明标准概念之必要性

有人说：“证明要求（证明标准）是诉讼理论中极难说明的问题，尽管学者们煞费苦心，但至今没有人能提出一套十分具体、明确的证明要求，至

---

① 宋世杰等：《刑事诉讼的双重证明标准》，载《法学研究》2001 年第 1 期，第 77 页。

② 陈光中：《刑事证据制度与认识论》，载《中国法学》2001 年第 1 期，第 44 页。

③ 樊崇义主编：《证据法学》（第三版），法律出版社 2003 年版，第 304 页。

④ 卞建林等：《论诉讼证明的相对性》，载《中国法学》2001 年第 2 期，第 173 页。

⑤ 龙宗智：《试论我国刑事诉讼的证明标准》，载《法学研究》1996 年第 6 期，第 119 页。

⑥ 汪建成著：《理想与现实——刑事证据理论的新探索》，北京大学出版社 2006 年版，第 100 页。

⑦ 陈卫东、刘计划：《关于完善我国刑事证明标准体系的若干思考》，载《法律科学》2001 年第 3 期，第 60 ~ 61 页。

多只能提出一些抽象的标准。”[①] 这种说法虽然有些偏颇，但也反映了证明标准研究之艰难和必要性。

1. 侧重从客观真相角度界定

我国的刑事证明标准是建立在客观主义认识论基础之上的，受其影响主要体现在两方面：一方面，注重实质真实发现主义。“法院进行之审判，不受当事人陈述事实及证据之约束，必自行收集与调查一切有关之证据，以发现事实之真相者，作为判决之基础。”[②] 原因在于，无论是在我国司法领域还是其他领域都过于用实事求是的唯物主义思想作为指导思想，强调诉讼的目的在于发现客观事实的真相，原因在于，“由于事实发生后，即成为客观存在的历史事件，此等事实的存在是静态的、不变的。刑事诉讼既在确定被告刑罚权之有无及范围，以证明的逻辑形式为其内涵，故确实发现案件之事实真相，以期毋枉毋纵，兼顾保障人权，始能合乎刑事诉讼之目的，自以采实质真实发现主义为宜。”[③] 另一方面，侧重于从刑事证明客体的角度进行界定，基于实事求是思想的指导，追求客观真实的发现。客观真实一个哲学范畴，是人类认识客观事物程度的总目标，对其真相的探知、发现绝非易事。如列宁所言：“如果有客观真理，那么表现客观真理的人的表象能否立即地、完全地、无条件地、绝对地，或者只能近似地、相对地表现它？”[④] 马克思主义的经典作家阐述到：“人的思维是至上的，同时，又不是至上的；它的认识能力是无限的，同时，又是有限的。按它的本性、使命、可能和历史的终极目的来说，是至上的，无限的；按其个别实现和每次的实现来说，又不是至上的，有限的。”[⑤] 因此片面追求事物本身真相的指导思想忽视了诉讼中具体个案的特性、证明的手段及价值追求因素，在某种意义上只是一种苛求，是一种认识上的理想，以此作为立法上确定概念的基准或目标是不够全面、科学的。

2. 概念本身具有不确定性

我国立法将事实作出有罪判决的标准定为“事实清楚，证据确实、充分”，但何谓“事实清楚”，何谓“确实、充分”，没有也无法确定一个统一的标准，这就导致了不同的事实认定者，不同的法院对同样证据所得出结论之间有差异，有的时候甚至是相差很大。同时，我国学界对刑事证明标准究

---

① 李浩著：《民事证明责任研究》，法律出版社2003年版，第240页。

② 陈健民著：《刑事诉讼法要论》，台湾政策基金研究会2007年版，第32页。.

③ 陈健民著：《刑事诉讼法要论》，台湾政策基金研究会2007年版，第32页。

④ 列宁：《唯物主义和经验主义》，载《列宁选集》（第二卷），第219页。

⑤ 马克思：《反杜林论》，载《马克思选集》（第三卷），第125页。

竟是客观真实，还是法律真实可谓争议颇大，笔者认为这两个术语本身也具有不可琢磨性，什么样的具体标准才是真实的，摆在司法人员面前的是一起起具体案件，是一个个需要通过证据去建构的事实，而不是我们学者所考虑的所有案件。此外，虽然诉讼证明的理想目标是重现客观事实的本来面目，但由于诉讼证明受各种主客观条件的限制，若以此作为评价证明结果标准的话，可能会因为高不可及而失去现实性和合理性。因此，我们应构建既具有高度概括性，又具有很强操作性的证明标准，以消除概念上的不确定性。

3. 定义所适用阶段的狭窄

从我国关于刑事证明标准的定义来看，认为其主要是证明主体解除其证明责任时的判定标准，发生作用的领域主要是在法院裁判阶段，将其主要理解为裁判标准、定案标准，而没有看到其在刑事诉讼其他阶段也发挥作用。这与我国立法和司法实际是不相一致的。我国刑事诉讼不同阶段的诉讼行为都会涉及证明标准问题，立案要讲究立案事实条件上的证明标准，强制措施的采取、提起公诉、作出判决都有一个事实证明的标准问题。因此，从我国司法实际考虑，审判阶段论概念的实质是受到审判中心论的影响，其虽看到了审判在刑事诉讼过程中对实现刑事诉讼任务的重要作用，但却忽视了其他阶段在案件证明过程中的重要作用，因此，难以对刑事证明标准的概念予以准确定义。

（三）我国刑事证明标准概念之确定

刑事证明标准一词具有主观性和客观性的双重含义，所谓刑事证明标准是指司法机关证明事实的心证程度，也是事实证明者的必要的心证最低限度，是一种最低程度的盖然性问题。“事实上，法律职业界几个世纪以前就已知道法律的事实发现是盖然性的”，[①]“所有的证据都是盖然性的，并不存在形而上学的绝对真实”[②]，所以对刑事证明标准概念的界定，应首先从其认识论的基础着手，结合有关认识论的理论与实践，应以真理的抽象性和实践性、绝对性和相对性、认识的辩证运动原理作为基础。据此，所谓刑事证明标准，是指刑事证明主体（司法机关和当事人，不包括人民法院）在刑事诉讼过程中，运用证据，针对证明对象，进行证明所应达到的程度，该程度因诉讼阶段不同、证明对象不同，所呈现出来的层次性亦不同，在证据的质和量上要

---

① ［美］理查德·A. 波斯纳著：《法理学问题》，苏力译，中国政法大学出版社 1994 年版，第 265、273 页。

② ［美］理查德·A. 波斯纳著：《证据法的经济分析》，载《斯坦福法律评论》1999 年第 51 卷，第 1508 页。转引自［美］理查德·A. 波斯纳著：《证据法的经济分析》，徐昕、徐昀译，中国法制出版社 2001 年版，第 9 页。

求也不同。

对刑事证明标准概念可进一步从两方面加以理解：一方面，证明标准有广义和狭义之分。广义上的刑事证明标准除适用于刑事诉讼过程外，也存在于辩护活动中。在刑事诉讼中，不是所有的事实举证责任都是由控方承担的，被告方在特定情形下也承担举证责任。例如，主张未成年人不负刑事责任的辩护，辩方应提出证明被告人年龄低于刑事责任年龄标准的证据；主张被告人是精神病人的辩护，辩方应提出相应的精神病鉴定结论作为证据，等等。但被告方的举证责任在性质上是不同于追诉方的，在证明标准所要求的程度上亦有所区别，具体表现在：第一，后果不同。对主张的事实，若控方不能完成举证责任，则要承担败诉的风险；而被告方由于不承担证明自己有罪或无罪的责任，因此若不能完成举证任务，其后果只是积极的辩护性主张得不到支持。其二，证明程度不同。追诉方证明被告人有罪要达到法定的“事实清楚，证据确实、充分”最高证明标准；而被告方举证只需达到证明该项事实存在之可能性大于其不存在之可能性（在英美证据法中为第四等的证明标准，即“优势证明”）即完成了举证，反证的责任就转移给了追诉方。[①] 另一方面，狭义上的证明标准，仅指其适用于审判阶段，原因在于，一般而言证明标准只是在裁判者居中裁判时才具有实际意义，其作用才得以彰显出来，因为根据证明责任的分配要求，当承担证明责任的主体提供证据达到这个标准时，事实认定者即可判定其是否履行了证明责任。如摩根教授评述道，“盖然性优势”的证据是指：“凡于待定事实之存在有说服负担之当事人，必须以证据之优势确立其存在。法官通常解释说所谓证据之优势与证人之多寡或证据之数量无关，证据之优势乃在其使人信服（convincing force）。有时并建议陪审团，其心如秤（mental scales），以双方当事人之证据分置于其左右之秤盘，并从而权衡何者具有较大之重量”[②]。如陈瑞华教授所言，“所谓‘证明标准’，是指承担证明责任的一方通过提出证据和进行证明活动，使裁判者对本方待证事实所形成的内心确信的程度。事实上，证明的‘标准’这一称呼本身就意味着裁判者对不同的证明对象，在内心的信服程度上有一定的区别。换言之，裁判者不需要对所有证明活动都达到百分之百的确信程度。至少对于一部分证明活动，只需要达到一定程度的信服就足够了。”[③] 但笔者于本书中所指的证明标准是从广义上而言的，包括不同强制措施的证明标准、

---

① 参见程荣斌：《内地的刑事证据制度》，载陈兴良主编：《刑事法评论》（第5卷），中国政法大学出版社2000年版，第25页。

② ［美］摩根著：《证据法之基本问题》，李学灯译，台湾世界书局1982年版，第48页。

③ 陈瑞华：《对证明标准问题的一点思考》，载《人民检察》2003年第5期，第20页。

不同诉讼阶段的证明标准、不同证明对象的证明标准、不同证明责任的证明标准。例如，逮捕、公诉、有罪判决证明标准，等等。此外，结合认识论而言，刑事证明标准应分为两个层次：第一层次为抽象的、观念上的证明标准，这个标准是对应于真理的绝对性而言的。如何家弘教授所言，“客观真实与法律真实所强调的是证明标准的性质，可以视为第一层次或最抽象的标准。”① 第二个层次为具体的、实践的证明标准，这个标准是对应于真理的相对性而言的，主要是兼顾司法实践的需要。

（四）证明标准与证明要求

证明标准与证明要求在概念与含义上是否相同，在我国学界主要有三种代表性观点：

1. 区别概念说

有学者认为“证明标准或审查判断证据的标准，是认定证据是否确实、充分时所依据的原则和尺度。刑事诉讼的证明要求是证据对刑事证明对象的证明应达到的程度。”② 还有学者认为“‘证明要求’根本不能作为外在的、确定的衡量准则，并不具备因为可量度而具有可确定性等基本特点，因而不具有可操作性。证明标准应是指：判断关于有罪的证明达到应予（或可以）肯定的根据。在证明、认定是否有罪的问题上，证明标准应是从正面所作出的肯定意义的规定，它可以在具体案件中对肯定指控发挥判断根据的作用，即作为判断某个指控是否已被证明到应予（或可以）认可的根据，应当具有判断‘是’的功能”③。

2. 同一概念说

有学者认为“证明要求，又称证明标准、法定的证明程度、证明度等，是指按照法律规定认定一定的事实或者形成一定的诉讼关系对诉讼证明所要求达到的程度或标准”④。持此观点的理由在于“英美法系国家的民（刑）事案件证明标准即证明要求”⑤。

3. 关联概念说

有学者认为“证明要求与证明标准有关。证明要求是法律要求证明案件事实所要达到的程度，而证明标准则是衡量是否符合法律规定的证明要求的

① 何家弘：《司法证明标准与乌托邦》，载《法学研究》2004年第6期，第102页。

② 王国枢主编：《刑事诉讼法学》（新编），北京大学出版社1998年版，第170、172页。

③ 王敏远：《一个谬误、两句废话、三种学说》，载王敏远主编：《公法》（第4卷），法律出版社2003年版，第230页。

④ 刘金友主编：《证据法学》（新编），中国政法大学出版社2003年版，第238页。

⑤ 参见李浩著：《民事证明责任研究》，法律出版社2003年版，第231页。

具体尺度。”①

卡多佐法官指出：“从一种特定意义上看，某些法律的概念是历史的产物。在这样一些部门中，历史会趋向于对法律的发展给予指导。”② 笔者认为对证明标准与证明要求概念的探讨，离不开对其历史的考察，前者是一个译介词，来源于英美证据法理论与实践，即“standard of proof”，是一个规范性的法律术语，而后者是由我国法律工作者在长期的实践中所形成的一个口语化的法律用语，二者在内涵上是没有区别的，证明标准概念中包含着证明要求所针对不同的案件证明应达到的程度问题，如摩菲教授所言“证明标准是证据必须达到的在事实裁判者心中形成的关于事实确信性或可能性程度的标尺。”③

---

① 樊崇义主编：《刑事诉讼法学》（1999 年修订版），中国政法大学出版社 1999 年版，第 237 页。

② ［美］本杰明·卡多佐著：《司法过程的性质》，苏力译，商务印书馆 1998 年版，第 39 页。

③ Peter Murphy：Murphy on Evidence(seventh edition)，Blackstone Press Limited，2000，p. 119.

第三章 刑事证明标准之多维分析

一、刑事证明标准之价值分析

作为经济学术语，价值是指体现在商品里的社会必要劳动，主要指经济上的交换价值，当然包括物物交换和物币交换。随着价值论领域的扩大，在若干思想家和各种学派的影响下，价值的意义被延伸到哲学和社会科学等各个领域。马克思主义认为："所谓价值，就是事物对人的需要而言的某种积极效用，即对个人、社会集团和整个社会所具有的积极意义。"[①] 据此观点，如果一种事物或现象能够以其属性和性能满足主体的某种需要，对主体的生存和发展产生积极的效用，那么，它对于主体就有价值。其积极效用的程度越高，满足主体需要的范围越大，其价值也就越大；反之，价值也就越小，甚至对主体的生存和发展产生消极效用，那么，它对于主体就是无价值的。可以看出的是，若一个法律制度对人类的效用高，满足主体需要的范围大，价值就越大；反之，价值就越小，该制度就有必要予以改良。

价值是个动态的东西，属于历史的范畴，在不同的社会，不同人群的价值观是不同的。在探讨刑事证明标准的价值观念时，不能完全以西方的或某一国家的价值观为基础，但已有的研究成果表明，秩序、正义、自由、效益等已成为当代主流法学界公认的法律价值。[②] 近年，我国在移植外国法律制度的同时，也引进了西方的多元法律价值观，学界较多地承认刑事诉讼不仅具有追求保障秩序、安全、实现实体正义的工具价值，还具有保障人权的独立的程序正义价值和力求以最小的诉讼成本换取最大的诉讼成果的诉讼效益价值，多元价值观已成为认识刑事诉讼价值的主流。"多元的诉讼价值观为我们拓宽了理论研究的视野，在此基础上诉讼证明标准的多元化观点已经提

① 《马克思主义哲学》，中国政法大学出版社 1994 年版，第 193 页。

② ［美］E. 博登海默著：《法理学：法律哲学与方法》，邓正来译，中国政法大学出版社 1999 年版，第 251 ~ 296 页。

出……也就理应把多元的价值视角作为其确立的基点。例如，人权保障与效率价值要求我们在审判阶段或其他任何一个独立的诉讼程序中不能仅仅确立唯一的刑事证明标准（如审判阶段仅确立‘确定无疑’），否则将不利于保护人权和提高诉讼效率。又如，控辩双方‘平等武装’的公平价值观要求，如果审判阶段控方的证明标准仅达到‘优势证据’的层次，则理应对被告人判决无罪。”① 实际上，“与纯科学不同，法律目的并不在于发现真相，并不在于发现全部真相，并不纯粹在于发现真相……要评价法律程序，需有较多具体目的”②，笔者认为，刑事证明标准制度侧重于犯罪事实、社会秩序、公平、正义及人权保障价值。

（一）惩罚犯罪

古今中外刑事诉讼制度设计的目标都在于发现真实，而发现真实有两个重要的目的，即惩罚犯罪和保障无辜的人不受追究。我国现行《刑事诉讼法》第1条规定：“为了保证刑法的正确实施，惩罚犯罪……”第2条规定：“中华人民共和国刑事诉讼法的任务，是保证准确、及时地查明犯罪事实……”可见，在我国刑事诉讼立法中，查明犯罪事实、惩罚犯罪是我国刑事诉讼的重要任务。刑事诉讼的实质是逐渐对案件事实真相进行求证的过程，是逐渐接近犯罪事实真相的过程。刑事证明标准制度是判定事实真伪的分水岭，其内涵着案件事实证明对证据的两个方面要求：一是在证据质上的要求，即证据必须满足法律规定的要件，且具备客观性、关联性和合法性；二是证据量上的要求，即在满足第一个内涵的条件下，还应有充足的证据证明案件事实的存在或不存在。刑事证明标准是从诉讼中所提供、收集的证据角度进行判定能否将案件事实证明成立，然后根据法律的要件性规定对之进行适用，以实现惩罚犯罪的目的。从立案到审判阶段，每一个重要诉讼行为的进行和强制措施的采取都必须符合法定证明标准的要求，以实现准确惩罚犯罪的目的。我国现行刑事诉讼法将刑事立案的证明标准规定为“有犯罪事实”或者“犯罪嫌疑”③，究竟犯罪事实是否“有”，这是一个客观性的标准，需要提供具体的证据证明，究竟“犯罪嫌疑”是否存在，是个纯主观性的标准，也需要证据或者合理理由证明。在刑事诉讼中，只有满足了立案的法定证明标准，方可启动刑事诉讼程序，查明犯罪事实，以惩罚犯罪行为。

---

① 王圣扬：《刑事证明标准层次性论略》，载《政治与法律》2003年第5期，第57页。

② ［美］迈克尔·D. 贝勒斯著：《法律的原则——一个规范的分析》，张文显等译，中国大百科全书出版社1996年版，第23页。

③ 我国现行《刑事诉讼法》第83条规定：“公安机关或者人民检察院发现有犯罪事实或者犯罪嫌疑人，应当按照管辖范围，立案侦查。”前述是客观性的标准，后者是主观性的标准。

（二）维护社会秩序

古罗马法云："法律的戒条是这些：诚实生活，毋害他人，分给各人属于他的"①。可见，与法律价值永相伴随的是社会秩序的维护，应当说维持社会秩序的安全是法律所追求的最基本、最高的价值，也是追求其他多元法律价值的基本条件。因为刑事法律的目的并不仅仅是维护公共秩序和风俗，而且也维护社会安全感。试想，如果一个公民不论是在自己的家中还是在家庭之外，都面临着被追诉的危险，都无法相信自己是安全的、可以不受他人的侵害，那么，对他谈什么公平、自由都是毫无意义的。不仅如此，即使是一个诉讼中的人，或是被通过诉讼予以释放的人，若得不到社会安定的维护，又谈何自身其他价值的追求与实现。

法律规则的制定有很多目标，但法律规则的首要目标，是使社会中的各个成员的人身和财产得到保障，使他们的精力不必因操心自我保护而消耗殆尽。为了达到这个目标，法律规则中必须包括和平解决纠纷的手段和理性的、科学证据规则，不论这个纠纷是产生自个人之间，还是个人与社会之间。为了有效地维护社会的安全，保护公民的人身和财产不被随意侵犯，在立法上有必要确立一套合理的追诉机制、科学的证明标准。因此，可以说法律来源于对事实的判定，来源于通过事实的判明对社会秩序的维护，这也是其价值体现所在。法律适用模式告诉我们，其适用的前提是假定的事实条件得到满足，否则，寸步难行。因此为了发现事实，立法者、执法者不能想当然地确立规则并根据规则行事，而应当制定符合人类对事实发现的客观规律的规则，即在对事实认知的层次上的逐步推进过程。人类认识事物的规律告诉我们，一开始都是表象的，但随着对事物内部规律的掌握，逐渐对其内在性有深入的了解，发现其原貌。而诉讼证明的最终结果是要对案件的事实作出认定，并适用法律，若这个证明过程没有遵循对事物的认知规律，则不能准确认定事实，难以实现维护社会秩序这个法最高的价值追求。

正是考虑到犯罪事实的查明与认定是一个逐渐接近的过程，在刑事诉讼的不同阶段，针对不同的任务和证明对象不同，需设置不同的具体的刑事证明标准，这种层次性的证明标准兼顾了人类认识事物从感性认识到理性认识的规律，认识到了不同刑事诉讼行为的采取会影响犯罪嫌疑人、被告人的人身自由、财产安全，对社会秩序造成影响的程度，为避免不当立案、起诉与审判所造成的对人的权利的非法侵害，使其不丧失社会安全感，应针对每一诉讼行为对人身自由和财产安全所造成不当侵害的程度，设置成比例的证明

① ［古罗马］优士丁尼著：《法学阶梯》，徐国栋译，中国政法大学出版社1999年版，第3页。

标准，从而达到维护法的社会秩序价值这一目的。

（三）公平、正义

在很多情况下，人们往往把法律看作是公平的同义词。在人类发展历史的长河中，人们制定了法律法令来以实现施政公平，因此，在追求正义的国家里，法院也被称为“公平之宫”。公平应当是法律永恒信奉的一个价值观。爱德蒙·卡恩曾经列举过引起人们普遍不公感的各种典型情况。[①] 假如几个被告人在同一法庭被指控在相似的背景下犯过相同的罪行，而且证据都一样的充分，结果却是其中几个被判无罪，另外几个却被宣布有罪，被宣布有罪的人又被判处不同的刑罚。与此相似，如果法庭判处的处罚与被告人所犯罪行的严重性根本不相称，人们也会感到愤怒。因为大家都认为，罪行的严重性与处罚的严厉性之间应当有直接的联系。法律是实现正义的最后一道屏障，在探讨通过法律实现公平时，应当首先区分法律程序和法律本身。对于法律本身而言，其所指称的内容是法律制度的内部公平问题，要求不论具体情况如何，对于具有相同的特点、根据这些特点法律将他们划分为同一类型的人，法律在适用时不能有所例外。在刑事司法过程中，这一点尤其重要。例如，如果关于惩罚偷窃行为的法律得到公平适用，那么，警察在追捕所有犯罪嫌疑人时就应当一视同仁，对这个或那个嫌疑人的犯罪程序也必须明明白白地一样严格。在最终定罪之前，不得考虑个人方面的因素。唯一应当考虑的就是证明犯罪嫌疑人犯有偷窃行为的证据是否成立，是否能够满足证明标准的要求。

为了实现公平的审判，一些国家在刑事诉讼立法及实践中确立了案件事实认定的标准，尤其是在事关当事人人身、生命权利的剥夺时，案件事实的证明标准在层次上要求较高，以限制司法者的自由裁量权。例如，英国于1972年公布了刑法修订委员会第11号报告书。该委员会认为，公平在刑事审判中应指“法律的目的应当是尽可能地保证审判将产生公平的结果。也就是说，被告只有在有确凿无疑的证据证明他有罪时才能被定罪，除此之外，不得定罪”[②]。为了达到这一刑事证明标准要求，实现公平价值追求，刑事诉讼中的司法机关应当保证搜集尽可能多的有关合法证据，以求证明使被告人有罪或无罪的事实是否存在，因为，人们相信“有罪的人被宣布有罪，无罪

---

① ［英］彼得·斯坦、约翰·香德著：《西方社会的法律价值》，王献平译，中国法制出版社2004年版，第86页。

② ［英］彼得·斯坦、约翰·香德著：《西方社会的法律价值》，王献平译，中国法制出版社2004年版，第115页。

的人被宣布无罪，才是公共利益之所在”①。因此，真正的公平审判程序，不仅要求罪犯被宣布为有罪，而且还要求在发现其犯罪后，一种明确无误的方式宣布其有罪，在案件事实的证明上，无论是有罪，还是无罪，都应达到相应的证明标准要求，这是公平灵魂之所在。

刑事诉讼制度的设计不能仅仅保护犯罪嫌疑人、被告人的合法权益，或者说这种制度的设计所保护的权益主体对象不能过于单一，原因在于刑事诉讼是一个众多主体参与的过程，在这个过程中，不同的主体都有自身需要通过法律予以保护的合法权益。作为刑事诉讼的当事人，在我国刑事诉讼中，除犯罪嫌疑人、被告人外，还有被害人等其他诉讼主体，因此制度的设计也应保护他们的合法权益。刑事证明标准代表了对案件事实证明的程度。笔者认为，如果我们选择较高程度的证明标准，那就意味着对案件事实证明难度的增加，一部分案件事实就得不到查明，可能会放纵犯罪嫌疑人、被告人，被害人这类主体的合法权益则得不到保护，相反，若降低证明标准，则意味着更多的案件事实证明难度降低，更多的犯罪嫌疑人、被告人将被定罪和处罚，所以，从实现保护犯罪嫌疑人、被告人与被害人之间权利平衡的角度，应在立法上设计适度的证明标准。

（四）人权保障

大法官托里斯曾言：“一个自由政府的基本准则似乎应当是，要求把人们的人身自由权和私有财产权视为神圣不可侵犯的权利。”② 对刑事诉讼而言，“处罚犯罪虽有必要，但不能因而害及被告之基本人权，否则为处罚犯罪而侵害被告人之人权，虽为实现司法正义，事实上司法正义并未真正获得实现。借此以观，公共福祉之维持固属重要，但基本人权保障独属不可忽视”③。从人权保障角度来看，诉讼制度的发展史可以说是人权斗争的历史，人权增长的历史，尤其在刑事诉讼中，由于国家的司法权和公民个人的生命、人身、财产等权利容易发生直接的对抗，人权保障的重要性就显得尤为突出。时至今日，保障人权是刑事诉讼法的重要目的之一已经在理论界得到了世界人民的普遍认同，各国人民、政府和国际组织都非常重视人权保护的立法，如《公民权利和政治权利国际公约》第 14 条就确认了人权保障最低限度准则。

---

① ［英］彼得·斯坦、约翰·香德著：《西方社会的法律价值》，王献平译，中国法制出版社 2004 年版，第 118 页。

② ［美］伯纳德·施瓦茨著：《美国法律史》，王军等译，中国政法大学出版社 1990 年版，第 23 页。

③ 蔡墩铭著：《刑事诉讼法论》（增订五版），台湾五南图书出版公司 2002 年版，第 26 页。

从内涵角度而言，诉讼人权保障可分为广义与狭义的诉讼人权保障。“广义的诉讼人权保障指以诉讼的各种条件保障社会中每一个人的权利。其可使社会中的每一个人生活在一种稳定的环境之中。广义的诉讼人权保障对限制人身自由尤其是逮捕和拘留具有重要的意义。狭义的诉讼人权保障指诉讼参与人的诉讼权利保障，其目的是个人能够顺利参加诉讼……在刑事诉讼中犯罪嫌疑人、被告人有进行辩护的权利，以及与辩护有关的其他诉讼权利，如被告之指控的权利，接受公开审理的权利，与证人对质的权利，等等。”①

在刑事诉讼中，司法机关有强大的国家机器作为后盾，可以对公民个人采取一系列强制措施，从而达到强大的国家对弱小的个人行使追诉权的效果，使刑事被告人的人身和自由直接面临着国家司法权的威胁，因此在刑事诉讼中，人权保障的对象主要是犯罪嫌疑人、被告人。但刑事诉讼的目的不是单纯的追诉活动，更多的是在于为刑事被告人提供一次获得公正审判的机会，救济权利的途径。而要使被告人与国家追诉机关拥有“平等武装”，就必须赋予其特定的权利。在现代刑事诉讼中，被告人人权保障的基本内容包括无罪推定原则、沉默权、辩护权等一系列防御性权利和救济性权利。从诉讼真实的角度来看，被告人在诉讼中拥有的一切权利都可能构成对发现案件真实情况的障碍、绊脚石，不利于司法机关打击犯罪。然而，在犯罪的数量和性质恶劣程度呈增长趋势的今天，随着刑事诉讼现代化进程的推进，人权保障的观念大大高涨，与传统的控制犯罪并称为刑事诉讼两大基本目的，甚至在有些国家，在追求的程度上高于惩罚犯罪，这不能不说是对完全追求客观事实真相，重惩罚犯罪的挑战。讲人权保障，笔者理解为就是要尊重作为刑事诉讼核心人物、主要角色的犯罪嫌疑人、被告人的人格尊严，使其在诉讼中受到公正的待遇，这就要求追诉手段的正当性和合法性，要求不能为了达到客观真实的目的而不择手段，应坚持刑事诉讼过程正当性和合理性。

为了实现对犯罪嫌疑人、被告人诉讼权利的保护，除了在立法上确立其与控方享有平等的诉讼地位外，在刑事诉讼立法与实践中，确立案件事实的证明标准时，也应当兼顾控制犯罪与保障人权的双重需要，兼顾刑事证明的辩证运动原理，确定在不同阶段适用不同层次的证明标准。例如，在立案阶段，考虑只是收集到了犯罪事实的初步证据，或者这些证据可能根本不正确，但为了防止犯罪嫌疑人逃脱犯罪的惩罚，完全有必要设置较低层次的证明标准。在审查起诉阶段，要坚持惩罚犯罪与保障人权的统一，不能片面追求惩罚犯罪或者保障人权的诉讼目的。一方面，坚持起诉标准，打击犯罪，使立

---

①　杨宇冠著：《人权法——〈公民权利和政治权利国际公约〉研究》，中国人民公安大学出版社2003年版，第239页。

案、侦查活动的目标得以顺利进行；另一方面，应当严格起诉条件，适用较高层次的证明标准，保证无罪的人不受刑事追诉，这也是现代刑事诉讼法律追求的目标。但是，在社会的政治、法律利益受到现实威胁时，对于某些严重的威胁社会的犯罪，应当采取积极起诉的方式，适当降低证明标准。相反，对社会危害较小的案件，则应慎重对待，如果证据不能达到确实、充分的要求，则不能随意提起公诉。

（五）法益衡量

"所谓法益，指法律所保护的利益，是为国家与社会所公认应以强制力加以保护的社会共同生活中不可或缺的生活利益与社会秩序的基本价值。刑法上的法益依持有者的不同，可以区分为个人法益、社会法益与国家法益两类。当对不同法益的保护发生冲突，一行为在维护一法益的同时必然会侵害另一法益，这时法益权衡理论首先考虑的是冲突法益的社会价值关系。以较少的代价维护较高价值的法益，要比以毁损同等价值或更高价值来挽救一法益，更能够被判断为合法。"① 根据该理论，刑事程序使用的手段所保护的法益大于牺牲的法益方可称为正当。当人权保障与惩罚犯罪同为刑事诉讼目的时，二者之间是对立、统一的关系，也就存在价值选择与衡量问题："一方面，准确而有效地追诉犯罪与公正地审判罪犯；另一方面则为实践程序正义，确保人权，使无辜者免受国家机关之刑事追诉与处罚，并使犯罪嫌疑人只受到法律规定相当而必要之追诉与处罚。"②

从法律制度的发展历史看，证明标准制度的设置实质是法益衡量的结果，其在民事诉讼与刑事诉讼之间的分岔，在层次上有明显的差异性，正是由于人们认识到这两类诉讼目的与价值取向之间的不同而作出的区分。在我国奴隶制及封建时代的立法和诉讼中，民刑是不分的。当时的立法体现的主要是奴隶主和封建地主统治阶级的利益，法律只是它们实现统治的工具，奴隶是一种私有财产，因此，立法主要针对的是对财产内容进行保护，对被统治阶级而言是没有人权的。随着人权意识的增强，资产阶级建立了以追求人的自由、平等、博爱为目标的法律制度，对人的权利的保障也就成为立法和诉讼实践的主题，诉讼不仅应追求纠纷的解决，而且应追求诉讼当事人的地位平等，那种追求"水落石出"、"大白于天下"真相的查明手段得到了限制，证明标准在观念和司法实践中发生了重大变化，程序正当等先进的理念随之孕育、开花、结果。

在现代刑事诉讼中，刑事诉讼的价值功能从单纯（或注重）惩罚犯罪而

---

① 孙艳：《价值冲突的权衡与选择——论卧底侦查》，载《犯罪研究》2005年第2期，第7页。
② 林山田著：《刑事程序法》，台湾五南图书出版公司1998年版，第7页。

逐渐演变为惩罚犯罪和保护（犯罪嫌疑人）人权并重，或人权保障优先的境地，与保护人权精神相契合的高层次的证明标准，诸如“排除合理怀疑”等在刑事诉讼领域得到确立。与此对应，民（刑）事诉讼在追求的价值理念上进行分野，民事诉讼主要处理财产问题，其对民事权利损害的救济方式也主要是财产性赔偿，不会造成限制人身自由等限制人权的后果，更不会造成以司法手段剥夺人之生命的后果，其所适用的证明标准上可以适当放宽，在层次上可以低于刑事证明标准，如允许采用“盖然性证明标准”。不仅如此，即使是在民事诉讼范围内，由于各种案件、法律关系所涉及的法益不同，在一个弹性证明标准的范围内，也允许存在证明程度要求的差异。事实上，一些国家立法或司法实践都在民事诉讼领域针对不同的争执事实区分了证明标准的不同尺度，一般而言，对涉及人身关系的诉讼采用比较严格的证明尺度，对涉及一般财产关系的诉讼则采用比较宽松的尺度。

在刑事诉讼范围内，由于“刑事程序之目的不应只是在于判处刑事被告之罪刑，而应是在公正与客观，并在符合正义理念之先决条件下，探索犯罪之事实真相，侦查与控诉犯罪，审理与判决被告，以实践法律正义”①，因此不论是当事人主义诉讼模式，还是职权主义诉讼模式，虽然它们所强调的实体公正和程序公正的侧重点有所不同，但都有一个共同的诉讼目的，即追求实体真实。例如，《日本刑事诉讼法》第 1 条规定：“本法以在刑事案件上，于维护公共福利和保障个人基本人权的同时，明确案件的真相，正当而迅速地适用刑罚法令为目的。”② 美国《联邦证据规则》第 102 条（目的）规定：“证据规则的目的是保证对案件的公平审理、消除不合理的费用和拖延以及促进有利于查明事实真相以及保证诉讼程序公正的证据法的发展。”③

庞德指出：“法律程序，是手段而非目的，它必须附属于实体法，作为诉讼中实现实体法的手段。”④ 笔者认为作为实体法上的法益是程序法在实施过程中所追求的对象，从保护不同法益的需要出发，在诉讼立法上对不同案件、不同法律事实，在不同诉讼阶段确定不同的证明标准是适当的，符合诉讼规律和法益追求的目的。

---

① 林山田著：《刑事程序法》（增订四版），台湾五南图书出版公司 1998 年版，第 6 页。

② 宋英辉译：《日本刑事诉讼法》，中国政法大学出版社 2000 年版，第 3 页。

③ Rule 102. (Purpose and Construction): These rules shall be construed to secure fairness in administration, elimination of unjustifiable expense and delay, and promotion of growth and development of the law of evidence to the end that the truth may be ascertained and proceedings justly determined.

④ [美] 拉费弗等著：《美国刑事诉讼法》（上册），卞建林等译，中国政法大学出版社 2003 年版，第 28 页。

二、刑事证明标准之经济分析

如日本著名诉讼法学家棚瀬孝雄教授所言："在讨论审判应有的作用时不能无视成本问题。因为，无论审判能够怎样完善地实现正义，如果付出的代价过于高昂，则人们往往只能放弃通过审判来实现正义的希望。或许也能够说正义的实现是国家的使命，所以无论如何花钱也在所不惜，但是作为实际问题，实在是花费高昂的审判，与其他具有紧迫性和优先权的社会任务相比较，结果仍然是不能容许的。"① 可见，从经济学的角度，尤其是从成本分析的角度对证据制度进行分析，进而研究诉讼制度设计对诉讼价值的影响是必不可少的，由此也就形成了证据法的经济分析。所谓证据法的经济分析"实际上就是从效率的纬度对证据法进行诠释"②。之所以会运用经济分析的方法来对证据法问题进行研究在于，在司法实践中，越来越多地为多数人所悟到传统的证据法无法从根本上消除事实发现的不确定性问题，对客观真实的接近犹如人类其他理想的乌托邦幻想。人们在失望的同时，开始以一种全新的方法论探索事实发现和理性决策的可能，因而出现一种证据法的现代发展和转型的趋向。这种转型注重以经济学、数学、统计学、自然科学等方法对证据法问题进行交叉研究，从而加深了对证据理论的认识，刑事证明标准亦不例外。

（一）资源博弈理论

一般认为，证明责任包括两个方面，即提供证据的责任（burden of proof）和说服责任。在对抗制诉讼模式中，提供证据的责任具有实质意义，因为法庭不参与证据的收集，证据的收集与提供是当事人自己的事。但是，在诉讼中二者是相互交错的，并不是永恒不变的，一般来说，说服责任（burden of persuation）决定由哪一方当事人首先提供证据的责任。在刑事诉讼结构中，"检控方与犯罪嫌疑人、被告人的举证实力悬殊，行使追诉权的政府拥有相当丰富的检控资源。他们可以随心所欲地在所有案件之间任意分配这些资源，可以随时集中其最优势资源来对付任何拒不招供的犯罪嫌疑人，以榨取嫌疑人有罪之供述，从而实现对其认为重要罪犯的惩罚，它还可以利用其养精蓄锐的资源以击溃偶尔在法庭上郑重其事地行使权利的被告，以实现战术策略上的胜利。这种情形就像是资本市场的不平等准入能够使得掠夺

---

① ［日］棚濑孝雄著：《纠纷的解决与审判制度》，王亚新译，中国政法大学出版社2004年版，第267页。

② ［美］理查德·A. 波斯纳著：《证据法的经济分析》，徐昕、徐昀译，中国法制出版社2001年版，第10页。

性定价成为一个合理的策略一样”。[①] 由于诉讼是奢侈品，在刑事诉讼中，案件的一般情况是这样的，除了要搭上自己手头的资源外，犯罪嫌疑人、被告人作为“消费者”无力负担聘请律师的费用，而只有依赖于法院制定的律师援助办法。但是，并不是每个案件的犯罪嫌疑人、被告人都是可以实际享受到这种资源的，除死刑案件之外，法律援助律师的费用是由国家负担的。退一步讲，即使有较少的被告人能够负担聘请律师的高昂费用，但通常也不能与政府要投入该案的资源相匹敌、相媲美。此时，作为事实发现的重要证明制度，刑事证明标准即可在控辩双方所掌握的资源方面发挥宏观和微观上的调控作用，通过对诉讼主体掌控的资源和承担的证明责任应达到证明标准的博弈[②]，实现当事人（包括控方）之间诉讼地位的平等。在英美法系国家，证明犯罪应“超过合理怀疑”程度的证明责任，要求作为享有丰富资源的政府作为控方时应当为此支付更多的代价，付出更多的劳动，以实现对当事人提供与收集证据的资源配置不平等部分补偿，实现控辩平衡。而实际上，诉讼实践中即使作为控方的检察机关与几乎是最富有的被告人之间也存在着资源占有上的悬殊，但严格的说服责任与刑事被告人拥有的其他程序优势，也依然会增进检察官通过追诉难以定罪的被告而将罪大恶极的罪犯诉诸审判。作为控方的国家机关既然手中拥有丰富的诉讼资源，因此，在面对不同实力的当事人时，若想说服法官支持自己的控诉请求就必须充分投入自己所掌握的资源，以面对不同事实证明的压力。随着诉讼进程的推进，控方所掌握的诉讼资源也会越来越多，对案件事实的认知在经历了时间的岁月积累后，认知的能力也会逐渐增强，会把握较多的案件事实证据。因此，诉讼进程中后一阶段的证明标准，除特定案件外，都应在证明要求上高于前一阶段的证明标准，也就是说，后一阶段所适用的证明标准在层次上高于前一阶段，而在法庭审判，作出有罪判决阶段，可谓达到了最高程度。可见，从证明主体和诉讼进程上来说，作为诉讼资源富裕一方对案件事实证明所应达到的程度高于诉讼资源掌握贫乏的犯罪嫌疑人、被告人的证明也是在情理之中的。这样一来，控方与辩方对案件事实的证明在不同阶段所适用的证明标准具有一定的差异性也就在所难免。

---

① ［美］理查德·A. 波斯纳著：《证据法的经济分析》，徐昕、徐昀译，中国法制出版社 2001 年版，第 87 页。

② 一个博弈（game），就是参与者（participant）在其中作出策略性决策的情境——也就是考虑到了其他每个参与者的行动和反应后作出的决策。博弈论的一个关键目标是决定每个参与者的最优策略。参见［美］罗伯特·S. 平狄克、丹尼尔·L. 鲁宾费尔德著：《微观经济学》（第 6 版），王世磊等译，中国人民大学出版社 2006 年版，第 466 页。

（二）错误成本理论

“制约着事实发现的因素，除了人的认识能力以及主观见之于客观的基本特征之外，还有两个重要的因素，这就是事实发现的成本和法律制度价值目标的多重性。证据法及其证据制度，不仅仅是追求案件真实的发现，同时，还要考虑事实发现的成本。”① “同任何其他工具一样，法律程序也被看作一种实现某一目的的过程中产生的费用，因而程序法的目的是实现费用最小化”②。从经济学的角度看，诉讼制度的目的就是要使两类成本之和最小化。第一类成本是错误的司法判决的成本（cost of erroneous judicial decision）。第二类成本是作出判决的成本。“错误判决的成本称作错误成本，作出判决的成本称作直接成本。这一目的可扼要表述为，实现错误成本和直接成本最小化。如果用‘EC’（Erroneous Cost）代表错误成本，用‘DC’（Direct Cost）代表直接成本，则该目的可记作：实现（EC + DC）的总额最小化。”③ 贝勒斯认为，“直接成本即法律系统运作的成本，它包括公共成本和私人成本。前者如法官的薪金、陪审团、法院房舍等的费用；后者如当事人聘请律师、取得司法鉴定的费用”④。在诉讼过程中，一旦错误的裁判作出，即产生了法律上的错误成本。在客观事实上被告是否有罪存在两种结果：有罪或者无罪。而通过审判实践进行定罪处罚则可能存在 4 种结果：对有罪者治罪；对无罪者治罪；对有罪者不治罪；对无罪者不治罪。可以明显看出的是，这些判决中，应当说有两类是错误的，即对无罪者治罪和对有罪者不治罪，或者说它们冤枉了无辜者，放纵了坏人。可见，任何一个错误的判决都将导致诉讼资源的无效利用，导致了错误成本的累积增加。

“证据优势标准”（the preponderance of standard）要求法官在负有举证责任的当事人所举证据证明比另一当事人所举证据证明可能更真实时支持前一当事人，或者说，一方当事人证据在证明力上比另一方当事人稍强，哪怕仅是有微弱的优势时，就应判定其事实主张成立。这表明，在被错判的所有案件中，受损失的一半是原告，一半是被告，概率基本上是相等的。而这是否为一个有效率、有效用的结果，取决于每一类错误所应支付的额外成本，即

---

① ［美］理查德·A. 波斯纳著：《证据法的经济分析》，徐昕、徐昀译，中国法制出版社 2001 年版，第 10 页。

② ［美］迈克尔·D. 贝勒斯著：《法律的原则——一个规范的分析》，张文显等译，中国大百科全书出版社 1996 年版，第 23 页。

③ ［美］迈克尔·D. 贝勒斯著：《法律的原则—— 一个规范的分析》，张文显等译，中国大百科全书出版社 1996 年版，第 23 页。

④ ［美］迈克尔·D. 贝勒斯著：《法律的原则——一个规范的分析》，张文显等译，中国大百科全书出版社 1996 年版，第 25 页。

边际成本[①]是否大致相等。理由在于：一方面，收入的边际效用递减原则暗示，在证明过程中，应受补偿的原告为证明案件事实所遭受的损失可能平均略低于应受惩罚的被告所遭受的损失。另一方面，支持原告所产生的错误涉及一种犯其他错误时不可能带来的成本，对事实认定正确，对法律判决实际认定的成本（笔者认为主要为一些负面影响，带来了讼累，导致了更多的人会恶意诉讼）。

"排除合理怀疑"证明标准则表明，它更重视错误定罪而不太重视错误开释（erroneous acquittal），更重视冤枉好人，保障人权。诉讼证明的结果若是对被告人处以刑罚的话，即使是最小、最轻的罚金刑制裁，所判决的被告人所承受的全部成本也不会在社会中的其他方面展现出来。如果不是罚金刑，判处剥夺人身自由或生命罚的话，那么刑事定罪的唯一收益或效用就是威慑作用。而如果给一个无辜的人定罪并处罚，那么裁判的威慑作用就不仅不是正的，而且是负的，因为它减少罪犯的净预期刑罚成本。所以可以明显看出的是，给一个无辜者定罪的社会净成本可能超过制裁对他造成的错误成本。而如果是以监禁的形式进行制裁，那么，监禁他的社会成本就会增加，所以错误定罪的社会净成本就会很高。但是，开释相比较而言，一个有罪者的社会净成本是有限的，而这个限度就是由于减少惩罚犯罪活动的概率而造成的社会总成本的增量；但由此可以缩减（节约）监禁的社会成本，避免诉讼资源的浪费。由此一来，"排除合理怀疑"的证明标准是以下述假定为前提的，即错误开释所造成的社会成本相当于对同样罪行错误定罪所造成的社会成本。证明标准的设定影响了这两种错误结果的发生频率，当证明标准设定高时，则罪行错误认定的成本就高，错误开释的成本也就低，或者说，从成本角度考虑，证明标准的设定与刑事案件事实的认定之间成正比例关系，证明标准设定越高，所付出的社会成本也就越高。同样可以得出的结论是，"如果刑事审判中的证明标准是'盖然性平衡'，而不是'排除合理怀疑'，那将会在释放有罪的人方面犯有更小的错误，但是，将会在认定有罪的事实错误方面冒更大的风险。不同类型诉讼的证明标准反映了每一种错误危害的社会评估"[②]。

（三）道德成本理论

分析法学派认为，"法律与道德在这4种场合发生联系，即司法立法、法

---

① 经济学家强调的第三方面的成本是做某件事的额外成本，即经济学家所说的边际成本（marginal cost）。边际成本是用来与做这件事的（额外）边际收益（marginal benefits）进行比较的。我们所做的最困难的决策不是是否做某件事，而是应该多做一些还是少做一些。参见［美］斯蒂格利茨著：《经济学》（上册，第二版），梁小民、黄险峰译，中国人民大学出版社2000年版，第41页。

② Allen, Christopher. Practical Guide to Evidence(second edition), London Sydney. 2001. p. 120.

律规范的解释、法律适用（尤其在适用法律标准时）以及自由裁量”①。法学家德沃金将法律适用过程中的道德因素作为法律适用的成本因素加以考虑，创造了道德成本分析法。德沃金宣称，“被治罪的无罪者所遭受的纯粹损害（错误的判决所造成的损害），并不高于未对有罪者治罪所产生的纯粹损害。故此，我们既要防止冤枉无罪者，又要防止放纵有罪者，不能厚此薄彼”②。贝勒斯认为“道德成本分析方法意味着错误成本至少有两类：对无罪者治罪；未对有罪者治罪。撇开这两类错误判决的纯粹损害和经济损害不谈，前者比后者更为有害，因为它侵犯了无罪不治罪的权利。这种侵权行为即是道德损害或道德成本”③。根据两位著名学者的观点，道德成本是一种同一类案件所普遍共有的、客观的和恒定性的因素。也就是说，只要侵犯相同的权利，道德损害就相同，所付出的成本也相同，因此每一类案件中道德成本是一恒定因素。既然对无罪者治罪比未对有罪者治罪的成本高，那么法律制度的设计就应选择防止出现高成本的程序制度。同时，贝勒斯又认为“实现这一结果的方法是，转移证明责任，使治罪更为困难”④。从证明所应达到的程度来看，作为证明责任内涵之一的“说服责任有三级标准：较为可靠、确凿可信、毋庸置疑”⑤。可以看出的是，这三个证明标准在层次上都高于举证责任要达到的标准，因此，如果事实认定者在对说服责任的承担主体的事实认定出现错误时，那么该诉讼中所付出的道德成本就较大。所以，证明标准在层次上的分布法则是有规律可循的：除为避免判决给对方当事人造成更大的道德错误成本外，说服责任的证明标准一般至少应达到较为可靠的程度。笔者认为，由于刑事诉讼法的目的之一是避免惩罚无辜者，惩治无辜者的道德成本大于放纵犯罪的道德成本，对犯罪行为的证明在层次上应达到“毋庸置疑”的程度，而在大部分的民事案件中，由于诉讼目的的原因，双方当事人所应支付的道德成本相等，因此双方当事人所应承担证明责任在证明标准的层次上只需达到“盖然性优势”程度即可。不仅如此，考虑到在刑事诉讼的每一阶段，控方提出证据证明犯罪嫌疑人、被告人犯罪事实的道德成本呈现

---

① ［美］罗斯科·庞德著：《法律与道德》，陈林林译，中国政法大学出版社 2003 年版，第 63 页。

② ［美］迈克尔·D. 贝勒斯著：《法律的原则——一个规范的分析》，张文显等译，中国大百科全书出版社 1996 年版，第 27 页。

③ ［美］迈克尔·D. 贝勒斯著：《法律的原则——一个规范的分析》，张文显等译，中国大百科全书出版社 1996 年版，第 27 页。

④ ［美］迈克尔·D. 贝勒斯著：《法律的原则——一个规范的分析》，张文显等译，中国大百科全书出版社 1996 年版，第 29 页。

⑤ ［美］迈克尔·D. 贝勒斯著：《法律的原则——一个规范的分析》，张文显等译，中国大百科全书出版社 1996 年版，第 67 页。

一个递增的趋势，因此控方对犯罪嫌疑人、被告人涉嫌犯罪事实的证明也随之应在标准上呈现层次上的递进性，即由较低层次的证明标准走向较高层次的证明标准。例如，在我国刑事诉讼立法中，审查起诉的标准为“案件事实清楚、证据确实充分”，对证据的质和量的要求在层次上显然高于立案的证明标准，即“有证据证明有犯罪事实”。

从形成确信的角度来说，证明标准的设定是一个度的选择问题，究竟是选择诸如 90% 还是 100% 的证明程度涉及其在诉讼制度中的合理性。当然，度越高也就意味着准确性越高，而“准确性的提高，可以带来良好的社会效益和经济效益，但同时增加了成本”①。笔者认为，证明标准的准确性与社会收益之间并不是绝对成正比例关系的，在我国目前司法资源（成本）紧张的现状下，若设置绝对性的证明标准，则在司法实践中可能根本无法达到，也无实际意义，因此，需要结合我国制度现状和实际，通过证明理论和方法的革新，确定合理程度的证明标准，以合理解决各种价值之间的冲突。

三、刑事证明标准之诉讼文化分析

法官霍姆斯说：“法律是一面镜子。从这镜子里，我们不仅能看到我们自己的生活，而且能看到我们前人的生活。”② 因此，法律是一个国家的历史、文化的反映，刑事证明标准制度亦不例外，是一国法律文化的反映。

（一）诉讼文化简述

提起诉讼文化，就离不开法律文化。“法律文化这一概念非常的多义，有时候是指在历史的风土中孕育而成的所谓国民性或这种社会性在法律方面的反映，有的时候仅仅指的是法律操作上的习惯”③。法律文化亦有广义、狭义、最狭义之分。广义的法律文化指作为人类在社会历史发展过程中所创造的社会文明的法律现象的总和；狭义的法律文化则指人类在社会实践中创造的有关法律的精神财富的总和，主要包括制度法律文化和观念法律文化两部分内容；最狭义的法律文化则是指人们有关法律的群体性认识、评价、心态的总和，即前述狭义法律文化中的观念法律文化。④ 所谓诉讼文化，严格意义上称之为诉讼法律文化，其适用前述法律文化的定义，即只要适用的领域为诉讼环境即可，其亦有广义、狭义之分。广义的诉讼法律文化研究的内容

---

① 刘昊阳著：《诉讼证明科学》，中国人民公安大学出版社 2007 年版，第 429 页。

② ［美］伯纳德·施瓦茨著：《美国法律史》，王军等译，中国政法大学出版社 1990 年版，第 4 页。

③ ［日］谷口安平著：《程序的正义与诉讼》（增补本），王亚新、刘荣军译，中国政法大学出版社 2002 年版，第 116 页。

④ 樊崇义主编：《诉讼原理》，法律出版社 2003 年版，第 30 页。

包括所有与诉讼法律有关的制度、思想体系、观念、行为模式、知识、习惯和心理；狭义的诉讼法律文化所研究的内容仅指诉讼法律观念、法律心理、法律经验与知识、法律传统，以及那些与它们直接相关的法律制度和法律思想体系的部分。对刑事诉讼文化而言，其也可以从广义和狭义两个角度理解。从广义上看，“刑事诉讼文化既包括制度文化，又包括观念文化。前者指各种刑事诉讼制度的总和，如刑事诉讼法律渊源、司法机关及其组织体制、当事人和其他诉讼参与人在诉讼中的地位及其权利义务、管辖制度、回避制度、辩护与代理制度、强制措施、期间制度、证据制度、起诉制度、审判制度、司法救济制度等；后者则是指人们对待刑事诉讼制度的态度，包括人们对刑事诉讼的认知、情感和评价等。从狭义上看，刑事诉讼文化专指观念文化”①，笔者在书中所言的诉讼法律文化为狭义上的概念。

诉讼文化与诉讼法律制度之间具有紧密的联系。就诉讼文化对于诉讼制度的影响而言，诉讼文化的滞后不仅会影响或阻碍诉讼制度的充分发挥，而且还会阻碍制度的变革与发展。例如，我国应否在刑事诉讼中确立沉默权规则，确立何种非法证据排除规则，所有刑事案件定罪的标准是否应一致，证明标准究竟应以何种认识论为指导思想，等等。反过来，诉讼文化思想内容的丰富，不仅在观念上为诉讼制度的变革提供强大的理论指引和思想准备，而且还能为诉讼制度的具体建构和完善提供有效的条件和方法。例如，在我国若以认识的辩证运动原理作为诉讼认识论的指导思想之一，那么，我们就应承认刑事证明的相对性和绝对性，应建立层次性的刑事证明标准。同时，在刑事诉讼中，若将对犯罪嫌疑人、被告人权利的保护放在首位，那么，我们就应当确立自白任意性规则，完善辩护制度及法律援助制度，等等。但是，目前的现状下，“我国刑事诉讼现代化建设中面临的主要问题并不是制度化建设问题，而在于诉讼观念和意识的培育上，其重心应当放在改造或重构国民诉讼文化心理和价值观念上，使其由传统形态向现代形态转变”②。

为更好地探讨诉讼文化对刑事证明标准的影响，笔者认为有必要对中西诉讼文化对各自刑事证明标准的影响加以厘清。

（二）西方诉讼文化与其刑事证明标准

西方诉讼文化主要指西方英美法系和大陆法系国家的法律在其历史发展长河过程中，直至今日所形成的文化特征，其核心应当有三个方面，即个人主义、正当程序、法官中立，且它们对刑事证明标准的形成和设立起到了重要的影响作用。

---

① 汪建成：《刑事诉讼文化研讨》，载《政法论坛》1999年第6期，第57页。

② 汪建成：《刑事诉讼文化研讨》，载《政法论坛》1999年第6期，第62页。

1. 个人主义

“法律随着它所调整的那个社会运动的主流向前发展。每一个社会都有它自己的必然会通过法律秩序力图实现的目标反映出来的价值理念”①。在价值理念传统上，在立法方面，西方社会比较强调对个人价值的承认。“在基督教和人道主义这两大有关人与社会的欧洲思想体系中，个人价值都占有中心地位。对于基督教来说，每一个人都是由上帝的偶像所创造的，每一个人都因耶稣基督牺牲在十字架上而从罪恶中得到了救赎。作为个人，耶稣与上帝之间有直接的联系”②。因此在基督教教义里，人在世间生灵中享有最特殊的地位；人由于具有大脑思维和精神能力而与其他动物截然不同。尊重人的尊严是社会公平的基础。在法律上，“根据事实真相，所有的人都是平等的人，任何人都不得拥有比其他人获得更多报酬的权利，除非拥有得到特殊待遇的充分理由”③。西方国家的刑事立法无论是在实体，还是到程序都体现了对人的自由价值的尊重。例如，在程序方面，确立了正当程序的理念和原则，设定了适用强制措施严格法律要件和事实标准。基于“十个罪犯得以逃脱也比一个无辜者被定罪强”④ 的观念，英美法系国家在立法上还制定了一系列保护犯罪嫌疑人、刑事被告人免受不当侵害的诉讼证据制度。其中颇具代表性的要数人身保护令制度。著名学者布莱克斯顿评述到：“英国法的光荣坚持必须对时间和原因的概念加以明确规定，并应当明确说明何时、何因将被告收监，以及在什么程度上这样做都符合法律规定。这样就减少了法庭逐案对每一个判决的理由做出解释的必要性：只要利用人身保护令，法庭即可证明其判决的合法性，而且，还可以根据每起案件中的不同情况，对犯人采取保释、拘留等不同措施。”⑤ 可见，为体现对公民人身自由的重视，事关剥夺其自由的人身保护令适用的事实标准是很严格的，在证明的程度上应达到与案件判决证明标准相同的层次。而在我国法治传统中，甚至是在今天的刑事诉讼立法与实践中，对剥夺人身自由的强制措施所适用的证明标准也无法与有罪判决证明标准所要求的层次相比拟，根本原因在于，我国对公民个人权

---

① ［美］伯纳德·施瓦茨著：《美国法律史》，王军等译，中国政法大学出版社 1990 年版，第 23 页。

② ［英］彼得·斯坦、约翰·香德著：《西方社会的法律价值》，王献平译，中国法制出版社 2004 年版，第 162 页。

③ R. S. 唐尼：《作用和价值》，1971 年版，第 71 页。转引自［英］彼得·斯坦、约翰·香德著：《西方社会的法律价值》，王献平译，中国法制出版社 2004 年版，第 162 页。

④ 雷德大法官在“沃纳诉首都警察专员署案”（1968）中的判决。转引自［英］彼得·斯坦、约翰·香德著：《西方社会的法律价值》，王献平译，中国法制出版社 2004 年版，第 188 页。

⑤《苏格兰法律评论》，第 3 卷，第 131 页。转引自［英］彼得·斯坦、约翰·香德著：《西方社会的法律价值》，王献平译，中国法制出版社 2004 年版，第 212 页。

利的尊重程度不及西方国家立法明显。

2. 正当程序

一般认为，正当程序观念起源于英国的《自由大宪章》。1215年英国国王签署的《自由大宪章》第39条规定：“如未经其同级贵族之依法裁判，或经国法判决，凡自由民皆不得被逮捕，监禁，没收财产，剥夺法律保护权，流放，或加以任何其他损害”①。“非经国法判决”不被追究责任或被加以损害这一用语被写入《自由大宪章》之时，仅指刑事诉讼必须采取正式的起诉方式并保障被告人接受陪审裁判的权利，主要用来在刑事诉讼中对封建贵族的权利进行特殊保护。在随后的爱德华三世时代，1354年英国国会通过的《自由法令》第三章规定：“未经法律的正当程序进行答辩，对任何财产或身份的拥有者一律不得剥夺其土地或住所，不得逮捕或监禁，不得剥夺其继承权，或剥夺其生命之权利。”这条规定首次以法令形式表述了正当法律程序原则，并扩大了正当程序的适用范围。1679年，议会中反对国王的辉格党人为了保障自己不受国王任意逮捕，② 提出并通过了《人身保护法》，该宪法性文件共有20条，其中有近2/3的内容为程序性条款，进一步强调了正当程序理念。

美国内战前期，汉密尔顿在1787年的纽约州批准宪法会议上提出“正当程序（due process）”一词，该条款规定：除非依照“法律的正当程序”，任何人都应得到保证，不被剥夺特定的权利，这构成了（美国宪法）第五条修正案和后来的第十四条修正案的正当程序条款的起源。1791年通过的美国宪法第五条修正案规定：“任何人，除非依据大陪审团的报告或起诉，不得受判处死罪或者其他不名誉罪行之审判，唯发生在陆军、海军中或发生在战时或出现公共危险时服现役的民兵中的案件，不受此限。任何人不得因同一罪行而两次遭受生命或身体的危害；不得在任何刑事案件中被强迫自证其罪；未经正当法律程序，不得被剥夺生命、自由和财产；未经给予公平赔偿，私

---

① THE MAGNA CARTA 39. No freemen shall be taken or imprisoned or disseised or exiled or in any way destroyed, nor will we go upon him nor send upon him, except by the lawful judgment of his peers or by the law of the land.

② 《人身保护法令》序言对之进行了规定。Habeas Corpus Act: An act for the better securing the liberty of the subject, and for prevention of imprisonments beyond the seas.

有财产不得充作公用。”[①] 1868年通过的宪法第十四条修正案第1款规定：“凡在合众国出生或移居合众国并受其管辖的人，均为合众国的和他们居住州的公民。任何州，都不得制定或实施限制合众国公民的特权或豁免权的任何法律；未经正当法律程序，不得剥夺任何人的生命、自由或财产；对于在其管辖下的任何人，亦不得拒绝给予平等法律保护。”[②]

3. 法官中立

达马斯卡将对抗制审判定义为：“程序必须被建构为，在法院面前，双方当事人地位平等在理论上是平等的，法院必须根据竞赛的结果作出裁判。这种模式依赖于形成对抗竞赛的当事人和通过对诉讼请求的描绘。证据由当事人提出，并由提出诉讼的当事人主张加以排除。优势的平衡依赖于当事人自己对信息资源的利用。”[③] 在对抗制诉讼结构中，法官的角色超然中立。戈尔丁认为，中立有三项规则：“其一，任何人不能作为有关自己案件的法官；其二，冲突的结果中不含有解决者个人的利益；其三，冲突的解决者不应有对当事人一方的好恶偏见。”[④]

限制法官裁判的角色理念来源于英美国家的历史观念，即对政府及其公职人员的不信任和对滥用职权行为预防的补充需要。达马斯卡认为，“在英国，我们已准备容忍与这种诉讼模式相伴的证据规则的障碍，以避免滥用职权造成更大的危害。”[⑤] 在英美的诉讼理论、立法与实践中，并不将事实客观真相的发现作为最终目标，诉讼过程强调的是竞技的公平性，当事人之间纠纷的快捷、经济解决。因为英美法系的立法与实践是建立在经验主义和怀疑论基础之上的，在证明标准的设置上，强调事实裁判者的主观经验判断标准，

---

① Amendment v, No person shall be held to answer for a capital, or otherwise infamous crime, unless on a presentment or indictment of a grand jury, except in cases arising in the land or naval forces, or in the militia, when in actual service in time of war or public danger; nor shall any person be subject for the same offense to be twice put in jeopardy of life or limb; nor shall be compelled in any criminal case to be a witness against himself, nor be deprived of life, liberty, or property, without due process of law; nor shall private property be taken for public use.

② Section 1. All persons born or naturalized in the United States, and subject to the jurisdiction thereof, are citizens of the United States and of the state wherein they reside. No state shall make or enforce any law which shall abridge the privileges or immunities of citizens of the United States; nor shall any state deprive any person of life, liberty, or property, without due process of law; nor deny to any person within its jurisdiction the equal protection of the laws.

③ M. R. Damaska, “Evidentiary Barriers to Conviction and to Two Models of Criminal Procedure: A comparative Study” (1973) 121 U penn. LR506.

④ ［美］马丁·P. 戈尔丁著：《法律哲学》（中译本），齐海滨译，三联书店1987年版，第232、236、240页。

⑤ Jenny McEwan, Evidence an the Adversary Process, Hart Publishing – Oxford, 1998, pp. 2, 3.

以怀疑和反证的方法来求证案件事实的真相，不去追求客观事实真相的发现，主张的是一种盖然性，如何公平合理的解决纠纷是其最高目标。例如，杰克逊认为“对抗制并不关心案件实质真实的发现，只是关心被告反驳的形成争执的事实。作为辩诉交易的结果，如果被认为是自愿的，这样的事实将不会再调查”①。而职权主义诉讼模式则不同，“国家关心诉讼的结果，希望事实调查者尽最大可能去发现相关事实，而不是解决纠纷。在这种模式中，当事人的地位是微弱的；他们不能通过诉讼请求或者同意来限制法庭调查的范围。法庭会追求事实真相，利用包括审问被告人在内的一切措施。司法裁判作用的增加相应地减少了事实主张者的权利和作用。”②

相应地，两大法系的证据调查风格、事实认定模式、证明标准设置也就不同。在对抗制诉讼模式下，“事实发现者（陪审团、治安法官或审判法官）对事实的调查是在一个事实的真空进行的，而职权主义是在审前侦查程序中经过调查总结，准备好的记录证词所指控的事实于法庭中进行的。在理论上，对抗制给予了避免事实发现者先入为主的彻底公正的优点。尽管提供证据证明事实的真实性只是当事人自己针对他或她的事实的责任，而不是当事人整体的责任，值得争论的是，当将那种证明责任交给对方时，另一方当事人会积极地去收集证据来支持自己的请求，这是一种发现事实真相的很有效的手段，尤其是在审判席上的证人接受当事人双方质询时”③。在立法上，为保障当事人质证权的实现，英美证据法从证据采信的角度规定了反传闻规则，而大陆法则从法官调查收集证据的角度规定了直接言词原则。正是由于法传统的存在，英国人则较青睐对抗制诉讼模式，如英国人评价道，“发现事实真相的最好办法是让当事人自己去挖掘（dig）证据；在他们之间，他们会把所有的证据呈上……与居于事实发现中间的不偏倚的事实发现者比较看，对从两个相反的不同领域收集证据的受损害的事实发现者而言，则可能会很少遗漏任何证据”④。

（三）中国诉讼文化与其刑事证明标准

1. 中国传统诉讼文化与其刑事证明标准

中国传统法律文化与两大法系有截然不同的特征，其基本精神是与个人本位相对应的集体本位，法律规范的功能在于通过对个人行为的制约来实现对某种社会团体的利益与秩序的维护，或者说，中国传统立法是从维护社会

---

① J·Jackson,“Two Methods of Proof in Criminal Procedure”(1988)51 MLR p.249.

② Jenny McEwan, Evidence an the Adversary Process, Hart Publishing - Oxford, 1998, p.5.

③ Jenny McEwan. Evidence an the Adversary Process, Hart Publishing - Oxford, 1998, p.4.

④ P. D, The Judge Oxford Universiy Press, Oxford, 1979, p.61.

整体安宁的角度出发，来设计个人的权利。从纵向看，“中国传统法律文化经历了一个‘神本位’、‘家本位’、‘国本位’、‘国、家本位’、‘国、社本位’的历史发展过程”①。总体上看，伦理主义的诉讼文化②是中国传统诉讼文化。由于根植于自然经济土壤上的宗法社会组织，是中国古代社会的基本细胞，所以要维护国家的安宁，就必须维护宗法家庭的稳定。于是，宗法伦理观念和宗法制③即“礼”渗透于传统诉讼法律文化中，所谓“出礼则入刑”；君臣关系与父子、夫妇、兄弟、朋友一起称为“五伦”；以“忠”、“孝”为重，在家孝父母，出门忠君长；“凡有诉讼，必先论其尊卑上下长幼亲疏之分，而后听其曲直之辞”。④

“水落石出”、“真相大白于天下”之类的话语，是影响我国几千年诉讼审判的重要观念，不论是民事案件，还是刑事案件，从一开始就以真相的查明为目标，如果事实还不清楚的话，司法人员就会亲自指挥衙役去捉拿犯人(只要有犯罪嫌疑即可称为犯人)，收集证据，证明事实的真相，不到“水落石出”程度不罢休。因此我国古代立法规定：“诸应讯囚者，必先以情审察词理，反复参验，犹未能决，事须讯问者，立案同判，然后拷讯”⑤。在定案的标准上，采取“罪从供定”原则，口供是证据之王，有被告人的有罪供述即可定罪，对案件事实的认定适用很低的证明标准。

2. 中国现代诉讼文化与其刑事证明标准

为摒弃传统诉讼文化中的有罪推定观念，防止错误地认定案件事实，诉及无辜，我国现行刑事诉讼立法与实践改变了过去单纯依靠口供定案的做法，作出有罪判决要做到“事实清楚，证据确实、充分”。但是，封建社会的漫长历史使得传统诉讼法律文化的陈旧观念仍积淀很深，有罪推定观念在我国的现今诉讼制度中仍有所体现。例如，1996 年修改前的刑事诉讼法没有考虑到被指控人的身份在诉讼中实际变化，在有罪推定观念的指引下，一律将之称为犯人，而没有今天立法中的犯罪嫌疑人、被告人和犯人概念和称谓上的

---

① 具体内涵参见赵震江主编：《法律社会学》，北京大学出版社 1998 年版，第375～376页。

② 有学者认为，以“法统”为标准，可以将人类法律文化分为三种类型：宗教主义型、伦理主义型和现实主义型。参见赵震江主编：《法律社会学》，北京大学出版社 1998 年版，第 369～370 页。

③ 所谓宗法制，就是自西周时期创立的根据亲属关系的长幼、嫡庶、远近来决定政治上不同的地位或权利关系，实现国家政治机器与王族的家族组织结构合一的制度。与之相适应的国家的维系和统治章法，即所谓“宗族章法”，就是宗法伦理原则。宗法伦理原则曾深深地影响了中国法律传统，决定了中国法律传统的性格与特征。参见范忠信著：《中国法律传统的基本精神》，山东人民出版社 2001 年版，第 87 页。

④ 朱熹：《晦庵先生朱文公文集》，载朱杰人等编：《朱子全书》，上海古籍出版社、安徽教育出版社 2002 年版，第 656～657 页。

⑤ 《唐律疏议·断狱》“讯囚察辞理”条。

科学划分。我国现行的刑事诉讼法中仍没有完全确立无罪推定原则，在刑事诉讼观上，强调刑事诉讼对国家安宁和社会稳定的作用，强调个体利益服从社会整体利益，注重刑事诉讼参与人的义务而轻视他们的权利。在这种法律观指导下，追求刑事诉讼的最高证明标准——客观真实，重事实真相的查明，轻个人权利的保障。正由于认识到了上述立法上的弊端与实践中存在的危害，我国立法上已做出努力。例如，于 2004 年宪法修正案第 24 条直接规定了“国家尊重和保障人权”内容，以加强对人权的保护。

（四）我国刑事证明标准完善的启示

从外部看，刑事证明过程是一个证明案件事实真相的过程；而从内部看，刑事证明是一个诉讼主体权利分配、诉讼结构设计及法定程序设计的体系。在刑事诉讼结构中，不同的诉讼模式所设置的证明模式是不同的，与之相对应的在诉讼文化上的反映也是不同的，在证明标准制度的设计上也不同。大陆法系侧重职权证明诉讼模式，其证明标准则受实质真实主义的影响，要求案件事实真相的查明；而英美法系则侧重当事人证明模式，其证明标准受形式真实、正当程序等观念的影响，侧重程序的正当性，当实质真实与程序正当之间发生冲突时，会选择程序优先作为其价值首选。从诉讼文化观念对证明标准的具体设计影响来看，因受职权证明模式的影响，大陆法系证明标准在设计时是从事实认定者主要是法官形成内心确信的角度加以规定的，而英美法系证明标准的设计则是从当事人角度进行的，用的是反证法和排伪法，要求不得存在“合理怀疑”。

分析、比较是为了借鉴，是为了更好地移植国外法律制度，但“分析表明，不管国家的背景和传统如何相似，将一种法律制度从一个国家原封不动地转移到另一个国家的做法是不可取的”①。如孟德斯鸠所言，“一般地说，法律，在它支配着的地球上所有人民的场合，就是人类的理性；每个国家的政治法规和民事法规应该只是把这种人类理性适用于个别的情况。”② 因为“为某一国人民而制定的法律，应该是非常适合于该国的人民的……法律和国家的自然状态有关系；和寒、热、温的气候有关系；……和居民的宗教、性癖、财富、人口、贸易、风俗、习惯相适应”③。“法律理论表明，法律不可能单独在某一个因素的基础上得到充分的解释。在一个特定的社会中，法律的作用取决于这个社会中的社会精神，如果我们可以将精神理解为道德态

① ［美］伯纳德·施瓦茨著：《美国法律史》，王军等译，中国政法大学出版社 1990 年版，第 19 页。

② ［法］孟德斯鸠著：《论法的精神》（上册），张雁深译，商务印书馆 1976 年版，第 5 页。

③ ［法］孟德斯鸠著：《论法的精神》（上册），张雁深译，商务印书馆 1976 年版，第 5 页。

度、政治组织、社会传统和经济发展水平的混合物的话。两种具有不同历史传统的社会，假如它们的道德、政治意识形态相一致，就具有性质十分相似的法律。"① 现代刑事诉讼法律观强调国家安全、社会秩序与个人权利的同等重要与和谐发展，我们在完善刑事证明标准制度时应强调建立在已经被规定于宪法中的民主、自由、平等思想基础之上的人权保障观念，坚持"拿来主义"，批判借鉴、移植、继承国外、国内诉讼文化的优秀成果，结合我国诉讼文化观念实际，创建与我国民众参与司法的心理、司法人员对案件事实的认知心理、法律制度的操作性等方面相结合的制度。具体而言，不宜完全采用大陆法系的职权证明标准模式，也不宜设置英美法系的当事人主义证明标准模式，构建与我国诉讼模式、诉讼结构相结合的证明标准制度（本书第五章、第六章、第七章将对之进行详述）。

① ［英］彼得·斯坦、约翰·香德著：《西方社会的法律价值》，王献平译，中国法制出版社2004年版，第5页。

第四章　刑事证明标准层次性研究

一、刑事证明标准层次性概念

（一）刑事证明标准层次性代表性观点

笔者认为我国学界关于刑事证明标准层次性代表性观点主要有以下几类：

1. 实体性刑事证明标准层次性

实体性刑事证明标准层次性，或称实体法上有罪判决证明标准层次性。例如，陈光中教授认为“有罪判决的证明标准分三个层次，即层次一：‘确定无疑’，指认定犯罪事实要证据确实充分、排除其他可能性，这应当是我国作出有罪判决的最高标准，也是一般的证明标准；层次二：‘接近确定无疑’，即为了提高同犯罪作斗争的效能，有必要在坚持确定无疑的证明标准的基础上，对某些案件以及犯罪构成的某些要件稍稍降低证明标准，规定只需达到接近确定无疑，即相当于‘排除合理怀疑’的证明程度即可；层次三：‘有确定证据的推定’，指根据法律规定，从已证实的事实直接认定另一事实的存在，除非被追诉者提出反证加以推翻。推定反映的只是一种高度的可能性，基于推定认定的事实在证明程度上低于排他性和排除合理怀疑。”① 还有学者认为，“我国未来的刑事证明标准体系可以根据犯罪性质和判决的严厉程度，分为三个层次：（1）最高标准：‘严格的逻辑证明’。这是体现客观真实的证明要求的标准……排除一切怀疑。（2）第二级别标准：‘最大限度的盖然性’……要求诉讼证明的结论能够排除一切合理的怀疑。（3）最低标准：‘相当高的盖然性’……要求诉讼证明的结论具有很强的说服力……适用简易程序审理的刑事案件和单处附加刑的案件。”②

① 陈光中：《构建层次性的证明标准》，载《检察日报》2002年3月26日。

② 阮方民、封利强：《论我国刑事证明标准的现实选择：混合标准》，载《浙江大学学报》（人文社科版）2002年第5期，第144～145页。

2. 阶段性刑事证明标准层次性

该观点认为“刑事证明标准层次性问题存在于侦查、起诉、审判三个阶段……我国刑事证明标准可分为六个层次（级别），由高到低依次为：确定无疑；排除合理怀疑；有确实证据的推定；优势证据（控方证据不足或有罪证据不足）；有证据证明有犯罪事实；认为有犯罪事实。”① 还有学者认为，“刑事诉讼的证明标准有不同的表现，即刑事诉讼的不同阶段适用不同的证明标准……其表现为：其一，刑事证明标准阶段性在各国均有表现。其二，刑事证明标准阶段性的理论基础是刑事诉讼阶段论和证明过程论。其三，我国刑事诉讼不同阶段适用的证明标准不同，即立案的证明标准是人民法院、人民检察院或者公安机关认为有犯罪事实需要追究刑事责任；移送审查起诉的证明标准是公安机关认为犯罪事实清楚，证据确实充分；提起公诉的证明标准是人民检察院认为犯罪事实已经查清，证据确实、充分；有罪判决的证明标准是人民法院认为案件事实清楚，证据确实、充分。”②

3. 多维刑事证明标准层次性

该观点认为“我国刑事诉讼证明标准由高至低依次可以分为以下六个层次：（1）确定无疑。（2）接近确定无疑。（3）有确定证据的推定。（4）优势证据。（5）证据证明有犯罪事实。（6）认为有犯罪事实。因此，我国刑事诉讼的证明标准应具有层次性、确定性、可操作性，即建立‘多维证明标准’。”③

（二）对刑事证明标准层次性代表性观点评析

第一种观点是根据不同案件的性质，将有罪判决的证明标准划分为三个层次，这种划分有利于提高诉讼效率和促进惩罚犯罪诉讼目的的实现，这些层次仅限于审判阶段，而未涉及侦查、起诉阶段所适用的证明标准。

第二种观点是根据刑事诉讼不同阶段的性质和诉讼活动，划分了立案、移送审查起诉、提起公诉、有罪判决四个层次的刑事证明标准，是对我国现行刑事诉讼法有关内容的总结，具有一定的现实指导意义，但这种仅以刑事诉讼阶段作为划分刑事证明标准层次性的标准，是否符合刑事诉讼规律值得思考。

第三种观点清晰地划分了刑事证明标准的不同层次，但仅是从证明所应

① 每一阶段对应的刑事证明标准层次性如何，详见王圣扬：《刑事证明标准层次性论略》，载《政治与法律》2003年第5期，第59页。

② 参见高铭暄主编：《刑法学原理》（二），中国人民大学出版社1993年版，第122～23页。

③ 张建武：《构建层次性的刑事诉讼证明标准》，载《中共伊犁州委党校学报》2006年第3期，第74页。

达到的程度角度进行的划分，而没有认识到证明的主客观性原理，不同的证明主体在不同的证明责任规制下，针对不同证明对象进行证明所应达到的程度，也就是说没有做到理论与实践上的深入。

当然，亦有学者对刑事证明标准的层次性问题持反对观点，理由在于："首先，我国目前的证明标准学说中都没有将'审理结果的确实性'与'推论的确实性'① 加以区分，从严格意义上来讲，我国任何一种证明标准学说均涵盖了'推论的确实性（证明标准本身）'和'审理结果确实性'两个方面的含义……刑事诉讼中的各个阶段的推论确实性并无不同，也就是说，刑事诉讼的各个阶段的证明主题的盖然性最低的证明程度（证明标准）并无不同；假如没有这一正确的认识的话，如在侦查和起诉的阶段误认为证明标准的降低就是降低'推论的确实性'，势必造成错抓、错捕现象的发生，从而无法有效地保障犯罪嫌疑人的人权。"②

笔者认为上述任何一种观点都不可避免地孕育着片面真理的内涵，但不够全面，考虑到刑事证明实践的需要，证明标准在适用上的层次性是实际存在的，所谓刑事证明标准层次性，是指在广义的刑事证明过程中，即侦查、起诉、审判三个阶段，不同的证明主体，在不同的证明阶段，针对不同的证明对象，提供证据进行证明所应达到的不同程度。

二、刑事证明标准层次性之理论基础

除自诉案件外，刑事诉讼流程通常都要经历侦查、起诉，直至判决阶段，在每一诉讼阶段，都要对犯罪事实进行证明。因此"在法院形成有罪判决之前，犯罪嫌疑莫不经过多层次之证明。如犯罪是先由司法警察官员调查之后，再送检察官侦查，则其所经过犯罪嫌疑证明层次，分别为警方之证明、检方之证明、起诉之证明、审判之证明及判决书之证明等不同层次。"③ 由于"举证责任是由控方和被告方都要承担的责任（但以控方为先），而说服责任则只有控方承担。由于履行举证责任与说服责任的阶段不同，对当事人权益影响不同，故而其证明标准亦不同；由于刑事诉讼性质和目的以及控辩双方所

---

① 《德国民事诉讼法》（ZPO）第 287 条与第 286 条在某种意义上讲就是"推论的确实性"和"结果的确实性"的区别。所谓"推论确实性"是指从证据推导出所要证明的具体事实（证明主题）的盖然性。而"结果确实性"是指对于该证据调查的结果已经很少能够为新证据推翻的情形，也就是说当事人作为证明手段的证据方法已经达到了穷尽的程度。参见吴杰：《民事诉讼证明标准之基础理论研究》（博士论文，西南政法大学，2003 年），第 7 页。

② 吴杰：《民事诉讼证明标准之基础理论研究》（博士论文，西南政法大学，2003 年），第 12 页。

③ 蔡墩铭著：《刑事证据法论》，台湾五南图书出版有限公司 2005 年版，第 347 页。

处的地位不同，对其要完成的证明责任所达到的证明标准亦不相同。另外，在控辩双方试图完成证明责任过程中，由于证明对象的不同，对证明主体所要达到的证明标准也不完全相同；而且，由于受刑事政策的影响，在某类案件或刑事诉讼中出现的某种特殊的待证问题，对证明主体的证明责任以及证明标准的要求出现‘异化’现象。”① 相应地，刑事证明标准，因适用的主体、责任、对象和阶段不同也就呈现不同的层次。②

（一）证明主体举证能力的差异

“在当今社会，代表国家的控方比个人的实力要强大得多，可对个人造成更大的伤害”③。控辩双方的举证能力具有明显的差异性，主要体现在：第一，举证手段不同。在刑事诉讼中，出于维护社会安定、打击犯罪的需要，国家一般会赋予作为控诉机关的侦查机关强大的证据收集权力和手段，如讯问、勘验、检查以及对犯罪嫌疑人实行人身、财产强制措施，等等。第二，举证的主观能力不同。基于执法者首先应该熟悉法律的理念，作为控方的执法者在主观上具有较高层次的法律素养和丰富的侦查经验。而被告方由于不熟悉法律，不仅缺乏有效承担证明责任的主观条件，而且还缺乏相应的法律知识。第三，掌握的诉讼资源不同。为证明案件事实，国家为控方准备、充实了丰富的司法资源，可以有效地利用以查清事实，而被告方手头资源有限，有的甚至聘请不起律师，即使聘请了律师，由于该主体也是司法资源的贫困者，也很难在实际上对犯罪嫌疑人、被告人的诉讼权利实行有效维护。

（二）证明责任性质的差异

证明责任和证明标准是证据立法与实践中的重要制度，因为“在任何一种司法裁判形式中，证明责任的分配与证明标准的确定都是极为重要的制度构成要素。建立适当的证明责任和证明标准规则，有助于裁判者在控辩双方之间合理地分配诉讼风险，确保有关事实以有效率的方式得到证明”④。证明责任与证明标准之间具有紧密的联系：证明标准是“当事人对其主张的事实

---

① 汪海燕、范培根：《论刑事证明标准层次性——从证明责任角度的思考》，载《政法论坛》2001年第5期，第83页。

② 何家弘教授认为，在不同种类的刑事案件中，证明标准也可以有所不同。例如，在适用普通程序的刑事案件中，证明标准是“排除合理怀疑的证明”；在适用简易程序的刑事案件中，证明标准可以是略低的“明确证据的证明”；在适用死刑的刑事案件中，证明标准则应该是更高的“排除一切怀疑的证明”。参见何家弘：《刑事证据的采纳标准和采信标准》，载《人民检察》2001年第10期，第12页。笔者认为，从案件繁简程度、公正及效率角度考虑，这种观点值得支持。

③ Jenny McEwan. Evidence and the Adversarial Process(Second edition). Hart Publishing - Oxford. 1998. p.80.

④ 陈瑞华著：《问题与主义之间——刑事诉讼基本问题研究》，中国人民大学出版社2003年版，第152页。

的证明应达到的尺度，是指引当事人进行诉讼证明的尺度，它告诉当事人什么时候诉讼证明成功，其证明责任得以解除，其事实主张得以成立”[①]；证明责任是“从诉讼主体角度观察的证明标准，实质上是证明标准的主体化；证明标准是从诉讼客体角度观察的证明责任，实质上是证明责任的客体化，二者互相配合、形影相随”。[②] 证明责任回答的问题是，就特定的待证事实，应当由谁提供证据加以证明；证明标准回答的问题是，就特定的待证事实，当事人应当提供多少证据加以证明。证明责任确定了提供证据的主体，证明标准确定了提供证据的内容。证明标准是在证明责任基础上产生的概念，证明责任在诉讼过程中演变到某个特定的时间点或状态点，便呈现了证明标准的诉讼价值。证明标准制度在诉讼中具有重要的作用，从证明责任的履行来看，“证明标准是证据质量和证明力的测试仪（It is a measurement therefore of the quality and cogency required of evidence tendered with a view to discharging the burden of proof.）”[③]，其像一支晴雨表，昭示着当事人的证明责任能否解除。可以说，“没有真正意义上的证明责任制度，便没有真正意义上的证明标准制度”[④]。而对证明责任的具体内涵，两大法系所持观点并不相同。

1. 大陆法系证明责任内涵

根据德国传统诉讼理论，1883 年德国著名学者古拉色率先提出了证明责任的分层理论，即证明责任分为客观证明责任与主观证明责任。[⑤] 该分层理论认为，证明责任的内涵可分为两个层次：一是形式的或主观的证明责任。该责任的目的在于要求当事人提供证据进行诉讼活动，而不是只主张事实不提出证据加以证明，或者用证据外的方法，如宣誓、决斗、卜卦等方法对事实作出证明。由于这层意义上的证明责任强调的是当事人的举证行为，而不涉及诉讼后果问题，因而又称之为行为意义上的证明责任，即行为责任。二是实质的或客观的证明责任。根据这层意义上的证明责任，在诉讼程序结束的时候，若案件的待证事实处于真伪不明的状态，法官既不得任意裁判，也不得拒绝裁判，而只需根据证明责任的负担确定案件的胜败结果。由于这层

---

① 汪建成著：《理想与现实——刑事证据理论的新探索》，北京大学出版社 2006 年版，第 100 页。

② 汤维建、陈开欣：《试论英美证据法上的刑事证明标准》，载《政法论坛》1993 年第 4 期，第 77 页。

③ Peter Murphy. A Practical Guide to Evidence (fourth edition), Blackstone Press Limited, 1992, p. 104.

④ 江伟主编：《证据法学》，法律出版社 2004 年版，第 68 页。

⑤ ［德］汉斯·普维庭著：《现代证明责任问题》，吴越译，法律出版社 2000 年版，第 11、26、27 页。

意义上的证明责任与诉讼结果相关，故又称为结果责任。

主观证明责任与客观证明责任的划分与证明标准之间具有紧密的联系。"证明责任的重心与本质，在于'客观的举证责任'，即待证事实至审理最后时点仍然无法确定或未经证明时的法律效果问题"①。也就是说，只要法院审理后，对于待证事实仍未达到证明标准要求的，应当依照举证责任的分配规则，判决负客观举证责任的当事人败诉，因此，客观的举证责任也可以说是承担败诉的"结果责任"。

2. 英美法系证明责任内涵

在英美法系，关于证明责任内涵的观点是有分歧的。在19世纪，美国证据法学者泰勒（Thayer）声称，证明责任这个术语并不仅在一种意义上使用，证明责任第一种术语意义是指："其是他的特定责任，他承担一种提出主张形成争点应提供证据加以证明风险——当所有的事实被陈述后，如果不能使自己的主张得到证明，将会承担败诉的后果。"② 这种责任在早期意义上被称为法定责任（legal burden）或严格意义上的证明责任（burden of proof in the strict sense）。法定责任是与诉讼中的争点（issues）相联系的，由于一个诉讼中不只有一个争点，因此法定证明责任的承担也就不依赖于某个特定的争点，也就会在当事人之间进行分配。证明责任术语第二种意义是："在争论和提出证据过程中的推进责任，不论是在案件诉讼之初，还是在之后的审判或辩论整个过程中。"③ 这种证明责任被称为证据责任（evidential burden），其可在当事人之间来回转移，因此可称为暂时的（provisional）责任或战术上（tactical）的责任。

从证明风险角度看，还有观点认为证明责任亦称证明负担（burden of proof）。根据美国法学会起草的《模范证据法》所下的定义："'提出一件事实的证据性'是指当足够的证据已经提出以支持作出该事实存在的断定时，负担就此卸下。'对于一件事实的说服负担'是指应就事实的存在或不存在作出判定的法院被足够的断定事实存在的证据说服时，负担就此卸下"④。美国著名证据法学者麦考密克（McCormick）认为："证明责任有两个相互冲突的含义。这个术语包括两个不同的证明责任，一是对某一特殊争议事实提出证据令法官满意的责任；另一个是说服事实审理者相信主张事实是真实的责

---

① 林钰雄著：《刑事诉讼法》，中国人民大学出版社2005年版，第363页。

② Sir Rupert Cross. F. B. A. ,D. C. L：Evidence(Fifth edition). Butterworths. 1979. p. 85.

③ Sir Rupert Cross. F. B. A. ,D. C. L：Evidence(Fifth edition). Butterworths. 1979. p. 86.

④ 沈达明编著：《英美证据法》，中信出版社1996年版，第204页。

任。”[①] 提出证据责任亦称举证责任，其意思是如果当事人对有关争点不提出证据，就要承担不利裁决的责任（通常是一个认定和指示裁决）。或者说“当某造当事人负有‘提出证据的责任’时，有义务向法院提供相当证据，证明该待证事实。若无法提出相当的证据，则法院无待审核证据的真实性及证明力，亦无须经实体审理，即得作出对其不利的判决。”[②] 说服责任是指，“负此责任者，必须说服裁判者（法院或陪审团）相信其所提出的证据，并相信其主张为真实的责任。若不能说服裁判者相信其主张为真实，则裁判者必须就该待证事实作出其败诉的判决。”[③] 如威格莫尔所言：“证明责任两重意义在实践中最重要的区别是：没有履行说服责任的风险发生的领域是在案件交到陪审团的手里时，而提出证据的责任意味着法官认为没有必要将争执的问题提交给陪审团的一种裁决。”[④] 在美国司法实践中，一般而言，提出证据责任所要求的证明力较低，一般认为在民事案件中只要证明到20%～30%即可。而说服责任的证明标准要求较高，一般认为民事案件要证明到“证据优势”的程度，刑事案件有罪判决则要证明到“排除合理怀疑”的程度。

从对两大法系关于刑事证明责任内涵与证明标准之间关系的考察中可以看出，正是由于二者是同一事物不同角度的概念，在刑事诉讼中，根据无罪推定原则要求和控诉职能分工，刑事诉讼中的控方承担说服责任，这种责任具有法定性、最终性和不可转让性，由此决定了控方在庭审过程中不仅要从行为上提出证据证明自己的主张，而且要说服裁判者认定其事实主张成立，即达到证明标准所要求的程度。在英美法系国家，有学者认为“履行说服责任有三级标准：较为可靠、确凿可信、毋庸置疑。从理论上讲，较为可靠指证据的真实性超过50%，其他标准的要求更高。然而，有一些证据表明，法官和陪审团事实上把较为可靠改为指证据有75%以上的真实性，把毋庸置疑改为指证据有85%以上的真实性。这给确凿可信标准留下的余地很小”[⑤]。而对被告方而言，举证责任或提出证据的责任是由潜在的“败诉风险”督促而产生的，即为了摆脱这种潜在危险而主动承担的责任。因为被告人提出证据为自己辩解是行使辩护权的表现，即如果被告人不提出任何证据，控方仍要将案件事实证明至法定证明标准的程度，否则其证明责任不能解除，事实主

---

① ［美］约翰·斯特龙主编：《麦考密克论证据》，汤维建等译，中国政法大学出版社2004年版，第648～649页。

② 沈德咏主编：《刑事证据制度与理论》，法律出版社2002年版，第844页。

③ 沈德咏主编：《刑事证据制度与理论》，法律出版社2002年版，第844页。

④ Sir Rupert Cross, F. B. A., D. C. L. Evidence(fifth edition). London Butterworths. 1979. p. 88.

⑤ ［美］迈克尔·D. 贝勒斯：《法律的原则——一个规范的分析》，张文显等译，中国大百科全书出版社1996年版，第25页。

张不能成立。从另一方面，即证明标准角度看，被告方只要证明控方的证明存在合理疑点，即可请求事实认定者作出无罪判决。

（三）证明对象的差异

何谓证明对象，其范围如何，我国学界可谓众说纷纭，主要观点分为以下几类：（1）实体法事实说。（2）实体法事实与程序法事实说。（3）证据事实说。（4）折中说。因为间接证据需要证明，所以便成为证明对象。（5）最广义说。（6）争执中的事实说。英美法学者认为，“法律上所称的事实分为争执中的事实和与争执点有关联的事实。争执中的事实（fact in issue）亦称主要事实，是指主张该事实的当事人必须证明的事实。侧面的、次要的、争执中的事实（collateral, subordinate facts）指涉及证据的开采性、证人的可靠性等事实。与争执有关联的事实（fac relevant to the issue）亦称证据性事实或逻辑上起证明作用的事实，指从中推理得出争执中事实的那些事实。……上述两种事实分别成为证明的事实（fact probanda）和证据性事实（fact probantia）。”[①] 由于事实分类的复杂性，若科学界定证明对象的概念及其范围，笔者认为须首先把握确定证明对象应当符合的条件，结合各种观点和国内外诉讼立法实践，可以“证明之必要性”[②] 作为判定证明对象的必要条件。

“证明之必要性”是德国刑事诉讼法上的概念。《德国刑事诉讼法典》第244条第2项规定，为了调查事实真相，法院应当依职权将证据调查延伸到所有的对于裁判具有意义的事实、证据上。[③] 而在民事诉讼立法上，只有对争议之事实有证明之必要，[④] 方可成为证明对象，因为“如果当事人的主张没有争议，或者如果法院对有争议的主张的真实与否获得了一个特定的心证，不管心证是证据调查的结果，还是在没有证据的情况下从审理的全过程得出的，都不会出现证明责任问题。”[⑤] 可见，在实行职权探知主义诉讼模式国家的立法中，刑事、民事证明对象并不如人们所想象得那样，都是由司法机关依职权决定的，而是由诉讼案件本身的性质决定是否有“证明之必要”。在民事诉讼中，由于争议的案件性质往往是当事人之间“私”的关系，因此，证明对象的确定是以当事人之间对事实是否有争议为判断标准的。而刑事诉讼目的与民事诉讼有很大不同，其处理的结果关涉社会秩序的维护和公民人

---

① 参见沈达明编著：《英美证据法》，中信出版社1996年版，第23页。

② 此为德国刑事诉讼立法上的概念。参见［德］克劳斯·罗科信著：《刑事诉讼法》（第21版），吴丽琪译，法律出版社2003年版，第208页。

③ 李昌珂译：《德国刑事诉讼法典》，中国政法大学出版社1995年版，第101页。

④ ［德］克劳斯·罗科信著：《刑事诉讼法》（第21版），吴丽琪译，法律出版社2003年版，第209页。

⑤ ［德］莱奥·罗森贝克著：《证明责任论》，庄敬华译，中国法制出版社2002年版，第8页。

身权利的保障，证明对象的确定不能仅以当事人之间是否有争议为标准，司法者应当享有职权判断何种事实是否为真实的，应否提供证据进行证明，故“唯法院依职权调查之事项，当事人之间虽无争议，亦得为证明对象。”① 所以，证明对象的确定不能仅以该事实是否存在争议为条件，而应以是否存在“证明之必要”为前提条件。

在有关证明对象范围的争论中，无论是争议事实说也好，还是其他学说也好，大部分的焦点集中在证据事实是否为证明对象，探讨证明对象确定条件的“证明之必要性”不能忽视法律实践中的现实需要。在司法实践中证据事实也的确存在需要证明的问题，完全需要立法加以解决。例如，根据英国立法和实践，对证据的容许性（admissibility）的证明有的时候也需要达到“排除合理怀疑”的程度，原因在于容许性问题的证明不仅对该证据是否可采，而且对整个案件事实的认定都至关重要。英国1984年《警察与刑事证据法令》（The Police and Criminal Evidence Act 1984）第76条第（2）项规定，如果争点被提出，法庭将不允许检方将自白作为证据提出，除非其能够证明自白不是通过强迫被告人，或者威胁、引诱可能导致其自白不可靠的方式获得，这种证明须至排除合理怀疑的程度。②

日本诉讼理论认为，需要证明的案件事实是有层次的。谷口安平教授认为“所谓‘事实’本身也存在几个层次。首先，如果要适用一定的法律规范，则成为该规定组成部分的要件必须作为事实而存在。这样的事实称为‘要件事实’，常以如‘过失’等抽象概念来表达。这种事实也称为‘主要事实’或‘直接事实’。……一般而言，主要事实是必须通过证据才能认定的事实，也就是需要证明的事实。就字面上来说，间接事实应该是相对于直接事实而言的……间接事实作为能够推定主要事实存在与否的事实，其存在方式比起主要事实来说更为广泛。”③ 因此，从实体正义及程序正义价值角度出发，在刑事诉讼中，对有些案件事实的证明应当允许降低证明标准，并对适用这种证明标准的案件设置了一些要件，包括：（1）从案件的性质来看，根

① 杨建华著：《民事诉讼法实务问题研究》，台湾广益印务局1985年版，第258页。

② Section. 76.(2) If, in any proceedings where the prosecution proposes to give in evidence a confession made by an accused person, it is represented to the court that the confession was or may have been obtained—(a) by oppression of the person who made it; or (b) in consequence of anything said or done which was likely, in the circumstances existing at the time, to render unreliable any confession which might be made by him in consequence thereof, the court shall not allow the confession to be given in evidence against him except in so far as the prosecution proves to the court beyond reasonable doubt that the confession notwithstanding that it may be true) was not obtained as aforesaid.

③ ［日］谷口安平著：《程序的正义与诉讼》，王亚新、刘荣军译，中国政法大学出版社2002年版，第150~151页。

据一般举证责任分配规则，按照一般证明标准要求，事实是难以证明的；(2) 按照实体法规范的目的，按照一般证明标准，这种事实难以被证明或证明的结果明显会导致不正义的产生；(3) 从刑事政策角度考虑，在特定的社会条件下可以适当降低某些事实的证明标准，如可出于打击恐怖犯罪，维护社会安宁的需要，降低其犯罪构成要件事实所要求的证明程度。

综上所述，无论是从理论还是实践来看，以“证明之必要性”作为判定证明对象的必要条件是可行的，因此，笔者认为刑事诉讼中的证明对象是指，需要运用证据加以证明的事实，包括需要证明的实体法事实、程序法事实及证据容许性事实。

（四）诉讼阶段任务的差异

毛泽东指出：“一个正确的认识，往往需要经过由物质到精神、由精神到物质，即由实践到认识，由认识到实践这样多次反复，才能完成。”① 诉讼证明的过程亦不例外，从认识论角度来说，是司法人员、当事人等，通过调查研究，利用证据逐渐认识案件事实情况的过程，是一个对案情认识通过反复实践、反复认识不断深化的过程。同时，由于刑事诉讼过程可分为按顺序进行的相对独立而又互相联系的各个部分，即各个阶段。在这不同否认阶段虽有不同的具体任务，但都贯穿着一个共同的主线，即证明案件事实真相。由于不同阶段认识能力的差异存在，为解决诉讼进程的顺利推进，这就要求对不同阶段适用不同的证明标准。因此，立案、移送起诉、提起公诉及有罪判决的证明标准在要求的程度上应呈现出逐步的递进性和层次性。

三、域外刑事证明标准层次性之考察

（一）不同证明主体证明标准之层次

1. 控方证明责任一般适用较高层次的证明标准

在英美刑事审判实践中，“一个基本的价值取向是，刑事审判不可错判无辜，即使以一些有罪的人逍遥法外为代价”②，因此，在证明被告人有罪方面，不同证明主体承担证明标准所应达到的程度亦有所区别。

在英国刑事诉讼中，“控方承担初步的举证责任（preliminary evidential burden），提供的证据必须形成指控被告人的初步案件（a prima facie case），使该案有解决的必要（a case to answer），如果它做不到这一点，将会遭至指

① 参见毛泽东：《人的正确思想是从哪里来?》，载《毛泽东选集》（第8卷），人民出版社1999年版，第320页。

② Muller Kirkpatrick. Evidence(second edition), Aspen Law and Business. 1999, p. 145.

控的案件不成立的撤回结果"①。此时的证明标准在层次上要明显低于法院作出有罪判决的证明标准，具体如下："1. 地区法院。经过多年的司法实践经验积累，在1962年，地区法院制定了供地方法官使用的指示标准。这个标准称控方撤回案件的证明标准，大致有：（a）当没有证据证明所指控的犯罪的实质要件时，或（b）当控方提供的证据经交叉询问后被认为不可信，或者明显不可靠，以至于一个理性的法庭不会根据它形成有把握的确信。2. 针对控告的审判。在下述情形下，控方不能解除提供证据的责任，指控的案件事实将不能成立：（a）如果没有证据证明是被告人实施了犯罪行为，或（b）当证据十分详细，一个经过适当指示的陪审团不能根据它形成适当的确信时。"②

在美国，诉讼程序启动后，为了履行提出证据的责任，当事人提出的证据必须怎样才具有说服力呢？一直存在着争论，不论如何微弱的证据显然是不够的。证据必须是这样的："一个合理的人可以依据证据确认要证特殊事实存在，或者，就如一个联邦法院所强调：如果存在一个否定指示裁决的动议的实质性证据，那么，它就是具有如此性质和证明力的证据，以至于行使公正判断权的人会合理、公平地得出不同的结论。那么，指示裁决的动议就应被驳回。"③ 在实践中，还存在着这样一个问题，如果案件移送给陪审团，那么准许指示裁决的标准是否依据所要求的说服标准而有所不同呢？例如，在刑事案件中，当控诉方必须说服陪审团达"排除合理怀疑"的程度，作出指示裁决的标准是否是证据以排除合理怀疑的方式说服一般人呢？在美国的司法实践中，做法并不相同，大多数法院适用更为严格的标准。例如，在"杰克逊诉弗吉尼亚"④ 一案中形成的一个宪法命令。在这个案件中，最高法院认为，联邦法院在复查州法院有关人身保护申请的有罪判决时，必须确定一个合理的事实认定者是否能确认上诉人有罪且达到了排除合理怀疑的程度。适用的法院声称："如果有足够的事实使陪审团合理得出：责任的产生是由优势证据来支持的，那么，提供证据责任就能满足，甚至以情况证据也能得

---

① Jenny McEwan . Evidence and the Adversarial Process (second edition) , Hart Publishing - Oxford, 1998, p. 78.

② Richard May, B. A, LL. B. Criminal Evidence, London Sweet and Maxwell, 1986. p. 54.

③ "波音公司诉西普曼"，《联邦高等法院判例汇编》（第二版），第411册，第365页，第374页，第五巡回法院，1969年。转引自［美］约翰·斯特龙主编：《麦考密克论证据》，汤维建等译，中国政法大学出版社2004年版，第652页。

④ "史密斯诉贝尔电话电报公司"，载《大西洋地区判例汇编》，第153册，第477页，宾夕法尼亚州，1959年。转引自［美］约翰·斯特龙主编：《麦考密克论证据》，汤维建等译，中国政法大学出版社2004年版，第652页。

到满足。"① 具体而言，在美国刑事诉讼中作为控方的检察官和作为辩方的被告人，承担不同的提供责任，对该种证明责任的履行应达到相应的证明标准。

对检察官而言，美国法要求检察官对犯罪构成要件犯罪事实每一要素，必须提出足够的证据，让一般理性的裁判者，能认定构成要件事实达到"毋庸置疑"的程度，亦即根据检察官所提出的证据，无合理的怀疑被告可能为无辜之人。必须强调的是，检察官此时的责任并非对每一项证据证明到"毋庸置疑"的程度，而是对构成犯罪的每一项要素证明到毋庸置疑的程度。"公认的是，排除合理怀疑的证明标准适用于犯罪构成的要素，但是不适用于对犯罪构成要素证明的证据。这样，证据可被采信用于对犯罪构成要素的证明，即使其真实性还没有证明到排除合理怀疑的程度。当然，这种证明标准也不适用于审前准备程序中的法官。根据《联邦证据规则》第 104 条 (a)② 的规定作出的裁决。例如，证人的专家资格是否具备，法庭外的陈述是否为传闻证据的例外，或者自白的作出是否为自愿的。③ 排除合理怀疑的证明标准仅适用于审判程序的有罪决定阶段（guilt - determining phase of the trial)"④ 当然，这种观点也遭到了部分学者的反对。如 Carter 认为："法律的精神是，即使是一个轻微的犯罪，对一个人的证明也应无例外地根据排除合理怀疑的证明标准。"⑤

在刑事诉讼中，作为控方的检察官除了承担提出证据责任外，还应承担说服责任，且履行该种证明责任应达到较高程度的证明标准。由于错误定罪，对被告人生命、自由、荣誉的影响通常要比民事案件错误裁判所造成的后果严重，在刑事诉讼中，社会认为一个无辜的人被判有罪要比一个有罪的人得以释放更为糟糕。因此，美国最高法院在承认刑事案件中必然存在错误时陈述道："当一方当事人把一种具有更高价值的利益作为刑事被告所享有的利益下赌注时，对于他来说，由于使其他人负有说服事实认定者确认他有罪且

---

① "史密斯诉贝尔电话电报公司"，载《大西洋地区判例汇编》，第 153 册，第 477 页，宾夕法尼亚州，1959 年。转引自［美］约翰·斯特龙主编：《麦考密克论证据》，汤维建等译，中国政法大学出版社 2004 年版，第 652 页。

② FRE 104(a) Questions of admissibility generally. —Preliminary questions concerning the qualification of a person to be a witness, the existence of a privilege, or the admissibility of evidence shall be determined by the court, subject to the provisions of subdivision (b). In making its determination it is not bound by the rules of evidence except those with respect to privileges.

③ 在英国刑事审判程序中，对自白自愿性的证明适用排除合理怀疑的证明标准。

④ Muller Kirkpatrick. Evidence(second edition), Aspen Law and Business, 1999, p. 146.

⑤ Jenny McEwan . Evidence and the Adversarial Process(second edition), Hart Publishing - Oxford, 1998, p. 84.

达致排除合理怀疑程度的责任，所以错误的可能性减少了。”① 在美国，刑事诉讼中从古至今一直强调要求更高程度的说服标准。最高法院于1970年作出判决明确规定，“除非以排除合理怀疑方式证明构成所指控犯罪所必需的每一个事实，依据正当程序条款，则被告不受刑事定罪裁决”②。

除了不同性质案件中说服责任解除所要求的证明标准不同外，在刑事诉讼中，检察官和被告人为履行说服责任所应达到的证明标准也是不同的。首先，根据美国宪法关于正当程序的规定，检察官不仅对构成犯罪要件的正当性负有说服责任，且说服程度必须为“排除合理怀疑”的程度。也就是说在双方当事人提出证据后，无论检察官所提出的证据具有如何的说服力，如果裁判者仍有合理怀疑，检察官等于未尽说服责任，裁判者必须作出被告人无罪的判决，要求检察官负有“排除合理怀疑”的证明责任，“标示在刑事诉讼理论上，宁可选择让有罪者逍遥法外，也不让无罪者被误判为有罪，避免冤狱是刑事诉讼法的重要目的之一，使被告人生命、自由、名誉的剥夺皆属不当。降低检察官的举证责任固可防止有罪者逍遥法外，但亦会造成不正当冤狱的增加。反之，提高检察官的证明责任程度，固然会增加有罪者逍遥法外的机会，却能降低冤狱概率，就此而言，要求检察官证明被告犯罪到毋庸置疑的程度，实为刑事诉讼理论在利益衡量下，刻意所作的选择——‘与其杀不辜，宁失不经’”③。可见，刑事诉讼证据优势的证明标准对控方而言，在证明构成犯罪要件的正当性方面就不合适。其次，至于阻却违法性事由，美国每个州对谁应负说服责任及说服的程度规定不尽相同。“有的州要求被告就阻却违法或有责之存在，负说服责任；有的州要求检察官就反驳阻却违法或有责事由的存在，负说服责任。至于说服的程度，有的州要求被告说服裁判者到优势证据的程度，有的州要求证据明确的程度。如果被告针对所主张的阻却违法或有责事由，未能尽到说服陪审团到法律规定的程度时，陪审团应就不相信被告的主张，而作出不利被告的判决。在要求检察官负反驳阻却违法或有责事由的说服责任的州立法中，有要求检察官必须证明到排除合理怀疑的程度。如果检察官未能说服裁判者到该程度，裁判者必须认定阻却违法有责事实的存在”。④

① “斯配诉兰德尔”，《美国联邦最高法院判例汇编》，第357册，第513、525~526页，1958年。转引自［美］约翰·斯特龙主编：《麦考密克论证据》，汤维建等译，中国政法大学出版社2004年版，第659页。

② 参见《美国联邦最高法院判例汇编》，第397册，第358、364页，1970年。转引自［美］约翰·斯特龙主编：《麦考密克论证据》，汤维建等译，中国政法大学出版社2004年版，第659页。

③ 王兆鹏著：《刑事诉讼讲义》（二），台湾元照出版公司2003年版，第231页。

④ 王兆鹏著：《刑事诉讼讲义》（二），台湾元照出版公司2003年版，第159页。

在大陆法系代表性国家的德国刑事诉讼中，证明标准因公诉机关和法院而有差异，并呈现出一定的层次性，“公诉机关只要证明其起诉或者不起诉所需要的事实，而法院必须查明为作出裁判所需要的全部案件过程事实和作案人。公诉机关对案件事实的认定可以是存疑的，而法院对案件事实的认定必须是唯一的，不能同时认定多种可能性，这是法院查明真实义务的要求。在事实具有多种可能性的情况下，应当选择对被告人有利的事实认定”①。

2. 辩方证明责任一般适用较低的证明标准

我国有学者认为“尽管根据无罪推定原则，被告人不得被要求承担证明自己无罪的责任，但在现代该原则对证明责任的影响，主要表现在‘说服责任’方面；至于提供证据的责任，则出于政策和公平的考虑，可以要求由被告人承担。”② 就证明责任的一般分配原则而论，犯罪事实的发生，被告较控方来说更为知悉来龙去脉，对于阻却违法、阻却责任之事由，被告最容易得到证据材料，依照一般的“谁主张，谁举证”原则，由被告承担此部分事实的证明责任较为合适。在刑事诉讼中，由于案件的性质不同于民事诉讼，前者强调刑事被告人的刑事处罚，后者强调当事人之间纠纷的解决。控方在刑事诉讼中应负的证明责任，应当是被告的行为具有可罚性。被告在刑事诉讼中的证明责任，只是主张阻却违法或有责，并提出证据，否认犯罪事实的存在，否定刑罚适用于己，这在性质上与民事诉讼不可相提并论。因此，从避免冤狱的角度出发，控方承担对阻却违法或有责事由事实的证明责任应达到排除合理怀疑的程度，相反，若被告对此事实承担证明责任，则应达到“证据优势”的程度。

在英美法系刑事诉讼中，辩方承担与控方不同的证明标准。例如，在英国刑事诉讼中，一些例外的案件，辩方承担一些法定的影响定罪的争点的证明责任，对这些事实的证明不需要达到“排除合理怀疑”的程度，辩方需要对事实的证明标准被定义为“‘不高于民事案件中原告或被告所承担的证明责任所应达到的标准’”③，这种特定事实的证明责任由被告人承担，若其解除防御说服陪审团则应达到“证据优势”的标准。在 R v. CarrBriant 案中④，被告人因借或给予政府部门一职员钱而被根据 1906 年和 1916 年的《禁止腐败法》(Prevention of Corruption Acts) 进行指控，要求承担证明钱不是出于贿

① 何家弘、刘品新著：《证据法学》，法律出版社 2004 年版，第 340 页。

② 李学灯著：《证据法比较研究》，台湾五南图书出版公司 1992 年版，第 383 页。

③ Peter Murphy. Murphy on Evidence(seventh edition), Blackstone Press Limited, 2000, p. 122.

④ (1943) 1 KB 607, CCA. See (1943) 1 KB 607, at 612. See The Modern Law of Evidence(Fifth edition). Butterworths London, Edinburgh, Duhlin. 2000, p. 95.

赂的目的借或给予职员。法官认为，被告人承担的证明消极事实的责任和控方（检察官）通常承担的证明责任一样重。法官 Humphreys 说道："在任何案件中，不论是根据制定法还是普通法，一些事实是推定给被告人的，'除非相反的事实得到证明'，陪审团应当被指示作出决定反面是否得到证明，这种证明责任承担所应达到的程度与控方承担证明责任所达到的排除合理怀疑程度不同，这种证明责任只需对待证事实证明至满足陪审团确信的优势证明程度即可"①。同样，控方对精神状况以及减轻责任事由的证明说服满足陪审团也只需达到"盖然性平衡"的程度即可。

对被告而言，若其主张阻却违法或有责事由时，美国各州一般规定为被告就此主张必须负提出证据的责任。当被告就此事由提出全部证据后，法院必须判断被告是否已提出足够证据。美国各州的法律规定亦不同，"有的州要求被告只要提出较轻微证据还多的证据即可，还有些州则要求被告必须提出让一般理性裁判者能合理相信的程度。若被告不提出证据，或提出的证据达不到法律规定的程度，法官则指示陪审团不得考虑阻却违法或有责的主张，亦即陪审团不得认定阻却违法或有责的成立，如同被告违法或有责"②。

同样，1995 年《澳大利亚证据法》第 141 条第 2 款规定："在一些特定的案件中，辩方承担一些影响定罪的焦点事实的法定证明责任，这种事实的证明不需要达到排除合理怀疑的程度。当被告人将主张的事实证明至盖然性平衡的程度时，法庭即可认定其主张的事实成立。"③ 波兰刑法典规定，"在没有依照刑法典的规定证明之前，被告人不得被认为有罪，未解决的怀疑不得用作对被告人不利的指控"④。在实践中，"波兰最高法院认为，代理人应当穷尽各种可能性，只有当剩下的怀疑被证明对阐明无害时，最终的裁判才可作出，这样就没有损害被告人的利益"。⑤

（二）不同证明对象证明标准之层次

在国外的立法与实践中，为便于司法操作，在不同性质的诉讼中，即使是在同一诉讼中，证明对象不同，适用的证明标准在层次性上亦有所差别。

---

① (1943)1 KB 607, at 612. See The Modern Law of Evidence (fifth edition). Butterworths London, Edinburgh, Duhlin. 2000, p. 95.

② 何家弘、刘品新著：《证据法学》，法律出版社 2004 年版，第 340 页。

③ SECT 141 (Criminal proceedings: standard of proof) (2) In a criminal proceeding, the court is to find the case of a defendant proved if it is satisfied that the case has been proved on the balance of probabilities.

④ 参见《波兰刑法典》第 3 条第 2 款、第 3 款之规定。See: Jenny McEwan. Evidence and the Adversarial Process (second edition), Hart Publishing - Oxford, 1998, p. 81.

⑤ Jenny McEwan. Evidence and the Adversarial Process (second edition), Hart Publishing - Oxford, 1998, p. 81.

1. 罪行轻重不同，证明标准层次不同

英美法系国家根据所要证明的罪行轻重，确定适用不同的证明标准。总的原则是，“犯罪的性质越严重，必要的证据最低要求就越高。”对此，塞西尔·特纳引用了布鲁厄姆勋爵为卡罗琳王后辩护的一段话，形象地进行了描述。他说：“摆在我们面前的这些证据，即使用于证明一笔债务，也是很不充分的。凭它来剥夺一种民事权利，是显然不行的；凭它来认定一件微小的罪行，是荒唐可笑的；凭它来证明一件严重的罪行，是荒诞可耻的；凭它来诋毁英国王后的名誉，则简直是荒谬绝伦的！”① 而英美国家对某些特殊性质的民事案件，如口头信托、口头遗嘱，以错误或欺诈为理由请求更正文件等，确立了比普遍民事案件更高的标准，主张的一方当事人必须以“明确的以及令人信服的”（clearing and convicting）证据予以证明。

2. 犯罪构成要件不同，证明标准层次不同

英美法系国家的犯罪构成由两个层次的要件组成：第一层次是犯罪本体要件，包括客观方面和主观方面，即犯罪行为与犯罪意图。犯罪本体要件是从正面、积极的角度规定具备哪些条件，行为才能成立犯罪；第二层次是责任充足要件，是从反面、消极的角度规定在哪些情形下，即使行为符合犯罪本体要件，也不构成犯罪或者不需要判处被告承担刑事责任。虽然无罪推定作为刑事诉讼的一条“黄金定理”②，要求控方承担证明被告人有罪的责任，但各国立法并未明确要求控方对被告人有罪和承担刑事责任的一切事实进行证明。原则上，“控方只需证明犯罪行为符合犯罪本体要件，责任充足要件则由辩护方从排除的角度进行证明”③。具体到刑事诉讼程序中，首先由控方对犯罪本体要件事实进行证明，一旦这种证明达到了“排除合理怀疑”的程度，法官或陪审团就可以也必须推定被告人的行为构成犯罪。这时，被告方若无法提出存在责任充足要件的排除情形，或者虽然提出了存在责任充足要件的排除情形，但对其证明没有达到“盖然性优势”的程度，法官或陪审团仍不能认为其存在“合理怀疑”。只有当被告方将其提出的责任充足要件的排除事由，并且对其证明达到“盖然性优势”程度时，法官或陪审团才能认

---

① ［英］W. 塞西尔·特纳著：《肯尼刑法原理》，王国庆等译，华夏出版社 1999 年版，第 548 页。

② Glanville Williams, The proof of Guilt, Stevens & Sons Limited, 1963. 转引自聂昭伟：《刑事诉讼证明问题的实体法依据——兼论刑事实体法与程序法的一体化》，载《法律科学》2005 年第 6 期，第 83 页。

③ Ratanlal and Dhirajlah. the Law of Evidence, Wadhwa Sales Corporation, 1984. 转引自聂昭伟：《刑事诉讼证明问题的实体法依据——兼论刑事实体法与程序法的一体化》，载《法律科学》2005 年第 6 期，第 83 页。

为其怀疑是合理的。可见，英美法中对犯罪本体要件事实的证明适用“排除合理怀疑”的证明标准，对责任充足要件事实的证明则适用“盖然性优势”的证明标准，二者在要求的层次上有明显的差别。

3. 实体法事实与程序法事实证明标准

在德国刑事证据立法与实践中，因证明对象的不同，证明标准的要求也不同。一般来说，实体法上的证明对象在证明标准的层次上要高于诉讼法上的证明对象。由于程序法上的事实虽与案件的审理结果密切相关，关系到犯罪嫌疑人、被告人的权利保护、程序公正价值的最终实现，但其毕竟不能与实体法事实证明所适用的证明标准相等同，主要原因有二：第一，程序法上的事实不是刑事诉讼程序发生、发展和终结的原因，该项事实的决定正确与否，与案件的真实发现价值追求之间虽有联系，但是比较遥远，往往不具有决定性。第二，实体法上违法行为所侵害的对象为实体法所保护的法益，这些法益往往与当事人的人权具体相关，而这些人权是当事人诉诸诉讼所要求最终实现的权利，具有最终性。在刑事诉讼中，如法官之回避（《德国刑事诉讼法典》第26条第2项），回复原状之申请理由（《德国刑事诉讼法典》第45条第2项）及对拒绝证言理由（《德国刑事诉讼法典》第56条）时的释明所采用的证明标准比控方说服实体法要件事实所适用的证明标准低，但也要求达到“优势证据”的程度；这既可以通过举证的方式达到，也可能通过替代宣誓的保证方式达到。①

在日本，有学者认为，需要证实的事实由实体法上的事实和诉讼法上的事实组成②。对于实体法事实中作为犯罪构成要件的事实、倾向于从重、加重被告人刑罚的事实，要进行严格证明，其他的实体法事实则可进行自由证明，对于程序法事实，只需进行自由证明。③ 严格证明指依据诉讼法规定的有证明力的证据并经适当形式的证据调查程序得出的证明；自由证明系指依据证明力不完全充足、调查证据的程序不严格所得出的证明。④ 此外，日本学者还认为：“量刑情节只通过自由证明即可。但是，倾向于加重被告人刑

① 参见［德］克劳斯·罗科信著：《刑事诉讼法》（第21版），吴丽琪译，法律出版社2003年版，第207、208页。

② 实体法上的事实包括：犯罪事实（构成要件事实、处罚条件事实）和犯罪事实以外的事实（影响法律上构成犯罪的事实、法律上加重减免理由的事实、酌情减轻处罚或缓期执行条件的事实）。诉讼法上的事实包括：作为诉讼条件的事实、作为诉讼行为要件的事实、证明证据能力和证明力的事实和诉讼法上的其他事实。

③ ［日］田口守一著：《刑事诉讼法》，刘迪等译，法律出版社2000年版，第220页。

④ ［日］松岗正章：《严格证明与自由证明》，载《法学译丛》1981年第5期。转引自熊秋红：《对刑事证明标准的思考——以刑事证明中的可能性和确定性为视角》，载《法商研究》2003年第1期，第80页。

罚的情节事实需要进行严格证明。”①

4. 程序性事实证明标准

依据证明对象理论，在刑事诉讼中能够成为证明对象的不仅包括实体性事实，而且包括程序性事实。所谓程序性证明责任，“举例言之，如被告主张自白是刑求取得，而警察机关否认，则究竟孰负举证责任，由被告举证证明自白系刑求取得，或检察官证明自白非刑求取得？又如‘证据法则’，若警察以非法方式取得证据资料，该证据资料需于审判中排除不得为证据。此时，究竟由检察官负举证责任证明合法取得，或由被告举证证明非法取得。”② 程序性违法事实所侵害的对象往往只是一些程序性的制度所保护的法益，由于具体制度所保护的法益在程度上的差别较大，有的制度是实现公正司法的关键性因素，而有的制度却不是实现公正司法的关键性因素，因此没有必要对不同的法益适用相同的保护标准。否则，易造成司法资源的浪费和程序上的不公正。因此针对程序法事实的证明，在证明责任满足解除的程度即证明标准上也就有所差别。在刑事诉讼中，随着程序性证明对象的不同，证明责任解除的具体标准也就有所不同。在英美法系的立法和司法实践中，证据的容许性（admissibility）也是需要加以证明的，由于证据的具体种类不同，所适用的证明标准在层次上也有所不同。

（1）被告人自白可采性的证明标准。被告人的有罪供述虽然可以导致法官的定罪量刑，但是以被告人明智且自愿的供述为限。如果控方以被告人的有罪供述为依据要求法院定罪，必须向法院排除一切合理怀疑地证明认罪供述是被告人明智且自愿作出的，否则法庭不得依据供述判处有罪。

就自白而言，美国立法排除自白的理由一般有两种：一为自白的任意性违反正当程序的规定（involuntariness），一为自白取得违反米兰达规定（即沉默权、律师权等告知事项）。就自白非任意性部分，大多数州要求检察官就自白为任意性负提出证据责任及说服责任，但有少数州要求由被告证明自白非任意性。美国最高法院在判决中认为，若被告主张自白非任意性时，控方（检察官）最少必须以证据优势证明自白具有任意性。也就是说，当自白的任意性成为争执时，不论谁负提出证据的责任，依宪法规定检察官对自白

① 熊秋红：《对刑事证明标准的思考——以刑事证明中的可能性和确定性为视角》，载《法商研究》2003年第1期，第81页。

② 王兆鹏著：《刑事诉讼讲义》（二），台湾元照出版公司2003年版，第235页。

的任意性负有说服责任，且程度只能高于，但不低于证据优势。[①] 但是，最高法院并没有在各州强制推行这一标准，而是让各州根据自己的法律自由决定是否采用更高法的标准。[②]

在英国，自白许容性的证明标准也是一个经常遇到的问题，“普通法判例上已经确立其适用刑事证明标准，并且检察官必须使法庭毫无合理怀疑地确信自白是在自愿情况下作出的”[③]，现该规则已被成文法加以规定。1984 年《警察与刑事证据法令》（The Police and Criminal Evidence Act 1984）第 76 条第（2）项规定，如果争点被提出，法庭将不允许检方将自白作为证据提出，除非其能够证明自白不是通过强迫被告人，或者威胁、引诱可能导致其自白不可靠的方式获得，这种证明须至排除合理怀疑的程度。[④] 或者若允许特定的争点（issues）提交给陪审团裁决，则必须满足初步证据（a prima facie evidence）的确信。例如，如果控方试图采纳被告人要求作出的自白，而辩方若声称自白从未作出，法官必须依照初步证据相信被告人的确作出了自白。

（2）控方证人适格性的证明标准。在英美国家，一旦辩方对控方证人的适格性（competency of witness）提出异议，则控方应当承担该证人适格性的证明责任。在 Yacoob[⑤] 案中，上诉法院持这种观点。在这个案件中，检方试图提出一个和被告举办了结婚仪式的妇女出庭作证。辩方反驳认为，证人是被告人的妻子，因此不能提供证词以指控他。检方主张重婚是犯罪行为。法官将婚姻有效的证明责任分配给辩方；并认为，婚姻是无效的，她有资格作证指控他。上诉法院认为，将证明责任分配给辩方是错误的，尽管错误没有影响到裁判的正确性。法院认为，一旦证人的适格性作为争点被提起，证明一个人具有作证的资格的证明责任在控方。此外，由于证人的适格性直接影

---

① Lego v. Twomey, 404 U. S 477, 489 (1972) (the prosecution must prove at least by a preponderance of the evidence that the confession was voluntary). 联邦最高法院认为对有罪与否必须以毋庸置疑的程度证明，但对自白出于任意性以较低的证明程度（证据优势）标准，不会影响有罪与否的证明标准。转引自王兆鹏著：《刑事诉讼讲义》（二），台湾元照出版公司 2003 年版，第 237 页。

② 杨宇冠著：《非法证据排除规则研究》，中国人民公安大学出版社 2002 年版，第 122 页。

③ Sartori (1961) Crim. L. R. 397 (Edmund Davis J.). See: Richard May, B. A., LL. B. Criminal Evidence, London Sweet and Maxwell, 1986. p. 62.

④ Section. 76. (2) If, in any proceedings where the prosecution proposes to give in evidence a confession made by an accused person, it is represented to the court that the confession was or may have been obtained—(a) by oppression of the person who made it; or (b) in consequence of anything said or done which was likely, in the circumstances existing at the time, to render unreliable any confession which might be made by him in consequence thereof, the court shall not allow the confession to be given in evidence against him except in so far as the prosecution proves to the court beyond reasonable doubt that the confession notwithstanding that it may be true was not obtained as aforesaid.

⑤ Richard May, B. A., LL. B. Criminal Evidence, London Sweet and Maxwell, 1986. p. 62.

响证人证言的可采性，加上其证明效力较强，因此，在英国判例和立法上，对其证明标准要求也严格，即当控方必须提供证据证明证人的适格性时，必须证明至“排除合理怀疑”的程度。

（3）排除非法证据的证明标准。在美国刑事诉讼中，如果控方采用非法手段收集证据，依据排除法则，该证据即应被排除使用。在证明标准的要求上，如果控方的取证行为是根据法院的令状进行的，辩方应首先承担证明控方的行为超出了令状许可的范围和权限或缺乏可成立的理由，但是这种证明只要达到“优势证据”的程度即可。没有得到许可的行为和被告方已经证明非法的行为，控方必须提供证据证明至“排除合理怀疑”的程度，否则，该证据即被排除使用。一方面，如果控方的取证行为不是依照令状或搜查令进行的，出于维护社会安宁的需要，应推定控方的侦查等行为具有合法性，若辩方提出初步证据证明控方行为不具有正当性，控方只需提出证据证明至“优势证据”程度即可。另一方面，“为防止辩方滥行指控执法者违法，浪费诉讼之资源、时间，有必要规定被告负提出证据之责任”[①]，在证明标准上应达到“证据优势”的程度。

关于非法证据排除证明标准的立法，美国刑事诉讼立法与实践没有确定统一的标准，而是根据不同的情况采取不同的做法。[②] 笔者认为这种做法具有一定的灵活性，比统一规定可能更好些，因为“证明收集证据的合法性由控诉方来承担有一定的道理，但是，其要证明证据的合法性比较困难，比如说，要证明不存在以刑讯逼供、威胁、引诱、欺骗的方式取得被告人口供的情况有点尴尬。究其原因还在于询问本身的合理性。如果询问被告人时律师不能在场，也没有同期录音和录像的规定，这就使得证明无从下手”[③]。考虑到我国刑事诉讼立法关于证明标准制度的规定不够完善，在借鉴国外立法时，不能采取“一刀切”的方式，在对排除非法证据的证明标准设置时，既不能设置统一的证明标准，也不能对之不加以规定，毕竟我国不是判例法国家，法官也不具有普通法国家的丰富经验，因此我们应在立法上规定一些确定排除非法证据的证明标准原则或规则，这样可以达到既兼顾证明标准适用的灵活性，又兼顾证明标准适用的统一性，从而避免适用上的随意性。

（4）书证许容性的证明标准。在英国的刑事诉讼中，“排除合理怀疑”的证明标准，是并不适用案件中所有争执事实的证明的，关于证据许容性事

---

① 王兆鹏著：《刑事诉讼讲义》（二），台湾元照出版公司2003年版，第236页。

② 杨宇冠著：《非法证据排除规则研究》，中国人民公安大学出版社2002年版，第121、122页。

③ 杨宇冠著：《非法证据排除规则研究》，中国人民公安大学出版社2002年版，第122页。

实的证明则适用“盖然性平衡”的证明标准。在英国刑事司法实践中，一开始，人们认为无论何时当证据的许容性成为案件中的一个争点时，依据普通法规则，控方都必须提供证据对其进行证明，且应至“排除合理怀疑”的程度。然而，对于依据1865年《刑事程序法》（Criminal Procedure Act 1865）的第8部分[①]所形成的，当书证的笔迹比较成为案件中的争点时，这种证据规则是否适用问题，在英国上诉法院存在两种对立的裁决。这两个裁决就是Angeil[②]和Ewing[③]案。在前述案件中，法庭认为法官对笔记真实性的认定只需要达到民事案件证明标准，而在Ewing案中，法庭则认为应适用刑事证明标准。后来，在这两个裁决中，Ewing案中的观点被认为是一个原则性的标准，并作为一个生效裁决付诸实施，理由是“民事法律规定的条款不能保证将民事证明标准的含义适用于有关证明有罪证据许容性的刑事法令”[④]。

此外，1995年《澳大利亚证据法》第142条第（1）款（b）项亦规定，任何依据本法关于证据许容性的证明，如果达到盖然性平衡的程度，即认为已得到证明。[⑤]

（5）其他程序性事项的证明标准。在刑事诉讼中，程序法上需要证明的事项一般可分为两类，一类为保证诉讼程序的公正运行的事项，如管辖权、

---

① Section 8. (As to comparison of disputed writing.) Comparison of a disputed writing with any writing proved to the satisfaction of the judge to be genuine shall be permitted to be made by witnesses; and such writings, and the evidence of witnesses respecting the same, may be submitted to the court and jury as evidence of the genuineness or otherwise of the writing in dispute.

② 在Angeil案中，被告人拿着一个包裹去一座公寓的前门，假装从邮局回来。当门打开的时候，他袭击了房主并试图抢劫。控方试图提供在包裹上发现笔记与在被告人处和家里发现的信件上的笔记比较的证据。结果是对信件上的笔迹的许容性存有异议。该证据的许容性产生于第8部分的规定。依据民事证明标准，法官作出指示，认为该书证具有许容性。上诉法院根据制定法发展的历史，即1854年《普通法程序法令》（Common Law Procedure Act 1854）可适用于刑事法庭，支持了法官的裁决。因此法官说：“不论语言上的证明标准的含义是什么，当这些语言仅在1854年至1865年间在民事法庭适用，当根据1865年的法令规定，将同样的规定适用于刑事法庭时，同样的标准即可适用，证明使法官认为该证据真实即成立。这个裁决遭到人们批评的原因在于，依据证据形成的链条形成的确信，是建立在裁决法官使用盖然性平衡证明标准的结果。见Richard May, B. A., LL. B. Criminal Evidence, London Sweet and Maxwell, 1986. p. 63。

③ 在Ewing案中，一个组成完全不同的法庭不支持Angeil案。上诉法官认为Angeil案的法官在适用证明标准上是错误的。法庭的推理是，由于第8部分并没有对证明标准的运用作出任何规定，证明标准是为普通法所规定。法官认为，如果对书证的真实性有合理怀疑的话，那么，案件就没有得到证明。因此，法庭不同意Angeil案中法庭的推断，因此认为，在刑事审判中，当笔记被用来依据第8部分进行比较时，应当证明至使法官相信为真实的程度，证明标准应为普通的刑事证明标准，即排除合理怀疑。见：Richard May, B. A., LL. B. Criminal Evidence, London Sweet and Maxwell, 1986, p. 64。

④ Richard May, B. A., LL. B. Criminal Evidence, London Sweet and Maxwell, 1986, p. 64.

⑤ SECT 142 (Admissibility of evidence: standard of proof) (1) (b) any other question arising under this Act; have been proved if it is satisfied that they have been proved on the balance of probabilities.

回避、公开审判等；另一类是关于证据上的争执的事项，就程序法上争执的事项与证据的真实性之间的关系，其可分为两种情形："第一，证据的排除与证据的真实性无关者。如，警察未依法定程序收集证据。第二，资料的排除与证据的真实性有关"[①]。笔者认为，程序法上的第一类需证明事项和证据的排除第一种证明事项属纯粹程序法上的证明问题，与实体法上的证明责任分配法理不尽一致，在特定案件中，这种事实与案件的实体裁判结果密切相关，无论是由控方，还是由辩方进行举证证明，为实现对犯罪的有力打击，维护社会秩序，不宜将证明标准的程度设置过高，而应为"证据优势"。也就是说，只要辩方有合理根据认为控方的取证行为或其他程序性行为不合法，控方只需将其行为之正当性证明至"优势证据"程度即可。关于证据的真实性的证明关系到求证内容的真实性和裁判结果的正确性，不仅对于准确惩罚犯罪至关重要，而且对于保护犯罪嫌疑人、被告人的诉讼权利的作用也不容忽视，其与实体法上的事实要件规定紧密联系，因此这种证明需达到"排除合理怀疑"的程度，即事实认定者只要认为证据取得在真实性上可能不合法，控方就必须将其真实性证明至排除合理怀疑的程度。在英国 Robson[②] 案中，控方试图提出特定的录像带证据。辩方反对这个过程性证据，原因在于录像带并没有被看到原始出处，或者至少没有看到是真实的，因为质量问题，它们必然会被认为不可信的和易误导的。关于录像带证据的可采性，Shaw 法官认为应适用的证明标准是排除合理怀疑。为防止不真实的自白被采用，我国台湾地区"刑事诉讼法"第156条第3项规定，该自白如经检察官提出者，法院应命检察官就自白之出于自由意志，指出证明之方法。在我国台湾地区，有学者认为该条规定应适用"证据优势"的标准，但多数学者认为应适用"毋庸置疑"的标准[③]。笔者认为因控方（检察官和警察）控制自白的询问和取得过程，有获取证明自白真实性证据的充足条件，较好的举证便利，而控方则不具备，从抑制侦查程序违法，保证案件事实查明结果的正确性及保障人权的角度出发，应设置较高的证明标准，优势证明标准显然不妥。

（三）不同诉讼阶段证明标准之层次性

两大法系刑事证明标准都承认认识的层次性。在刑事证据理论上，英美法系国家将证明标准在认识层次上划分为九个级次，即"1. 绝对的确定性——任何法律目的均不作此要求；2. 排除合理怀疑——刑事案件中为有罪认定所必需；3. 明晰且有说服力的证明——适用于某些民事案件以及某些管

---

① 王兆鹏著：《刑事诉讼讲义》（二），台湾元照出版公司2003年版，第238页。

② Peter Murphy. Murphy on Evidence (seventh edition), Blackstone Press Limited, 2000, p. 123.

③ 王兆鹏著：《刑事诉讼讲义》（二），台湾元照出版公司2003年版，第241页。

辖法院对死刑案件中保释请求的驳回；4. 优势证明——适用于多数民事案件以及刑事诉讼中被告人的肯定性抗辩；5. 可成立的理由——适用于逮捕令状的签发、无证逮捕、搜查及扣留、控诉书和起诉书的发布、缓刑及假释的撤销，以及对公民逮捕的执行；6. 合理相信——适用于‘阻截和搜身’；7. 有合理怀疑——无罪双方被告人的充足理由；8. 怀疑——适用于调查的开始；9. 没有信息——对任何法律目的均不充分”[①]。大陆法系的心证则分为四个层次，即“第一层次为微弱的心证，亦称不完全的心证；第二层次为盖然的心证；第三层次为盖然的确实心证；第四层次为必然的确实心证。其中，前两种心证属于弱势心证，而后两种则属于强势心证”[②]。在司法实践中，两大法系除在诉讼阶段上规定逮捕的证明标准低于公诉的证明标准、公诉证明标准低于有罪判决标准外，还针对不同证明对象规定适用差别的证明标准，一般而言，实体法事实的证明标准高于程序法。在我国刑事诉讼立法与实践中，由于强调审判的中心地位，没有对侦查、审查起诉的功能给予重视，对这些阶段中的证明活动关注的也不够，没有认识到证明标准在这些阶段也在发挥作用，只不过呈现出一定的层次性而已。

可见英美法上的证明标准不仅包括法院认定被告人有罪的标准，而且包括检察机关起诉的标准，此外，还包括侦查机关采取重大侦查行为应当遵循的标准。可以说，在英美法系国家的刑事诉讼中，在不同的诉讼阶段存在着不同的证明标准，从侦查、审查起诉到审判，证明标准的要求在可能性或确定性程度上呈递进的状态，对被告人作出有罪判决要达到“排除合理怀疑”这一较高程度。

四、我国刑事证明标准层次性完善构想

（一）不同证明主体证明标准层次性之完善

目前，我国理论界尚未就控辩双方所承担的证明责任应适用差别证明标准进行系统的研究。在立法上，仅就控方承担证明责任应达到的标准作出了规定，没有涉及被告一方承担相应责任所应达到的具体标准。在司法实践中，

① 美国法规定了证明标准的8个阶段：（1）absolute certainty（绝对的确实性），（2）proof beyond a reasonable doubt（排除合理怀疑的证明），（3）clear，strong and convincing proof（明确的、强有力的、有说服力的证明），（4）proof by a preponderance of evidence（证据优势的证明），（5）prima facie proof（基本确实的证明），（6）probable cause（相当的理由），（7）reasonable suspicion（有理由的怀疑），（8）mere suspicion（单纯的怀疑）。参见龙宗智著：《相对合理主义》，中国政法大学出版社1999年版，第301页。

② 日本学者中岛弘道先生将心证划分为四个层次；参见张卫平著：《程序公正实现中的冲突与平衡——外国民事诉讼研究引论》，成都出版社1993年版，第241页。

也只是关注控方承担的证明责任所应达到的标准，对被告方承担有关责任的程度如何把握、适用较混乱，显然有对之进行完善的必要。因此，应就我国控辩双方承担的证明责任适用何种具体的标准加以研究和解决，以增强刑事证明标准的可操作性并适应司法实践的实际需要。在刑事诉讼中，由于不同刑事证明主体所承担的证明责任性质不同，针对的证明对象不同，所适用的证明标准也应有所差别。具体而言，控方对犯罪整体要件性事实在审判阶段应当承担证明至有罪判决所适用的证明标准，在提起公诉、侦查和逮捕阶段适用不同层次的证明标准（将于本书第六章、第七章、第八章分别对之进行论述，对每一具体要件性事实和不同罪名的要件性事实是否应适用不同证明标准不再探讨）；辩方所承担的证明责任适用的证明标准应低于控方，除出于政策考虑的因素，对特定事实的证明适用较高程度的证明标准外，由于基于无罪推定原则，不需要承担自己无罪的责任，因此，针对控方的证明只要提出有“合理依据的怀疑”即可，而这个所谓“合理根据的怀疑”既可以有证据加以支持，也可根据日常生活经验等法则进行推理得出。

（二）不同证明对象证明标准层次性之完善

如前述，在我国，不仅刑事证明对象的范围存在争议，而且对不同证明对象所适用不同的证明标准是否有所差别也存在争议。笔者认为对刑事证明对象的设定不仅是个理论问题，而且是个实践问题，我们不能脱离司法实际情况作纯理论上的探讨，否则没有实际价值。从司法实践来看，有些证据事实是需要提供证据加以证明的，如被告人在审判阶段向法院提出，侦查机关所取得的口供系刑讯取得的，那么对刑讯逼供的事实是否存在就需要证明，因为该事实直接牵涉到口供的可采性问题，所以，刑事证明的对象除包含实体法事实和程序法事实外，还应包含证据事实。

由于不同的事实所牵涉的法益不同，对案件事实真相查明所追求的终极目标不同，也就决定了对该类事实所采用的证明标准有所差别，笔者主张我们在刑事诉讼立法上应对实体法事实、程序法事实和证据事实采用差别证明标准，一般而言，实体法事实所适用的证明标准应高于程序法事实的标准。在构建的具体途径上，刑事实体法事实的证明标准因具体要件性事实的内容和案件性质不同而有所差别。一般而言，犯罪行为客观要件事实的证明标准要高于主观要件事实的证明标准，因为犯罪主体的主观过错存在于其内心中，很难证明，往往需要通过客观行为来推定出来，因此需要适用低于客观要件事实的证明标准。从总体上而言，因程序法事实并不必然涉及犯罪事实的认定和刑罚的确定，对实现刑事诉讼惩罚犯罪和保障人权目的的最终结果并不具有必然影响，而只是一种较低程度的可能性，因此在证明标准所要求的程度上应低于实体法事实证明标准，且这种证明标准因诉讼阶段的不同和诉讼行为性质的不同而有所变化，一般来说，诉讼行为的性质与犯罪嫌疑人、被告人的人身自由成反比例关系，若诉讼行为的性质越严重，则对犯罪嫌疑人、被告人所侵害的程度就越大，所适用证明标准在程度上也就越高。因证据事实主要涉及其可采性问题，因提出的主体不同，证明责任承担的性质不同也就有所差别，另外，为提高诉讼效率，在立法上应完善司法认知制度，对司法认知的范围、时间、主体以及是否要求听证等内容作出明确规定。在有罪判决证明标准方面，除确定一般刑事案件定罪所应达到的证明标准外，还应确定特殊案件事实的证明标准，探讨如何对重罪案件、严重危害社会秩序案件、死刑案件是否以及应该实行何种程度的证明标准。

（三）不同诉讼阶段证明标准层次性之完善

我国刑事诉讼立法对不同诉讼阶段的证明标准作了不完善性的规定。《刑事诉讼法》第86条规定："人民法院、人民检察院或者公安机关……认为有犯罪事实需要追究刑事责任的时候，应当立案……"第129条规定："公安机关侦查终结的案件，应当做到犯罪事实清楚，证据确实、充分……移送同级人民检察院审查决定。"第141条规定："人民检察院认为被告人的犯罪事实已经查清，证据确实、充分，依法应当追究刑事责任的，应当作出起诉决定，按照审判管辖的规定，向人民法院提起诉讼。"可见，我国立案的证明标准是"有犯罪事实"；侦查终结的证明标准是"事实清楚，证据确实、充分"；公诉的证明标准是"事实清楚，证据确实、充分"，因此证明标准在立案和侦查阶段呈现出一定的层次性，但是，侦查、起诉与判决之间的证明标准则不具有层次性，需加以完善[①]。对此，国内已有学者进行论述。如，何家弘教授认为："可考虑将我国刑事证明标准规定为五个等级：立案的证明标准是'合理犯罪嫌疑'；逮捕的证明标准是'确有证据的证明'；移送起诉的证明标准是'优势证明标准'"。[②] 笔者认为，我国立法上的这些规定比较抽象，在实践中难以把握，而且不易区分不同诉讼阶段的证明标准，应重构层次性证明标准制度，将逮捕的证明标准规定为"充足证据证明有犯罪事实"和"紧迫的犯罪嫌疑"、公诉的证明标准为"确实、充分证据的唯一性"、有罪判决证明标为"排除合理怀疑的唯一性"。理由在于：第一，我国立法上所确定的有罪判决证明标准缺乏主观性。我国《刑事诉讼法》第162条第1项规定："案件事实清楚，证据确实、充分，依据法律认定被告人

---

① 陈卫东、刘计划：《关于完善我国刑事证明标准体系的若干思考》，载《法律科学》2001年第3期，第61~62页。

② 何家弘：《刑事证据的采纳标准和采信标准》，载《人民检察》2001年第10期，第12页。

有罪的，应当作出有罪判决”。在我国学理上，对该证明标准一般概括为客观真实，其是一个客观性的证明标准，忽略了对证明主体主观性的重视。第二，与有关国际文件所确立的标准相衔接。联合国人权事务委员会在1984年通过的关于《公民权利和政治权利国际公约》第14条的一般性意见中指出：“有罪不能被推定，除非指控得到排除合理怀疑的证明”。“排除合理怀疑的证明”被视为无罪推定原则的有机组成部分。我国刑事诉讼立法中没有将证明标准制度与无罪推定这一犯罪嫌疑人、被告人权利保障的基石性原则联系起来，通过主观性证明标准概念，即“排除合理怀疑”这一主观性因素的引入，有助于我国确立无罪推定原则，加大对犯罪嫌疑人、被告人权利保障的力度。第三，有助于克服实践中对证明标准的错误适用。从我国刑事诉讼法的规定及法理上的要求来看，从立案、批捕、起诉到判决，证明标准是逐渐提高的，但是在司法实践中存在高证明标准前置的问题，如把起诉标准作为批捕标准甚至立案标准来运用。导致这种情形出现的原因在于“没有一个明确可供操作的层次性的证明标准，因此，立法关于移送审查起诉、提起公诉、有罪判决的证明标准作出同样的规定，混淆了侦、诉、审三机关的职能，不利于刑事诉讼目的的实现”①。

---

① 陈卫东、刘计划：《关于完善我国刑事证明标准体系的若干思考》，载《法律科学》2001年第3期，第62页。

第五章　两大法系有罪判决证明标准比较研究

一、英美法上有罪判决证明标准

在英美法上，证明标准是以多元化为基本特征的，不同的诉讼法实行不同的证明标准，即使在同一诉讼法内部，也可能因为案件所涉及的内容不同而在审判阶段适用相异的证明标准。所以，相比较而言，英美法上的证明标准比较复杂，对其理解也不尽一致，相关的学说、观点也很多，以下仅对其有罪判决证明标准进行研究。

（一）“排除合理怀疑”

摩菲认为，证明标准（standard of proof）是指“证明责任（burden of proof）必须解除的程度。它是证据在事实裁判者心中形成确信的程度；它是争议的事实需要提供符合一定质和量的证据进行证明以解除证明责任的程度。”① 也有学者称，证明标准是指“证明所必须达到的程度。在刑事案件中，仅有两个证明标准可以适用，即证明达到‘排除合理怀疑’和‘盖然性平衡’的程度。”② 总体上而言，英美法上的证明标准是以二元制为基本特征的，主要有刑事诉讼有罪判决的“排除合理怀疑”和民事案件胜诉判决的“盖然性优势”的证明标准。从立法和实践来看，刑事案件有罪判决的证明标准虽为“排除合理怀疑”，但也不排除“盖然性优势”在刑事诉讼中对个别案件事实证明的适用。

详细而言，英美司法实践中证明标准会根据需要证明的争点的性质而发生变化，但是，最基本的变化是在民事和刑事案件中。在民事案件中，证明标准被要求达到“盖然性平衡”或“盖然性优势”的程度，也就是说负有法定证明责任的当事人提供证据对案件事实的证明，需达到真实的可能性大于不真实的可能性的程度。在刑事案件中，控方必须将被告人有罪的事实证明

① Peter Murphy. Murphy on Evidence(seventh edition), Blackstone Press Limited,2000, p. 119.

② Richard May, B. A., LL. B. Criminal Evidence, London Sweet and Maxwell,1986, p. 54.

至一个较高的程度，通常情况下，将相关的证据结合起来进行证明，使陪审团确信被告人有罪，或达到“排除合理怀疑”的程度。原因在于，“在任何司法程序中，对于过去事实的争议，事实发现者（fact finder）从来不能够获得关于过去事件发生的准确信息，他所能获得的只是一种事实发生可能性的确信。而这种确信的程度是会发生变化的。证明标准代表了指导事实发现者的我们社会认为的一种意图，即他对于特定类型案件事实裁决的正确性方面应该具有的确信程度。”① 对事实的认定而言，“盖然性平衡”和“排除合理怀疑”的表述虽是不准确的，但它们毕竟向事实认定者传递了关于求证的事实认定应达到不同程度的观念。从诉讼实际考虑，任何一个事实发现者，不论他的努力程度如何，有时候都会作出关于事实的错误认定。在一个诉讼案件中，一个错误的事实认定可能导致两种不同的效果：“第一，它可得出一个支持原告的判决。在刑事案件中，相应的结果可能是认定一个人无罪。第二，一个错误的事实认定将导致一个支持被告的判决。在刑事案件中，相应的结果是放纵了一个有罪的人。证明标准影响了上述两种错误结果发生的概率。如果刑事案件的证明标准是盖然性的平衡，而不是排除合理怀疑，那将会在释放有罪的人方面冒更小的风险，但是，将会在将无辜的人认定有罪方面冒更大的风险”②。

由于刑事裁判的错误会非法剥夺公民的自由，甚至是生命，因此在英美司法实践中，刑事犯罪事实的证明一直被要求较高程度的标准。自英国于1798年在都柏林（Dublin）所审理的谋逆案件中确立了“排除合理怀疑”的证明标准后，美国在早期的普通法中就要求国家必须“排除合理怀疑”地证明一名被告人有罪③。由于这一标准被判例法、制定法和州宪法毫无异议地广泛地接受，对于其是否被要求认为是联邦宪法正当程序条款所保护的内容的争执很少发生。后来，在Winship④一案中，最高法院对该问题作了如下裁决：“正当法律程序条款保护被告人，对构成他被指控的犯罪来说是必不可少的每一事实未被证明到排除合理怀疑的程度不被定罪的权利。”美国律师协会制定的1962年《模范刑法典》（Model Penal Code）中也规定：“对任何人，如果构成犯罪的一切要件都没有被证明至排除合理怀疑程度的证明，就

---

① Allen, Christopher. Practical Guide to Evidence(second edition), London Sydney. 2001. p.120.

② Allen, Christopher. Practical Guide to Evidence(second edition), London Sydney. 2001. p.120.

③ 汤维建、陈开欣：《试论英美证据法上的刑事证明标准》，载《政法论坛》1993年第4期，第78页。

④ Mueller and kirk patric. Evidence(second edition). Aspen law & Business,1999, P.145.

不应当被认定有罪。如果缺少这一证明，被告就应当被认定无罪。”①

除实践中使用“排除合理怀疑”的证明标准外，一些英美法系国家于立法上也对其进行了明文规定。例如，1995 年《澳大利亚证据法》第 141 条第 1 款规定，在刑事诉讼中，除非控方提供的证据证明至排除合理怀疑的程度，否则法庭不得认定指控的事实成立。②

（二）“排除合理怀疑”之沿革

1.“排除合理怀疑”的产生

在西方国家，“排除合理怀疑”是如何产生的一直是个争论不休的问题，概括起来主要有下述观点：

第一种观点认为其产生于 1793 年的美国。当时，新泽西州一所法院规定法官在审判时必须向陪审团指示：“如果你对被告人是否有罪存在合理怀疑，那么你们就应当对其作出无罪判决。对于什么是合理怀疑，法官进行了解释：合理怀疑不是一种任意怀疑，而是建立在对证言进行慎重考虑基础上的怀疑”③。该种观点是目前影响最大的。

第二种观点认为“排除合理怀疑”产生于 1798 年的爱尔兰。当时，爱尔兰在依据叛乱法对被告人进行审理时采用的是“优势证明标准”，即只要控方证明被告人有罪的可能性大于无罪的可能性，法院即可对其作出有罪判决。被告人的辩护律师认为这一证明标准太低，应当予以提高，只有当控诉方对被告人有罪的证明达到了排除合理怀疑的程度，法官才能作出有罪判决。④ 摩根教授认为，经过这一案件的审判，“才将信念程度落在‘疑’（doubt）字上形成了一直沿用至今的刑事证明标准，即‘排除合理怀疑’⑤”。

---

① Model Penal Code, 1.12. (Proof Beyond a Reasonable Doubt; Affirmative Defenses; Burden of Proving Fact When Not an Element of an Offense; Presumptions) I think it's interesting that you need to prove each element of the offense beyond a reasonable doubt. What are the elements of a typical crime? "In the absence of such proof, the innocence of the defendant is assumed." Does this mean that if there is such proof that the innocence of the defendant is not assumed? I thought the common understanding was that you were assumed innocent until you were convicted, but then again, the common saying is that you are "innocent until proven guilty in a court of law"…so maybe you're guilty as soon as proof beyond a reasonable doubt is presented, but before you're convicted.

② SECT 141 (Criminal proceedings: standard of proof) (1) In a criminal proceeding, the court is not to find the case of the prosecution proved unless it is satisfied that it has been proved beyond reasonable doubt.

③ 陈永生：《排除合理怀疑及其在西方面临的挑战》，载《中国法学》2003 年第 2 期，第 150 页。

④ 陈永生：《排除合理怀疑及其在西方面临的挑战》，载《中国法学》2003 年第 2 期，第 150 页。

⑤ 汤维建，陈开欣：《试论英美证据法上的刑事证明标准》，载《政法论坛》1993 年第 4 期，第 78 页。

第三种观点认为当时立法要求控诉方对被告人有罪的证明必须达到排除一切怀疑的程度是无法达到的，应当予以降低，对被告人有罪的证明只需达到排除合理怀疑的程度即可①。

第四种观点认为排除合理怀疑最早可追溯到1770年对波士顿大屠杀的审判，当时控方在最后陈述中使用了排除合理怀疑一词。②

2. 对“合理怀疑”的解释与争议

“排除合理怀疑”证明标准的核心是“合理怀疑”，但何谓“合理怀疑”是一个很难解释的问题。在“排除合理怀疑”被确定为证明标准的早期，其概念有很多神秘的色彩，不仅在概念术语上，而且在陪审团如何达成一致意见方面同样存在。为了陪审团审理案件的实际需要，人们作出了很多努力对“合理怀疑”的概念进行定义，但是，“这些实践表明，至少这些定义和其本身一样令人含混不解，因此，定义应当避免”③。但是，由于陪审团成员并不理解该证明标准的含义，法官负有向其解释作出指示的必要，对“合理怀疑”的概念进行准确定义显得又很必要。

(1) 英国司法理论与实践对“合理怀疑”的解释。在英国，一段时间内“排除合理怀疑”证明标准公式遭到了人们的反对，因为“如果一个人经历过理解这个问题的困难，则难以向陪审团解释排除合理怀疑的特性。因为，虽然其表述看起来具有一定的有用性，但是存在值得怀疑的价值”④。例如，如果在高一级法院被问及不支持和导致一些无罪上诉成功的话，合理的怀疑是一个你可以给出的理由。因此，第二种公式得到了广泛的支持，即“形成确信”(或简单地说是“有罪确信”)。这个公式为Goddard勋爵法官在Summers⑤案中所主张，他说：“如果陪审团被告知、采信证据，领会它们，使他们确信可以得出一个有罪的裁决是他们的职责。这将比用‘合理怀疑’表达更好，并且，我希望它在将来得到很好的运用。”

在Miller v. Minister of Pesions⑥案中，丹宁法官详尽地阐释了“排除合

---

① 陈永生：《排除合理怀疑及其在西方面临的挑战》，载《中国法学》2003年第2期，第150页。

② 陈永生：《排除合理怀疑及其在西方面临的挑战》，载《中国法学》2003年第2期，第150页。

③ Jenny McEwan. Evidence and the Adversarial Process (second edition). Hart Publishing – Oxford, 1998, p. 80.

④ Peter Murphy. Murphy on Evidence (seventh edition), Blackstone Press Limited, 2000, p. 121.

⑤ Summers [1952] 1 ALL ER 1059. See. Peter Murphy. Murphy on Evidence (seventh edition), Blackstone Press Limited, 2000, p. 121.

⑥ Miller v. Minister of Pesions [1947] ALL ER 372 at 373. See Peter Murphy. Murphy on Evidence (seventh edition), Blackstone Press Limited, 2000, p. 121.

理怀疑”的含义：“它不必达到确定性，但是它必须达到一个高程度的可能性。排除合理怀疑并不是说连怀疑的影子都没有。如果允许幻想的怀疑破坏司法过程的正义性，法律将失去保护社会的目的。如果对一个人指控的证据是如此坚固，以至于他的主张只留下遥远的可能性，这时证明责任可被作出这样的裁决方式加以解除，即‘当然这是可能的，但是无法用证据证明’，案件事实被证明到了排除合理怀疑的程度，但是任何缺乏这种程度的证明都是不充分的。”① 塞内西尔·特纳认为，“所谓合理的怀疑，指的是陪审团在对控告的事实缺乏道德上的确信、对有罪判决的可靠性没有把握时所存在的心理状态。因为，控诉一方只要证明一种有罪的可能性（即使是根据或然性的原则提出的一种很强的可能性）是不够的，而必须将事实证明到道德上的确信程度——能够使人信服、具有充分的理由、可以据以作出判断的确信程度。但是，如果法律要求更进一步，即如果要求达到绝对的确实性，那就会将所有的情况证据一并排除出去”②。一位爱尔兰法官则从道德、良知的角度对“合理怀疑”所达到的程度进行了表述：“据以作出无罪判决的‘合理怀疑’不能太微弱或不确定，这种怀疑必须是一个正直的人在冷静分析全部证据之后所出现的有理性的怀疑，不受恐惧干扰的一种良心上的怀疑。”③

尽管这些解释表面上看起来是在理解上前进了一步，但是“如果一个审判法官为了陪审团的利益试图去对排除合理怀疑进行定义，他无异于增加了其确信被上诉法院推翻的危险”④。Goddard 勋爵法官说：“一旦一名法官开始使用‘合理怀疑’词语，并且试图解释什么是和什么不是‘合理怀疑’，在很大程度上，他会混淆陪审团，倒不如告诉他们这样平实的话，‘它就是控方应说服你相信犯人有罪的职责’。”⑤

在 R v. Yap Chuan Ching⑥ 案中，法官判决认为，对指控进行证明使他们相信事实得到查清，或证明至“排除合理怀疑”的程度是控方的责任。法官

① Miller v. Minister of Pesions[1947] ALL ER 372 at 373. See Peter Murphy. Murphy on Evidence (seventh edition), Blackstone Press Limited, 2000, p. 121.

② [英] 塞西尔·特纳著：《肯尼刑法原理》，王国庆、李启家等译，华夏出版社 1989 年版，第 549 页。

③ [英] 塞西尔·特纳著：《肯尼刑法原理》，王国庆、李启家等译，华夏出版社 1989 年版，第 549 页。

④ Summers [1952] 1 ALL ER 1059. Jenny McEwan . Evidence and the Adversarial Process (second edition), Hart Publishing – Oxford, 1998, p. 83.

⑤ Jenny McEwan . Evidence and the Adversarial Process (second edition), Hart Publishing – Oxford, 1998. p. 83.

⑥ (1976) 63 Cr App R7, CA. See. The Modern Law of Evidence (fifth edition). Butterworths London, Edinburgh, Duhlin. 2000, p. 92.

解释道，这是两种不同的对同一件事情的说明方法。在休庭后，陪审团重返法庭，法官理解了陪审团主席所要求的对证明标准的深层理解。法官重申“排除合理怀疑”在实践中的检验效果并继续道：“‘排除合理怀疑’……是一种怀疑，根据它你可以反对一种想象的公式，例如，那么，世界上的任何事情都不是确信的，世界上的任何事情都是不可证明的……”4分钟后，陪审团返回法庭认定被告有罪基于一个理由，十一多数比一。上诉法院认为，法官在证明标准上的结论仍是不清楚和不准确的。但是，一个可以采取司法认知的事实是，电视上娱乐节目中一种流行的形式，在重构审判的形式中，一个惊人的现象是，当前大多数陪审员在他们进入评议室之前知道何谓证明责任和证明标准。上诉法院认为，在大多数案件中，法官不应对“确信”和“合理怀疑”进行曲解，原因在于，法庭认为这种司法评论经常会制造迷惑，更可能导致迷惑大于帮助。

在R v. Summers案[①]中，尽管Lord Goddard反对使用“合理怀疑”这一术语，3年后，在R v. Hepworth and Fearnley[②]案中，他却支持了它，并解释说，以前反对的理由是基于向陪审团解释何谓“合理怀疑”的困难。在R v. Gray[③]案中，审判法官将“排除合理怀疑”定义为“一种基于可靠根据的怀疑，而不是想象的怀疑”，并且是“一种可以影响你每天日常事务中的行为的怀疑”。但是，上诉法院认为，如果法官提及一种可以影响人们在日常生活中每个事务的怀疑，这可能并无可批评之处，但是，提及“日常事务”可能导致向陪审团解释了一个太低的证明标准。在R v. Hodge[④]案中，检察官关于谋杀案所提供的证据全部是间接性证据（circumstantial evidence），陪审团被Alderson B法官指示，在作出有罪裁决前，他们必须确信证据必须与被告人有罪相一致，并且同其他任何与被告人无罪的合理结论不一致。

在英国当前的司法实践中，对“排除合理怀疑”关注的重点主要是在如何指示陪审团使用它，而不是采用一个什么样的特定公式问题。只要法官能够将一个法律要求较高程度的可能性证明标准传递给陪审团，那么，这种指

---

① (1952)36 Cr App R 14 at 15. See. The Modern Law of Evidence(fifth edition). Butterworths London, Edinburgh, Duhlin. 2000, p.93.

② [1955]2 QB 600, CCA. See. The Modern Law of Evidence(fifth edition). Butterworths London, Edinburgh, Duhlin. 2000, p.93.

③ (1973)58 Cr App R 177. See. The Modern Law of Evidence(fifth edition). Butterworths London, Edinburgh, Duhlin. 2000, p.94.

④ (1838)2 Lew CC 227. See. The Modern Law of Evidence(fifth edition). Butterworths London, Edinburgh, Duhlin. 2000, p.94.

示（direction）就是适当的。在 Ferguson v. R[①] 案中，一个合适的公式是满足至“排除合理怀疑”的程度，以至于在通常的意义上使你“有把握的、充分的”相信被告人是有罪的”。英国立法委员会强调，没有一个统一的形式来对如何交流证明标准的语言作出规定，在通常案件中，当然，使用一个古老的术语既是明智的，同时也是和上述一样具有争议性的。同样，英国上诉法院已经发现一些不足以准确向陪审团指示的证明标准术语。如“满意”、“十分确定”和“合理相信”。

如今，在使用“排除合理怀疑”公式的案件中，对其深层含义注释的阐明仍旧不断地引起问题。有人提出，“这些短语的使用应当仅限于陪审团不能够理解其含义的危险的时候，法官必须确保他的语言在总体上的采纳，不至于降低证明标准”[②]。当然，在使用任何一个公式时，都可能存在一些问题，然而最有力的根据看起来是，司法裁量权可以满足陪审员个人的需要。需要指出的是，与“感到相信有罪”相比，在司法实践中，传统的“排除合理怀疑”的证明标准公式仍得到优先使用。一般而言，“与‘确信有罪’比较而言，‘排除合理怀疑’更为人们所接受。‘确信有罪’在很多案件中可能实际上表示一个太高的标准，有时候易把法律与科学上的确信相混淆。另一方面，经验表明，长期的使用已使‘排除合理怀疑’这一术语为人们所熟悉，为陪审团所理解，并且在必要的情况下，被没有混淆地加以阐释”[③]。

（2）美国理论与实践对“合理怀疑”的解释。“排除合理怀疑”的标准也出现在世纪交替时期美国的大量刑事审判中。1789 年佛蒙特区巡回法院关于马修·莱昂（Matther Lyon）诽谤案的审判表明，这个标准正被适用于这个新时期国家早期的历史之中，法官告知陪审团，“你们必须排除所有合理的、实质性的怀疑，才能被推翻无罪的假定”[④]。

在美国 1799 年至 1800 年巡回法院对北安普敦起义者的审判[⑤]中，辩护律师建议陪审团记住：“对于辩护方而言，仅提出怀疑就够了；因为假如你们

① Peter Murphy. Murphy on Evidence(seventh edition), Blackstone Press Limited,2000, p. 121.

② Peter Murphy. Murphy on Evidence(seventh edition), Blackstone Press Limited,2000, p. 122.

③ Peter Murphy. Murphy on Evidence(seventh edition), Blackstone Press Limited,2000, p. 122.

④ ［美］巴巴拉·J. 夏皮罗著：《对英美“排除合理怀疑”主义之历史透视》，熊秋红译，载王敏远主编：《公法》（第 4 卷），法律出版社 2003 年版，第 64 页。

⑤ ［美］巴巴拉·J. 夏皮罗著：《对英美“排除合理怀疑”主义之历史透视》，熊秋红译，载王敏远主编：《公法》（第 4 卷），法律出版社 2003 年版，第 64 页。

怀疑它，你们就必须作出无罪裁决（这是法律的原则，也是人道的原则）”[①]。第二个律师说，无罪推定必须被维持，“直至相反的情况被无可争议的证据所证明”。犯罪必须被证明到“在陪审团的心中无怀疑可能性的程度”。证明必须“来自于最纯粹的出处，其本质是建立排除合理怀疑可能性的犯罪”。陪审团必须被提醒有必要排除“意见或偏见……否则，我们将如何合理地行为，就没有一个公正的尺度，我们的良知也不能将有罪判为无罪”。在此案中，控诉方指出，所提供的证言已达到从陪审员的“心中”“消除每一个合理怀疑”的程度；法官像检察官一样，引用了“排除合理怀疑”的证明标准。

在20世纪以前，“排除合理怀疑”的证明标准还未得到统一适用，在学理上仍无统一的说法。美国学者布莱克对排除合理怀疑作了进一步解释。他认为“所谓排除合理怀疑，是指全面的证实、完全的确信或者相信一种道德上的确定性；排除合理怀疑的证明，并不排除轻微可能的或想象的怀疑，而是排除每一个合理的假设，是达到道德上的确定性的证明，是符合陪审团的判断和确信的证明，作为理性的陪审团成员在根据有关指控犯罪是由被告人实施的证据进行推理时，是如此确信，以至于不可能作出其他合理的结论”[②]。不仅如此，美国学者还从概率角度对民事和刑事判决证明标准进行了比较[③]。在民事案件中，任何刻度上的倾斜，哪怕是一点点支持事实主张者，那么他就会胜诉。如果刻度在另一方向倾斜，很明显的是被告将会胜诉。但是有时被忽略的是，如果双方的刻度是在一个平衡的状态，那么被告人将会胜诉，因为原告的证明责任还没有解除至“盖然性优势”的程度。在刑事案件中，证明标准要求对被告人有罪的证明必须达到“排除合理怀疑”的程度无法用一个精确的百分率加以表示。所有能够看到的是，刻度必须始终倾斜支持控方。如果刻度没有达到“盖然性优势”的程度，或者保持平衡，被告人必须胜诉。

二、大陆法上有罪判决证明标准

大陆法系国家在证据制度上实行典型的自由心证制度，案件事实的认定

---

① Warton, State trials，第553、554、578、586页。在理查德·史密斯案的审判中，辩护律师提醒陪审团，“假如存在一项怀疑，在你们作出有罪裁决前，彻底地排除它是你们的责任”。见Trials of Richard Smith（1816），第206页。转引自［美］巴巴拉·J. 夏皮罗著：《对英美“排除合理怀疑”主义之历史透视》，熊秋红译，载王敏远主编：《公法》（第4卷），法律出版社2003年版，第64页。

② ［美］布莱克：《布莱克法律词典》，西方出版公司第5版，第447页。转引自江伟主编：《证据法学》，法律出版社1999年版，第119页。

③ Peter Murphy. Murphy on Evidence(seventh edition), Blackstone Press Limited,2000, p. 122.

是事实认定者的自由裁量权，在立法上并不针对不同的案件和诉讼性质实行不同的证明标准，即使是民事与刑事案件也实行相同的有罪判决证明标准。一般认为，“大陆法系国家的有罪判决证明标准被称之为‘内心确信’（Intimate Conviction）。按照这一标准，法官在听取并审查了案件的全部证据之后，必须在内心形成一种确信的程度，并根据其内心确信判决案件”①。

（一）“内心确信”

1．“内心确信”的产生

“内心确信”证明标准始创于法国。在法国资产阶级大革命时期，国会议员杜波尔在宪法会议上率先提出了证据制度改革的议案，建议废除法定证据制度，建立新型的由法官自由裁量的证据制度。经过长时间激烈的辩论，他的议案于1791年1月18日正式通过。1795年法兰西国民议会制定的“罪行法典”第372条明确规定了自由心证原则的古典公式：“法律并不要求陪审员说明他们是如何获得心证的。法律也不要求他们必须遵守关于证据的规则。法律只是命令他们以真挚的良心问自己：为了证明被告有罪而提出的证据和被告方面的防御给了他们的理性以何种印象……法律只是向他们提出一个能够概括他们职务上全部尺度的问题：你们是真诚地确信吗？”② 之后，该证明标准在1808年《法兰西刑事诉讼法典》第342条得到了确立，其经典表述是，“法律不要求陪审员报告他们建立确信的方法，法律不给他们预定一些规则，使他们必须按照这些规则来决定证据是不是完全和充分；法律所规定的是要他们集中精神，在自己良心的深处对于所提出的反对被告人的证据和被告人的辩护手段在自己的理性里产生了什么印象。法律不向他们说‘你们应当把多少证人所证明的每一事实认为是真实的’，它也不向他们说‘你们不要把没有由某种笔录、某种文件、多少证人或多少罪证……所决定的证据，认为是充分证实的’。法律只是向他们提出一个能够概括他们职务上的全部尺度的问题：‘你们真诚地确信吗？”③。1957年的《法国刑事诉讼法》第304条规定：“陪审官应以‘诚实自由的人们所应有的公平与严正，根据指控证据和辩护理由，凭借自己的良心和确信作出判决’”④。现行《法国刑事诉讼法典》于第353条对证明标准作了与上述内容相似的规定，“在重罪法庭休庭前，审判长应责令宣读下列训示，并将内容大字书写成布告，张贴

① 何家弘、刘品新著：《证据法学》，法律出版社2004年版，第340页。

② 锁正杰著：《刑事程序的法哲学原理》，中国人民公安大学出版社2002年版，第154页。

③ 汪建成著：《理想与现实——刑事证据理论的新探索》，北京大学出版社2006年11月版，第110页。

④ 龙宗智著：《相对合理主义》，中国政法大学出版社1999年版，第427页。

在评议室最显眼处：法律并不考虑法官通过何种途径达成内心确信；法律并不要求他们必须追求充分和足够的证据；法律只要求他们心平气和、精神集中，凭自己的诚实和良心，依靠自己的理智，根据有罪证据和辩护理由，形成印象，作出判断。法律只向他们提出一个问题，你是否已形成内心确信？这是他们的全部职责所在。”①。

2. “内心确信”的扩展

法国“内心确信”的证明标准广泛影响到意大利、德国、比利时、西班牙等欧洲大陆法系国家，甚至在苏联、日本及我国澳门地区刑事诉讼立法中也有体现。例如，1961年公布施行的《苏俄刑事诉讼法典》第71条明确规定：“法院、检察长、侦查员和调查人员评定证据，应遵循法律和社会主义意识，依靠以全面、完整和客观审核案件的全部情况为根据的自己的内心确信。任何证据对于法院、检察长、侦查员和调查人员，都没有预定的效力。”现行《俄罗斯联邦刑事诉讼法典》第17条第1款规定：“法官、陪审员以及检察长、侦查员、调查人员根据自己基于刑事案件中已有全部证据的总和而形成的内心确信，同时遵循法律和良知对证据进行评价。”② 现行《德国刑事诉讼法典》第261条也规定：“对证据调查的结果，由法庭根据它在审理的全过程中建立起来的内心确信而定。”③ 现行《日本刑事诉讼法》第318条④［自由心证］规定：“证据的证明力，由法官自由判断之。”⑤ 我国澳门地区现行《刑事诉讼法典》第114条规定：“评价证据系按经验法则及有权限实体之自由心证为之，但法律另有规定者除外。”⑥

（二）对“内心确信”的多维理解

1. 刻度盘理论

关于证明标准，大陆法系一般用德国学者埃克罗夫和马森创立的刻度盘理论进行理解，设“刻度盘的两端分别为0%和100%，两端之间分为四级：第一级为1%～24%，第二级为26%～49%，第三级为51%～74%，第四级

---

① 余叔通、谢朝华译：《法国刑事诉讼法典》，中国政法大学出版社1997年版，第131～132页。

② 黄道秀译：《俄罗斯联邦刑事诉讼法典》（新编），中国人民公安大学出版社2006年版，第16页。

③ 李昌珂译：《法国刑事诉讼法典》，中国政法大学出版社1995年版，第106页。

④ “自由心证”一词，按俄文和法文都有“内心确信”之意。见北京政法学院诉讼法教研室1980年6月编：《刑事诉讼法参考资料》第二辑（上），第344页。转引自龙宗智：《试论我国刑事诉讼的证明标准》，载《法学研究》1996年第6期。

⑤ 宋英辉译：《日本刑事诉讼法》，中国政法大学出版社2000年版，第73页。

⑥ 澳门政府法律翻译办公室译：《澳门刑法典、澳门刑事诉讼法典》，法律出版社1997年版，第181页。

为76%～99%，其中0%为绝对不可能，50%为可能与不可能同等程度存在，100%为绝对肯定，第一级为非常不可能；第二级为不太可能；第三级为大致可能；第四级为非常可能。他们认为民事诉讼中的证明标准应定在第四级，即在穷尽了可获得的所有证据后，如果达到或超过75%的证明程度，应认为待证事实的存在已获得证明，如果达不到75%，法官应认定待证事实不存在"①。笔者认为，该理论虽没有明确指出刑事证明标准所应达到的比率是多少，但从辩证唯物主义认识论角度来看，100%的绝对肯定程度是显然不能够达到的，鉴于刑事案件性质的特殊性，在证明要求上应显然高于民事证明标准，因此，在刻度盘理论上应认为达到90%以上为宜，即也处于第四级的刻度内。

2. 心理学标准

证明标准的适用存在于证明主体的心灵之中。正是在证明主体的心灵中，不同的主体运用证据根据证明标准的具体要求进行判断，达到了心与心的交流，从而根据法律关于事实查明、证明的规定进行预测和判定，由此看来，证明标准的适用归根结底取决于证明主体的心理活动，对事实的证明过程也是证明主体根据证明标准的具体规定所进行的心理活动过程，这就决定了证明标准在某种意义上来说也是一个心理学标准，可从心理学的角度对之进行理解。例如，现行《日本刑事诉讼法》第333条第1款对有罪判决的要件从心理学角度规定，"已经证明被告案件即起诉书记载的公诉事实为犯罪。'已经证明了犯罪'，是指根据证据肯定了公诉事实的存在，认定犯罪成立。该证明的程度必须达到'排除合理怀疑'的程度"②。此外，我国台湾地区"刑事诉讼法"也确定，"待证之事实，必须证明至何等程度，取决于严格证明与自由证明。被告之犯罪事实属于实体事实，适用严格证明。经过审判期日之严格证明程序，法院依审判所得之证据，足以证明被告之犯罪事实已经达到无合理怀疑的'确信'（Aberzeugung）程度者，始能为有罪判决；反而言之，只要对于被告有罪一事，有合理的怀疑，则对于被告犯罪嫌疑即未达到有罪判决之确信程度，除判决之情形外，应为无罪判决"③。"至于程序事项，例如无管辖权、是否合法告诉等，适用自由证明程序已足。法院对于依照自由证明程序的证据之判断，其心证无须到达确信程度，只要法院认为在心证上认为'很有可能'或'大致相信'为已足，至于对于特定的诉讼要件是否

---

① ［德］汉斯·普维庭著：《现代证明责任问题》，吴越译，法律出版社2000年版，第111页。

② ［日］松尾浩也著：《日本刑事诉讼法》（下卷，新版），张凌译，中国人民大学出版社2005年版，第133页。

③ 林钰雄著：《刑事诉讼法》（上册），中国人民大学出版社2005年版，第360、361页。

存在，法院已否产生有足够的心证，则委由法院合乎义务的裁量（nach pflichgemabem Ermessen）”①。

三、两大法系有罪判决证明标准之比较

（一）两大法系有罪判决证明标准之共同点

1. 本质上的一致性

其实，无论是英美法系国家“排除合理怀疑”的证明标准，还是大陆法系国家的“内心确信”的证明标准，二者表述虽不同，但在本质上却具有一致性。因为，要想达到大陆法系国家所确立的“内心确信”，事实上就必须“排除合理的怀疑”；也只有“排除了合理怀疑”，才能形成“内心确信”。而且由于两大法系在认识标准上都采主观真实模式，实行自由心证的证据制度，因此，两种证明标准的表述只是一个证明标准从两个方面体现出来而已。英国《大不列颠百科全书》权威地诠释了这一点：“在普通法国家……刑事案件要求盖然性超过合理怀疑。而在大陆法国家中，则要求排除合理怀疑的盖然性。”②

2. 主观性的标准

无论“排除合理怀疑”，还是“内心确信”，都是以认识主体的主观思维，即认识主体的主观性为基础的，与我国的刑事证明标准相比较，可以说是一种主观性的证明标准。当然，这个主观性的证明标准并不是绝对不受限制和约束的。如日本学者所言：“虽说让审判官自由判断，但是刑事诉讼法只要是采取实体的真实主义，当然就并不意味着承认审判官的恣意判断。证据的取舍、选择、评价，当然都要符合逻辑上和经验上的法则，而且经验上的法则必须有科学根据。对于非有专门知识就不能判断的事项，应命令专家进行鉴定。这样，自由心证必须是合理的、科学的心证主义”③。也就是说，这种主观性的证明标准在适用时要受到证据裁判原则和一系列证明规则的限制，不是一种绝对的不受限制的自由证明，同时英美法系国家大量的证据规则立法也都证明了这一点。

3. 不承认绝对的确定性

无论是英美法系还是大陆法系国家的刑事证明标准，由于是建立在主观认识论基础之上的，英美法系国家一般认为，“在任何司法程序中，对于过

---

① 林钰雄著：《刑事诉讼法》（上册），中国人民大学出版社2005年版，第361页。

② 转引自王斐弘：《论我国刑事诉讼证明标准》，载《中国刑事法杂志》2002年第6期，第66页。

③ 龙宗智：《我国刑事诉讼的证明标准》，载《法学研究》1996年第6期，第122页。

去事实的争议，事实发现者（fact finder）从来不能够获得关于过去事件发生的准确信息，他所能获得的只是一种事实发生可能性的确信”[①]，相信“对事实的认定而言，盖然性平衡和排除合理怀疑的表达虽然是不准确的，但他们毕竟向事实认定者传达了关于求证的事实认定应达到不同程度的观念。任何一个事实发现者，不论他的努力程度如何，有时候都会作出关于事实错误的认定”[②]。为解决证明标准的不确定性问题，英国著名法官丹宁勋爵称：“证明标准必须得到妥适的确定。尽管这种标准不必达到绝对的肯定性，但却必须具有相当高的盖然性程度。”[③] 同时，英国《大不列颠百科全书》也称：“由于取得证据的方法有显著不同和区别。证据只能产生程度不同的盖然性，而不会有哲学上的绝对真理的意义。”[④]

大陆法系国家亦持与英美法系国家相同的证明观点，认为诉讼证明是一种盖然性的、可能性证明。盖然性理论认为：“法官的内心信念，是在判断提交给他的证据中形成的。各种证据的证明力，只能使法官相信案件发生时曾经有过发生某种情况的盖然性。这种盖然性达到了一定的程度就形成了内心确信。法官对案件的判断，没有丝毫怀疑是做不到的，只能满足于一定程度的盖然性，没有也不可能有绝对的真实性。”[⑤] 这种观点在司法实践中也得到了体现和确认，德国 1885 年 1 月 1 日最高法院判例称：“由于人之认识能力有限，任何人对于事实之存在殊难得到绝对确实之认识。”[⑥]

4. 认识论上的相似性

无是在英美法系国家，还是在大陆法系国家，证明标准都与该国的认识论传统密不可分。从一般观点来看，英美法系国家“排除合理怀疑”的证明标准产生的历史已逾 200 多年，“在该证明标准还没有产生之前，法官最初并未过多地关注陪审团在评判证据方面的责任问题，早期的陪审员依靠个人的经验和他人的证言作出判断”[⑦]。而到了 16 世纪，随着认识能力的增强，个人知识在其中所起的作用明显降低，加上专业分工的推进，陪审员职业化的要求，其被要求根据法庭上当事人所展示和质证的证据对事实作出合理、准

---

① Allen, Christopher. Practical Guide to Evidence(second edition), London Sydney,2001,p. 120.

② Allen, Christopher. Practical Guide to Evidence(second edition), London Sydney,2001,p. 120.

③ 汤维建、陈开欣：《试论英美证据法上的刑事证明标准》，载《政法论坛》1993 年第 4 期，第 78 页。

④ 参见上海社会科学院法学研究所编译：《诉讼法》，知识出版社 1981 年版，第 215 页。转引自龙宗智：《我国刑事诉讼的证明标准》，载《法学研究》1996 年第 6 期，第 122 页。

⑤ 刘金友主编：《证据法学》（新编），中国政法大学出版社 2003 年版，第 11 页。

⑥ 陈朴生著：《刑事证据法》，台湾三民书局 1983 年版，第 581 页。

⑦ ［美］巴巴拉·J. 夏皮罗著：《对英美“排除合理怀疑”主义之历史透视》，熊秋红译，载王敏远主编：《公法》（第 4 卷），法律出版社 2003 年版，第 43 页。

确判断，强调依据证据确信对被告人指控的犯罪事实是否成立。可以说，“排除合理怀疑”的证明标准在没有正式确立之前，英美法系陪审员是根据自身的经验对案件事实作出裁判的，而不需要根据今天的法庭上经过准确质证的证据作出判断。这种认识论上的经验主义，跟着感觉走的判断方式在实践中被一些激进的知识分子批评、指责，并被要求废止。随着各种新的认识论的提出，这种建立在经验主义基础上的认识论逐渐丰富。到了17世纪，法官认定案件事实时面临双重的认识论源泉：“一方面是英国的宗教传统，特别是旨在寻求在日常生活中作决定的根本方式的决疑传统；另一方面是培根（Bacon）、博伊尔（Boyle）、特别是洛克（Locke）和实证主义哲学家所倡导的科学运动，他们试图依据所收集的证据建立科学的真实”①。

由于“证明标准作用的对象或者说证明标准活动的领域只能是人的心灵。正是在人的心灵中，证明标准有了用武之地”。② 英美法实践中一般认为，诉讼中所查明的案件事实依赖于认识主体的感觉和知觉，凡与感觉和知觉相符合的事实即为真实的，否则，即为虚假的。例如，“按照Phipson的定义，事实是指一切知觉和感觉的对象。构成证据的事实称为证据性事实（evidential fact），作为证据对象的事实称为主要事实（Principal fact）……这些事实不同于日常生活中所称的事实，即实际上存在的东西。”③ 同时，英美司法实践中认为，“法律的生命不是逻辑，而是经验”④。正是由于持怀疑论主观主义的观点，英美法上的立法与实践认为，对案件事实的认知的绝对真实是不可能达到的，证明标准的设置是一种盖然性程度的高低问题。

英美法中的盖然性观念对大陆法的诉讼法学者也产生了深刻的影响。例如，日本有学者认为：“真正绝对的真实，只有在神的世界才可能存在，在人的世界中，真实毕竟不过是相对的。诉讼领域中的真实当然也不例外。设想了只有神才知道的真的‘事实’，在诉讼上尽可能接近它，这就是实体的真实主义，而这可以说只不过是观念性的设想而已。”⑤ 大陆法系国家的刑事证明标准在文字表达上虽然使用了截然不同的用语，但二者所建立的哲学根基是相同的，认识论的基础基本上是一致的，可以说二者间具有明显的一致性。“内心确信”和“排除合理怀疑”是一个事物的不同侧面，排除了合理

---

① ［美］巴巴拉·J. 夏皮罗著：《对英美“排除合理怀疑”主义之历史透视》，熊秋红译，载王敏远主编：《公法》（第4卷），法律出版社2003年版，第44页。

② 江伟主编：《证据法学》，法律出版社1999年版，第110页。

③ 沈达明编著：《英美证据法》，中信出版社1996年版，第23页。

④ ［美］小奥利弗·温德尔·霍姆斯著：《普通法》，冉昊、姚中秋译，中国政法大学出版社2006年版，第1页。

⑤ ［日］团藤重光：《刑事诉讼中的主体性理论》，载《法学家》1988年第4期。

怀疑就意味着达到了内心确信，反之亦然。例如，德国法院在判例中确定："至少在形成判决时，审理事实之法院对犯罪事实的调查结果应含有高度客观的可能性以及法官本身主观的确信。当在有罪判决之相关问题上实存有'合理之怀疑'时，此时不得为有罪之判决。"① 因此可以说，"排除合理怀疑"与"内心确信""二者是一个标准的两个方面，或者说，是一项标准的两种操作性表述"，②"内心确信"是有罪判决证明标准的正面表述，而"排除合理怀疑"是从试错法和反证法的视角对同一内容所作的界定，是一种反向思维的表达。

（二）两大法系有罪判决证明标准之不同点

1. 证明标准是否多元化不同

英美法系在立法、实践中，证明标准会根据争议问题的性质而发生变化，依据案件的不同性质，设立了二元乃至多元的证明要求和标准，其中最重要的体现是对刑事案件与民事案件的证明标准采取差别对待。在民事案件中，又依其性质不同区分为普通民事案件与特殊民事案件，分别规定不同的证明标准，从而在证明标准上呈现多样化的趋势。例如，在民事诉讼中，"证明标准的要求只不过是盖然性平衡或盖然性优势（a balance or a preponderance of probabilities），也就是说，负有举证责任的一方提供证据证明某种事实真实的可能性比不真实的可能性较大③。在刑事诉讼中，控方证明被告人有罪的证明标准必须达到较高的程度，通常要形成使陪审团确信有罪的证明或证明达到排除合理怀疑的程度（proof beyond a reasonable doubt）"④。即使是在同一刑事诉讼内部，证明标准的适用也不完全一致，基于无罪推定原则，一般而言，控方对指控事实所适用的证明标准要高于辩方所适用的证明标准。

大陆法系国家的有关法律中对证据的具体适用及规则并不作详尽的规定，法官判案时对证明标准的衡量主要凭内心的"良心"和"理性"形成自由心证，要求在内心形成确信。理论上一般认为，"大陆法系国家对证明标准实行'无差别待遇'，无论是民事案件还是刑事案件，均要求达到'高度的盖然性'，即依据日常经验可能达到的高度，须为近似确然性的可能"⑤，或"证明度必须达到在一般日常生活经验法则中已无怀疑且接近于真实的盖然

① ［德］克劳斯·罗科信著：《刑事诉讼法》（第21版），吴丽琪译，法律出版社2003年版，第118页。

② 龙宗智：《我国刑事诉讼的证明标准》，载《法学研究》1996年第6期，第121页。

③ 但并不是说，一方提供证据的数量要比对方当事人提供得多。

④ Peter Murphy. Murphy on Evidence（seventh edition），Blackstone Press Limited，2000，p. 119.

⑤ 毕玉谦著：《民事证据法判例实务研究》，法律出版社1999年版，第415页。

性”①。但是，较多的学者意识到，在司法实践中法官基于民事案件与刑事案件在性质上的差异，在进行自由心证时，会降低对民事案件所要求的证明标准。也就是说，在实际操作中两类案件证明标准仍有差异，这主要体现在对盖然率高低的把握上，甚至同一类案件中依据不同情况证明标准也有区别。我国台湾地区学者李学灯就认为，刑事案件中“罪刑愈重者，要求证明之程度愈高”②。

2. 追求理念不同

大陆法系国家奉行职权主义，重案件事实真相的发现，“内心确信”的证明标准是与实质真实主义理念相适应的，强调案件结果的准确发现和法律的正确适用，以惩罚犯罪，“决不放掉一个坏人，也决不冤枉一个好人”。而英美法的“排除合理怀疑”的证明标准是与对抗式诉讼模式相适应的，注重当事人诉讼的对抗技巧，以形式真实主义理念为追求目的，强调程序的正当性和对犯罪嫌疑人、被告人诉讼权利的保护，“宁愿放掉一千个坏人，也不冤枉一个好人”。

3. 证据规则侧重不同

虽然两大法系均存在陪审制，但在适用的频率上，大陆法系远不及英美法系。在大陆法系，由于实行职权主义诉讼模式，贯彻实质真实主义，因此证据的收集、异议、适用、审查、判断的最终权利在于法官，加上立法的重点在于惩罚犯罪，因此，对法官事实认定的权力限制较少，这就决定了证据立法的重点在于证据的证明力，而对证据资格的限制较少。而在英美法系，由于实行当事人主义诉讼模式，事实认定的权利主要在于陪审团，由于其是由普通的民众组成的，因此，对事实的认定有必要设置一系列规则加以限制和引导，防止对事实作出不当的认定；另一方面，由于当事人主义将证据的调查、收集的权利和义务很大部分放之于当事人，这就决定了证据立法的重点在于规范当事人的取证行为和对证据的资格方面进行规定，很少对证据的证明力问题进行规定。因此，两大法系的刑事证明标准在具体运作过程中，事实认定者对证据的审查，大陆法系侧重于证明力，而英美法系侧重于证据资格。

4. 判断主体不同

由于两大法系刑事诉讼中对事实与法律审理分工的不同，决定了两大法系证明标准的适用主体不同。一般来说，大陆法系证明标准适用主体主要是法官，所谓“内心确信”，是指法官心目中的确信，而英美法系的证明标准

① 黄国昌著：《民事诉讼理论之新开展》，台湾元照出版公司2005年版，第85页。

② 李学灯著：《证据法比较研究》，台湾五南图书出版公司1992年版，第394页。

适用主体主要是陪审团，所谓“排除合理怀疑”，是指陪审员要从内心的深处排除无罪的合理怀疑，方可作出有罪的认定。适用主体上的不同，对证明标准所要求达到的程度是有一定影响的，由于大陆法的适用主体是职业的法官，经过专业的训练具有良好的事实思维，对事实的认定讲究逻辑，因此强调对有罪事实的认定要在自己的内心形成足够的、高度的确信；而英美法系的陪审员是从普通的公民中选举产生的，没有经过专业的法律知识训练，不懂的如何依照诉讼法和证据法则来认定案件事实是否成立，对他们事实认定的要求只能从普通民众、常识的角度进行，法官对他们认定事实应遵循的规则进行适当指示（direction）和让他们理解就很重要，而“排除合理怀疑”这样朴素、直白的语言则可以避免那些专业、晦涩的语言带给其理解和适用上的困难。可见，适用主体的不同，对两大法系证明标准在适用中所要求达到的证明程度及其设定具有一定的影响。

（三）两大法系有罪判决证明标准制度之融合

两大法系的刑事证明标准在内在的逻辑上相互依存。对事实认定者而言，如果要做到内心确信，就内涵着要排除合理怀疑，反过来说，只要存在合理的怀疑，就可能导致事实认定者不能形成内心确信，从而不能从正向对案件事实作出肯定性的确认。同样，合理的怀疑也是以形成确信为目标的，如果事实认定者对事实存有怀疑，当然也就形成不了确信，当然也就不可能对案件事实作出裁判。如塞西尔·特纳说：“所谓合理的怀疑，指的是陪审员在对控告的事实缺乏道德上的确信、对有罪判决的可靠性没有把握时所存在的心理状态。因为，控诉一方只证明一种有罪的可能性（即使是根据或然性的原则提出的一种很强的可能性）是不够的，而必须将事实证明到道德上的确信程度。”① 因此，“二者只是一个标准的两个方面，或者说，是一项标准的两种操作性表述”②。其二，两者相互渗透。因基本立场的一致及近代法系融会的潮流，大陆法系与英美法系在证明标准上已互相借鉴，兼采并用，而使其刑事证明标准较为完善。例如，在德国的司法实践中，“对刑法上的争点必须达到‘超越合理怀疑’的心证，此一‘超越合理怀疑’的标准仅有在法律明文的例外情形才不适用”③。在加拿大证据立法上，已开始适用“内心确信”这一术语，新修订的2001年《加拿大证据法》第12条第1项、第2项

① [英] 塞西尔·特纳著：《肯尼刑法原理》，王国庆、李启家等译，华夏出版社1989年版，第549页。

② 龙宗智：《我国刑事诉讼的证明标准》，载《法学研究》1996年第6期，第121页。

③ 黄国昌著：《民事诉讼理论之新开展》，台湾元照出版公司2005年版，第84页。

规定，“内心确信”（conviction）可依证据得出。[①]

（四）两大法系有罪判决证明标准之缺陷

1．只考虑证明的主观性

英美法系和大陆法系国家的刑事证明标准是建立在主观主义认识论基础之上的，追求的只是一种概然性真实、主观判断的真实。从历史传统来看，英美法系虽以判例法为基础，但其证据立法却存在一系列内容细密、思维严谨、操作性很强的证据规则，而大陆法系虽以成文法为其历史传统，但证据立法并不发达，法官在证据的采纳上享有宽泛的自由裁量权。在对待证据证明力的判断和事实问题是否得到最终证明的判断上，英美法系的陪审团和大陆法系的法官的主观状态实质上并没有什么差异。无论是“排除合理怀疑”，还是“内心确信”都是一个主观性判断的术语，这就导致了英美法系及大陆法系国家的刑事证明标准立法侧重于从证明主体主观思维的角度进行界定，没有反映证明客体的性质及证明的客观性。虽然英美法实践认为“制定法和法律文件的语言永远不可能是确定明确的，因此解释它们的时候就有两种可供选择的道路，总是倾向能够实现正义的解释”[②]。但笔者认为，刑事证明标准“即使作为一种包含有主观判断的‘法定尺度’，也应是外在的、具有确定性的根据。因为‘标准’的含义（作为衡量事物的准则）要求其对认识主体而言应是一种外在的、客观的准则，而不是对相关主体的内在的、主观的一种相信程度的要求”[③]，因此，我国完善刑事证明标准立法应从主客观相结合的角度进行。

2．概念本身不确定性

无论是“排除合理怀疑”，还是“内心确信”，这种对刑事指控要求在主观内心上予以相信程度方面的要求，只能是一种含义难以琢磨和确定的准则，只不过是法官、陪审员这些事实认定者在肯定刑事指控、认定被告人有罪时所应达到的心理确信程度上的要求。在实践中，这些判断标准过于随意，易导致主观意志在案件事实证明中发挥决定性的作用，甚至出现所认定的事实与客观事实本身可能不符的现象。如有学者言，“‘无合理怀疑’乃极其不确定的法律概念，无法提供实务操作的具体基准，因此，见仁见智的边界案例，不胜枚举。更甚者，法官固然应该依照调查证据确信结果，综合一切（直

---

① Canada Evidence Act 2001. 12（1.1）If the witness either denies the fact or refuses to answer, the opposite party may prove the conviction.（2）A conviction may be proved by producing.

② ［英］丹宁著：《法律的训诫》，杨百揆等译，群众出版社1985年版，第3页。

③ 王敏远：《一个谬误、两句废话、三种学说》，载王敏远主编：《公法》（第4卷），法律出版社2003年版，第225页。

接、间接、辅助）证据而判断是否足以证明至有罪确信的程度，然而，这种判断本质上就是证据价值的评价，也就是自由心证问题，因此实际上殊难有效控制"①。也有的学者言，"合理的怀疑就是不是想象出来的怀疑。这种解释显然并没有使这个概念更具体化"②。还有学者解释说，"合理的怀疑就是那种能够使一个谨慎的人在做某件重要的事情之前产生迟疑的怀疑"③。无论哪种说法，无论哪种解释，笔者认为可能都是徒劳的，原因在于：一方面，"排除合理怀疑"发展的历史已告诉我们，其概念和内涵是难以确定的，甚至是越解释越糊涂，因为，对同一个问题，不同的人在其心目中可能会有不同的判断标准，也就会下出不同的结论，从而导致这些结论或答案带有很大的主观性。所以"合理怀疑"到底是什么，还不如让事实认定者即陪审团自己去决定。另一方面，对于"内心确信"，霍尔姆斯说到："内心确信（certitude）不能作为客观确定性（certainty）的检验标准。我们对许多并不确定的事情深信不疑。请允许我再次重复自己曾经说过的：财产权、友谊和真理都同样根植于时间。一个人不可能被强行与自己寄居于其中多年的处境分离而不感到自己的生活受到剧烈冲击。我们最爱什么和最尊重什么一般来说都取决于我们先前同什么发生过关联。我喜爱小河和山川，这是因为它们同我生命中已无从追忆的儿时欢愉有着某种关联。但是，尽管一个人的经验使某些特定的偏好对其本人来说天经地义，只要追思一下这些偏好的来源，他就应当能够看到：其他人，那些可怜的灵魂，可能会具有不同的偏好并认为它们天经地义。"④ 可见，"排除合理怀疑"与"内心确信"只是一种对证明主体内在的、主观的一种相信程度的要求，只是一种难以确定的准则，因此，"二者实际上并不是证明标准，即不是外在的、可据以作为判断认识正确与否的根据，而只是一种对相关主体'相信程度'的约束力"⑤。这种概念上的模糊性完全会导致相同的证据在不同的事实认定者心目中得出不同的、甚至是完全相反的结论。

---

① 林钰雄著：《刑事诉讼法》（上册），中国人民大学出版社2005年版，第361页。

② 李义冠著：《美国刑事审判制度》，法律出版社1999年版，第15页。

③ 李义冠著：《美国刑事审判制度》，法律出版社1999年版，第15页。

④ Oliver Wendell Holmes, Jr. "Natural Law", 30 Harvard Law Review 40(1918).

⑤ 王敏远：《一个谬误、两句废话、三种学说》，载王敏远主编：《公法》（第4卷），法律出版社2003年版，第225页。

第六章 我国有罪判决证明标准研究

一、我国有罪判决证明标准研究

（一）我国有罪判决证明标准立法和理论概述

我国现行《刑事诉讼法》第162条对法院作出有罪判决的事实和证据要求作了明确规定："案件事实清楚，证据确实、充分"，因此，一般认为，我国法定有罪判决证明标准是"案件事实清楚，证据确实、充分"，学界一般将之概括为客观事实或实事求是的证明标准。笔者认为，这一证明标准具有明显的局限性：第一，完全从证明的客观性角度进行规定，忽视了证明主体主观的作用（当然学界也有观点认为其具有主观性，因为何为"清楚"，何为"确实、充分"都需要事实认定者进行主观判断[①]）；第二，在对案件事实证明追求的目标上，将客观事实作为行为的指针和方向，这在实践中是难以达到的，忽视了证明的局限性；第三，缺乏具体的可操作性标准，过于抽象、空洞，不仅会使司法者处于无所适从的境地，导致司法机关各自发布司法解释对其进行理解、规定，在同一问题上互相扯皮，而且还给司法腐败留下了土壤和空间，因此有必要加以改造。

在我国诉讼理论研究和司法实践中，刑事证明标准是一个备受关注的热点问题，所形成的认识、说法和运用均不一。目前，理论界主要有"客观真实说"[②]、"法律真实说"[③]、"主观真实说"[④] 及"两个基本说"（两个基本，即"基本事实清楚，基本证据具备"，本书于"我国公诉证明标准之缺陷"部分对之有详细论述）等，因学界对之探讨较多，本书中就不再过多涉及，

---

① 我国立法上虽将有罪判决证明标准规定为"案件事实清楚，证据确实、充分"，但何谓清楚，何谓确实、充分完全依赖于司法机关及其工作人员的主观判断，因此也是主观性的标准。

② 陈一云主编：《证据学》（第二版），中国人民大学出版社2000年版，第115~116页。

③ 樊崇义：《客观真实管见——兼论我国刑事诉讼证明标准》，载《中国法学》2000年第1期，第117~120页。

④ 樊崇义主编：《证据法学》（第三版），法律出版社2004年版，第306页。

但认为刑事证明标准在概念上、措辞上应当如何进一步完善，应当如何表达，应当如何将其实质内容体现出来，以及应当如何界定其各自内涵等问题还需进一步进行开拓性研究，并结合不同诉讼阶段的证明行为性质加以科学规定。

（二）事实的主观、客观性原理

刑事证明标准是判定案件事实存在与否的具体尺度，这种尺度的设置既要考虑证明主体主观因素的作用，也要考虑证明客观条件的限制，其虽是以认识论为基础，兼顾法律的价值因素，但是在命名和制度的具体设计上应体现司法实践操作的需要，尤其是在我国目前证据制度不发达，执法者的主观认识观念没有英美法历史悠久的情况下，更应考虑改革所采取制度实施的可能性。要想建立科学的有罪判决证明标准制度，笔者认为有必要对事实的主客观性进行科学认识，并以此作为构建该项制度的理论基础。

克利福德·吉尔兹指出："关于事实在判断或审判（judgment）领域中的地位，这一问题自古希腊人连同其关于与惯例的截然区分一道提出之后，就一直争论不休。但是现在，当自然和惯例似乎已不再是如此纯粹的现实并似乎有了越来越多的东西需要我们去理解时，事实的地位问题又成为法学研究中一个显现的关注焦点。"① 在日常活动、语言表达和学术研究中，事实是一个出现频繁但又极易混淆的词语，如虚假的事实和真实的事实，掩盖事实和发现真实，等等。为了消解对事实的模糊性和不确定性认识，笔者认为首先有必要对事实的概念及其客观性进行分析，以避免混淆所谓的客观事实（objective fact，在我国亦有译作 objective truth②）、主观事实（subjective fact）、法律事实（juristic fact，在我国亦有译作 legal truth③ 或 legal fact）在概念上的模糊性，以达到在诉讼中正确使用之目的。

事实的含义究竟为何？对此哲学家们持有不同的观点。维特根斯坦认为，"世界是事实的总体"④。所谓事实，就是发生的事情，即诸事态（Sachverhalten⑤）的存在。而在我们的日常用语和学术研究中，往往对事实的使用过于随意。有时，将之与臆测或臆想相对，指的是一种实际存在的过程和状态；

---

① ［美］克利福德·吉尔兹：《地方性知识：法律与事实的比较透视》，载梁治平主编：《法律的文化解释》，生活·读书·新知三联书店 1994 年版，第 77 ~ 78 页。

② 陈光中：《刑事证据制度与认识论》，载《中国法学》2001 年第 1 期，第 52 页。

③ 陈光中：《刑事证据制度与认识论》，载《中国法学》2001 年第 1 期，第 52 页。

④ ［英］维特根斯坦著：《逻辑哲学论》，贺绍甲译，商务印书馆 1996 年版，第 25 页。

⑤ "achverhalten"是维特根斯坦《逻辑哲学论》中一个十分重要的概念，早期的英文译本往往按照罗素的用语译为"原子事实"，但维特根斯坦认为罗素误读了他的观点，较新的英译本将之译为"事态"（state of affairs）。转引自赵承寿：《论司法裁判中的事实问题》（博士论文，中国社科院，2002 年），第 11 页。

在认识论上，事实往往与观念、解说、假想等概念相对立，指的是反映和认识的客体。例如，犯罪现象是一种社会事实，而其根源于社会的物质生活则是人们对犯罪现象这一事实的本质认识。事实的定义随着其所适用的领域、环境和对象的变化而发生变化，难以准确定义。正如维特根斯坦所言："严格地说，事实是不能定义的。"①

罗素认为"事实的意义就是某件存在的事物，不管有没有人认为它存在还是不存在"②。笔者认为罗素关于事实要义的把握在于事实的客观性，即事实的客观存在性，这种存在性不论是否为人类所感知，它都是客观存在的。也即有学者所言"事实是我们拿了没有办法的。事实是没有方法更改的"③。与事实客观性相联的一个重要问题是作为存在的事实与以命题形式表述的事实的关系问题。④ 从客观存在的角度而言，所谓作为存在的事实就是客观事实，如假设先圣孔子有一张钢构讲桌，在它没有灭失之前，我们说这是一种客观存在的事实。但是，在其灭失之后，我们说"孔子有一张钢构讲桌"，这一事实则为以命题形式表现出来的事实，这种事实是可以"存而不在"的，其存在只是命题或假设的形式存在。可见，"以命题形式存在的事实，指的是过去发生的事实，而不是现时存在的事实，作为存在的事实或客观性的事实则应为存在的事实，由此导致的问题是，作为存在的事实不存在真假问题，这是由其客观性所决定的，而作为命题形式的事实则存在真假之别，这是由其拟制的特性决定的"⑤。在日常生活中，人们常以曾经或过去之类的语言将命题形式的事实与作为存在的事实相区别。例如，张某言，我曾经于2007年10月1日去北京，只是表明这一命题形式的事实曾经发生过，但并不表明其现在客观存在。

存在性的事实与命题性事实的区分在刑事司法裁判中具有重要意义，依据这种区分可以判定案件事实和证据事实在刑事诉讼中的不同作用。存在性事实所对应的诉讼中的事实是证据事实，由于用来证明案件事实的证据因其需要具备一般意义上的客观性、关联性和合法性，因此证据事实必须是存在的事实，拟制的事实不能作为认定案件事实的证据（当然，诉讼中的一些证据规则，如推定等则是出于政策等因素制定的，但其本身不是证据）。所在刑事诉讼过程中，当证据的可采性（谈到存在性事实时，证据的可采性虽然

---

① ［英］维特根斯坦著：《哲学研究》，陈嘉映译，上海世纪出版集团、上海人民出版社2001年版，第73页。

② ［英］罗素著：《人类的知识》，张金言译，商务印书馆1983年版，第177页。

③ 金岳霖著：《知识论》，商务印书馆1983年版，第784页。

④ 赵承寿：《论司法裁判中的事实问题》（博士论文，中国社科院，2002年），第12页。

⑤ 赵承寿：《论司法裁判中的事实问题》（博士论文，中国社科院，2002年），第12页。

表面上是指真实性，但因为合法性与真实性之间有不可分割的密切联系）需要证明即成为证明对象时，就意味着证据事实可能在一定条件下成为证明对象，对之证明也应满足法定证明标准的要求。诉讼中的裁判性事实（或司法机关认定的事实）或案件事实是拟制性事实，由于该事实发生于过去，只能依靠案件发生时所留下的痕迹进行证明，即根据证据事实加以证明，所以这种事实是命题性事实，其真伪依赖于存在事实的真伪。另外，因“当案件事实发生后，当证据灭失或难以发现时，除非依赖间接证据能够证明裁判事实所依赖的作为存在事实曾经存在，否则裁判事实的真实性就会缺乏相应的事实基础”①。通过对存在性事实与命题性事实之间的关系的分析可以得出一个结论，存在性事实即证据事实的不存在或不充分，容易导致命题性事实即裁判事实或案件事实难以发现或为假，也就是说，诉讼证明过程想通过证据这个存在事实求证完全的客观性的命题事实即裁判事实是难以达到的，在证明标准的设计上想再现案件发生时的原貌也是不现实的。

命题性事实作为一种曾经存在的事实，反映的是过去发生的现象，而不是现实存在的事实，决定了该种事实可能有真假之别，但这并不否认认识主体的主观能动性在事实发现过程中的能动作用。因为人类在认识自然界的过程中，这个活动本身也是具有客观性的，即人类认识自然界的过程是一个实在的、主客观相结合的过程。根据所认识的事实是否与认识主体的主观意志有关，可将事实分为生活事实和自然事实。“所谓生活事实是指与主体意志活动有关的现象或状态，所谓自然事实是指自然和社会的变迁及其状态，它是各种生活事实赖以存在的客观形式”。②

这种区分在对诉讼中所确定的案件事实的认识具有重要的理论与实践意义。例如，我国三大诉讼法中规定所有能够引起诉讼法律关系的发展和变化的事实可分为两大类：事件和行为。第一类事件是与诉讼主体的主观意志之间没有关系的，而第二类行为的发生则与诉讼主体的主观意志之间具有紧密联系。同样，实体法中的一些法律责任的承担也是以事实的发生与主体意志之间是否有因果联系，以及这种联系的程度作为判断标准的。例如，刑法中的故意犯罪和过失犯罪则为不同种类犯罪的构成必要要件，在不同种类的犯罪构成中，其往往也是定罪量刑的重要依据，而这也是刑事诉讼中必要的证明对象，且应达到较高程度的证明标准。

从事实的客观性与主观性原理，及其在司法裁判中的理论与实践应用可以看出，笔者认为，诉讼中所要认定的案件事实，应当是以客观事实为基础

---

① 赵承寿：《论司法裁判中的事实问题》（博士论文，中国社科院，2002年），第12页。

② 赵承寿：《论司法裁判中的事实问题》（博士论文，中国社科院，2002年），第13页。

的，所要追求和求证的只是一种命题事实。这个事实求证的过程本身是一个认识主体（证明主体）主观性与认识手段的客观性及认识活动本身客观性相结合的过程，用一句话来概括，诉讼案件事实的证明过程是一个主客观相结合的过程，其既具有主观性又具有客观性。可以得出的结论是，对案件事实证明标准的定义无论是仅从主观方面，还是仅从客观方面进行都是不够全面和科学的，正因如此，我国学界代表性的刑事证明标准观点已开始相互取舍，相互作出让步，且更趋科学化、合理化。①

（三）构建主客观相结合的证明标准

从西方证明标准制度的发展历史可以看出，迷信真实、规定真实到判断真实发展历程的实质就是证明主体的主观意识在诉讼案件事实证明活动中的作用逐渐加强的过程，只不过在规定真实阶段，立法者首先把证明规则预先确立下来，执法者的任务是去收集法律规定的证据种类和根据规则的要求去机械地适用法律，但是，收集证据的过程也存在主观认识活动问题。如对刑讯取得供述的真假也会作出判断。而在判断真实阶段，由于实行自由心证证据制度，无论是“内心确信”的证明标准，还是“排除合理怀疑”的证明标准，所强调的都是证明主体对证据证明力的判断，其是以“理性”和“良心”为基础的，注重道德上的约束和限制。因此，笔者认为证明标准的优化过程和人类认识自然界的过程在规律性上是一致的，是一个主观逐渐接近客观，主观能动性作用发挥逐渐增强的过程，是主客观相结合的过程。在我国，对“案件事实清楚，证据确实、充分”含义的理解无论是客观真实，还是法律真实，“在操作上，对于司法证明是否达到了这一基本要求，最终还是要落实到司法人员对此是否形成内心确信上”②，司法证明的具体操作标准，具有人的主观意志因素应是不争的事实。

建立刑事证明标准除了考虑主观性因素之外，笔者认为还应考虑客观性因素，只有将二者结合起来，才能建立科学合理的证明标准。而在建立主客观证明标准，赋予事实认定者自由裁量权的同时，应借鉴自由心证制度立法经验，对该项权力进行适当约束，以保障事实认定的准确性。在自由心证证据制度下，在证明标准采用主观真实的国家立法中，针对法官对证据证明力

① 陈光中教授认为辩证唯物主义认识论认为相对真理也有两个层面的含义：一是指人对客观世界的认识能力的有限性。人对无限发展着的世界的认识只能接近它，而不可能穷尽它。二是指人对任何具体事物的认识也只能在一定范围、一定层次上具有正确性、真理性，即只能是近似性的真理。参见陈光中：《刑事证据制度与认识论》，载《中国法学》2001 年第 1 期，第 42 页。其他相似内容参见刘金友：《坚持主客观标准的统一》，载《人民检察》2003 年第 5 期，第 24 页。龙宗智：《我国刑事诉讼的证明标准》，载《法学研究》1996 第 6 期，第 126 页。

② 刘金友：《坚持主客观标准的统一》，载《人民检察》2003 年第 5 期，第 24 页。

的自由裁量权也并不是不加以限制的，心证的采取必须满足一定的条件。例如，在意大利的刑事诉讼法中，对自由心证设置了一些限制性原则："（1）在违反法律禁令的情况下获取的证据不得加以使用。（2）法官在对证据作出判断时应当说明所得出的结论和所采用的标准。（3）不得根据嫌疑推断事实的存在，除非有关嫌疑是重大的、明确的和相互一致的。（4）同一犯罪案件的共同被告人或者有牵连关系的被告人的陈述应当同其他可证明该陈述可信性的证据材料结合起来加以判断。"① 我国台湾地区学者认为，自由心证应遵循的一般原则主要有："第一，必有证据作为依据……第二，应先践行调查程序……第三，推测臆想之词不得作为判决基础……第四，以积极证据作为定罪的依据……第五，不受民事判决之拘束……第六，不完整的证据不得作为定罪的唯一依据……第七，精神障碍必经鉴定②……第八，证据的取舍不违反经验法则……第九，不以直接证据为限。"③ 此外，在日本的刑事司法实践和理论中，学者们在深刻批判和检讨心证擅断倾向的基础上，关于心证的限制问题达成了共识，即心证要"科学"、"合理"，要坚持"合理心证主义"，并建立了"合理心证"的保障机制："法官回避制度；合议制度；证据能力制度；起诉状一本主义制度；判决记明理由制度；事后审查制度。要求法官：心证必须依据经验法则和逻辑法则，灵活运用科学知识科学作出；心证要遵循当事人主义形成，要依据当事人主义进行证据调查，听取当事人意见，给当事人以充分辩论证据证明力的机会。"④

根据证明制度本身完善的需要，借鉴国外立法及实践经验，为防止法官擅断，刘金友教授提出应坚持主客观相统一⑤的方法完善我国刑事证明标准制度，笔者完全赞同，并认为坚持主客观相统一的方法，可避免确定刑事证明标准这种制度陷入纯主观或客观的领域的泥潭，从而有利于克服司法实践对其理解和操作上的困难，因此我们应反对照搬照套国外直接将我国证明标准规定为"排除合理怀疑"⑥ 的做法。

---

① 黄风译：《意大利刑事诉讼法典》，中国政法大学出版社 1994 年版，第 67、68 页。

② 我国司法实践中发生的邱兴华杀人案之所以引起社会的广泛关注，笔者认为，原因在于没有给予被告人申请精神病鉴定的机会，从而在社会上一石激起千层浪，成为2006 年《法制日报》"十大影响性诉讼案"之一。参见吴革：《邱兴华陈良宇案入选法制日报十大影响性诉讼案》，载《法制日报》2007 年 1 月 16 日。

③ 林山田著：《刑事程序法》，台湾五南图书出版股份有限公司 1998 年版，第382 ~ 387页。

④ 刘金友：《坚持主客观标准的统一》，载《人民检察》2003 年第 5 期，第 24 页。

⑤ 刘金友：《坚持主客观标准的统一》，载《人民检察》2003 年第 5 期，第 24 ~ 25 页。

⑥ 孙丹兵：《论我国诉讼证明标准的革新》，载《南京大学学报》2003 年第 4 期，第 138 页。

(四) 构建双重意义上的证明标准

1. 构建抽象意义上的证明标准

无论是客观真实、法律真实，还是主观真实，笔者认为其目的都是为了发现真实，否则，则失去发现真相、惩罚犯罪、保障人权、避免冤及无辜的诉讼价值和目的，因此，这些观点在本质上是一致的，只是因为考虑问题的着眼点和角度不同，在一些具体问题的看法上有所区别而已。此外，我国关于刑事证明标准代表性观点的争执要点在于能否发现案件事实的全貌，用百分比来表示，就是事实的100%。实际上，诉讼中对案件事实认识的100%不仅很难做到，而且也没有必要做到，因为根据实体法关于要件事实的规定，只要能够利用证据将这些事实进行证明即可，其他对案件事实的认定没有影响的事实完全没有必要穷尽一切手段去加以证明。因此，刑事证明目标的100%所指的具体含义不是绝对的，正因如此，每个学说之前都加上了一个更为专业的、抽象的定语加以限制，即客观、主观、法律等等。实际上，认识及事实都具有主客观相结合的特性，在诉讼领域又兼有法律价值选择的特性，这些定语的使用只是从一个侧面对诉讼所要探明的案件事实进行的定义，不能反映诉讼所发现事实的特性，所导致的结果是，证明标准制度的设计只会侧重从某一角度加以定义，显得不够全面，会受到争议。例如，真实在我国现代汉语中意为“和客观事实相符的”①，其反映的是一种事物的本质特性，对应的英文理所当然的应为 truth，但根据权威的布莱克法律词典的解释，“truth 强调的是事物的内在规律性，而 fact 则强调根据证据所发现的事实，虽侧重于事物的表象，但强调的仍然是客观存在性（The quality of being actual; actual existence or ocrrence）。可见，英文中的 truth 与 fact 之间有明显的区别，在英美立法与实践中，诉讼所要发现的是 fact，而不是 truth”②。

洛弗特认为证据法“更多地与道德和政治科学的崇高原则、与关于人的本质的知识联系在一起”③。“排除合理怀疑”是诉诸内心的一种道德化的高度确信，这种确信在本质上要求贴近客观存在的自然事实，是对客观真实的无穷接近。与客观真实不同的是，“排除合理怀疑”是由主体指向客体的概念，是主观对客观认识的一种表述，而不是撇开主体的纯粹客体性的一种描述。而在客观真实这个概念中，“主体性仿佛是不存在的，是可以不予过问

① 《新华词典》（修订版），商务印书馆1989年版，第1135页。

② Black's Law Dictionary(fifth edtition), West Publishing Co. 1979, pp. 532, 1358.

③ Gilbert. Law of Evidence, London, 1791, 1; xxxviii. 转引自［美］巴巴拉·J. 夏皮罗著：《对英美“排除合理怀疑”主义之历史透视》，熊秋红译，载王敏远主编：《公法》（第4卷），法律出版社2003年版，第110页。

的、外在于证明标准概念的东西”[①]。不同的证明标准是和各自国家的立法传统相联系的，两大法系的刑事证明标准都没有采用“真实”这个术语，但并不表示它们不追求真实，其只是与其特定的文化背景结合在一起出现了各自民众所熟悉的语言表达。例如，在18世纪末，“令人满意的良知和排除合理怀疑的证明标准开始明显结合在一起。对法律语言增加了道德上的确定性的概念，使法律语言和流行的哲学术语相一致。令人满意的良知、合理的怀疑和道德上的确定性是被普遍使用的概念。这些术语在伦理学、历史学、哲学和法学的论文中都能找到”[②]。笔者认为，“真实”这个词语在我国既具有专业性，也具有日常术语的色彩，若证明标准分为抽象意义上的证明标准和客观意义上的证明标准的话，由于事实本身存在客观性色彩，我们不如在立法和实践中确立一个抽象的、具有普遍适用性的证明标准，即“案件事实”或“案件真实”（或者通过对“客观真实”或“法律真实”这个概念进行改造亦可，因为二者都是一个抽象的证明标准概念）。

2. 构建实践意义上的证明标准

由于诉讼性质、证明主体、对象等要素的不同，我国三大诉讼除应设定不同的具体操作标准外，借鉴国外实践经验，在同一诉讼内部，也应规定层次性的证明标准。丹宁法官在 Bater v. Bater[③] 案中说到：“刑事案件的证明标准要求比民事案件的高。但是，这是根据案件的性质确定的，在任何案件中都不存在绝对的标准。在刑事案件中，指控必须被证明至排除合理怀疑的程度，但是在那个标准中存在证明的程度问题……”有证据表明，在英美裁决案件司法实践中，陪审团会根据犯罪的严厉程度采用一个动态的、成比例的证明标准。在 Sarah Hobson[④] 案中，法官 Holroyd 说：“犯罪的性质越严重，形成确信的证明要求就越强固。（The greater the crime, the stronger the proof

---

① 江伟主编：《证据法学》，法律出版社1999年版，第119页。

② ［美］巴巴拉·J. 夏皮罗著：《对英美“排除合理怀疑”主义之历史透视》，熊秋红译，载王敏远主编：《公法》（第4卷），法律出版社2003年版，第65页。

③ See Jenny McEwan . Evidence and the Adversarial Process (second edition), Hart Publishing – Oxford, 1998. p. 83.

④ (1823) 1 Lewin 261; cf. Bater [1951] p35, 36 – 7: "In criminal cases the charge must be proved beyond reasonable doubt, but where may be degrees of proof within that standard", per Lord Denning quoted with approval by Lord Pearce in Blyth. [1966] AC643, 673. See. Jenny McEwan . Evidence and the Adversarial Process (second edition), Hart Publishing – Oxford, 1998, p. 84.

required for the purpose of conviction.)"[①] 在 Bater v. Bater[②] 案中，上诉法院争论的问题是婚姻事由案件合适的证明标准问题，但是，在丹宁法官的裁判过程中，他用详尽的术语进行了论述："正如 Best 和其他一些伟大法官所言，'在比例上，由于犯罪的危害性是很大的，因此证明应当明确'。同样，在民事案件中，案件事实须被证明到盖然性优势的程度，但是，在那个标准中有可能性的程度问题。这个程度依赖于争议的事实。一个民事法庭，在考虑欺诈指控时，会很自然地要求一个比指控主观过错成立程度高一些的可能性的证明。"为了使刑事证明标准既具有客观性与主观性色彩，同时又体现层次性和可操作性，借鉴国外立法与实践经验，吸收我国学界的成熟理论，笔者认为可将我国普通刑事案件有罪判决证明标准确定为"排除合理怀疑的唯一性"；死刑案件定罪亦适用"排除合理怀疑的唯一性"的证明标准，但死刑的量刑适用"确定无疑的唯一性"证明标准；特殊案件事实的证明适用"高度确信的优势证明"补充性证明标准。在证明的程度上，"高度确信的优势证明"、"排除合理怀疑的唯一性"和"确定无疑的唯一性"依次呈递增状态。

（1）确定无疑的唯一性。该证明标准是最高程度的证明标准，主要适用于死刑案件的量刑证明，所谓"确定无疑的唯一性"（本书将于我国死刑判决证明标准制度完善部分对该证明标准展开深入论述），是指对案件事实的证明得出的有罪结论在主观上是排除合理怀疑的，在客观上得出的结论是唯一的，既满足了犯罪构成要件事实的标准，又得出某人是犯罪行为的实施者；在对其判处死刑的量刑证明标准适用上主观程度是"确定无疑"，没有怀疑，客观上的结论只有一个，应当依法判处死刑。

（2）排除合理怀疑的唯一性。我国已有学者对如何从主客观相统一的角度重构我国刑事证明标准进行了思考，如"案件事实确定，排除合理怀疑"[③]。笔者认为采用"排除合理怀疑的唯一性"证明标准更妥，原因在于其是一个主客观相结合的证明标准，字里行间就告诉人们，对案件事实这一抽象标准和目标的追求从实践的层面考虑应坚持主客观相统一原则。

所谓"排除合理怀疑"当然是指有证据、有合理依据，符合逻辑关系、经验法则等证据规则的怀疑，其是一个主观性的标准。虽然该证明标准在英

---

① Jenny McEwan . Evidence and the Adversarial Process (second edition), Hart Publishing - Oxford, 1998. p. 84.

② Bater v. Bater [1951] p35 at 37. See. Peter Murphy. Murphy on Evidence (seventh edition), Blackstone Press Limited, 2000, p. 122.

③ 王斐弘：《我国刑事诉讼证明标准之重构》，载《中国刑事法杂志》2002 年第 6 期，第 69 页。

美法的实践中存在解释上的困难，但在长期的司法传统中对其含义的理解已远远没有解释的必要，这完全取决于事实认定者的心证。采用该主观性的标准一方面可以让事实认定者有可供操作的主观性规则进行适用，另一方面可以避免仅从事实的客观性角度考虑案件是否得到证明的问题。另外，需要说明的是：第一，为何采用“排除”证伪的方法，而不是采用大陆法系“确信”证实的方法。因为刑事定罪涉及犯罪嫌疑人、被告人的人身、财产等重大权利的剥夺，对案件事实的证明，如果从度或百分比的角度思考，应达到很高的度或百分比，也就是留下怀疑的成分较小，那么对于这一较小部分的怀疑进行证明不仅容易达到，而且可以节省诉讼资源，还可以使案件事实得到充分的证明。实质上，该证明标准意味着除合理怀疑之外的其他事实都是需要得到证明的，是一种从主观性角度来说要求较高的证明。第二，为何采用“合理”这一词语，而不是“有根据”等说法。采纳这一术语决不因为其是英美法上的刑事证明标准关键词而照搬照用，采纳理由有二：①其对怀疑的定义内涵较广，可以排除假想的怀疑之外的其他怀疑，而不是仅仅有根据或有证据的，符合逻辑、经验法则、常识的怀疑都应得到排除，这样能够保证案件事实认定的准确性；②其是我国日常生活和法律实践中经常适用的一个术语，老百姓的眼里也好，法律上的裁判也好，日常生活中的行为也好，不仅要合法，也要合理，这个所谓的合理除了包含道德准则之外，当然也包括符合一些逻辑规律、经验法则等，因此采用“合理”这一词语更符合我国民众的心理和司法习惯。

所谓“唯一性”，是指从客观方面对控辩双方证据进行认定得出的事实结论是唯一的，排除了其他可能性。关于法律真实观指导下的刑事案件具体证明标准，樊崇义教授认为应适用排他性的证明标准，原因在于排他性对证据确实、充分要求具体明确：“（1）作为定案根据的每一个证据必须具备客观性、关联性和合法性；（2）根据认识论的矛盾法则，全案的证据经过排列、组合、分析之后，必须是排除了一切矛盾，而达到每一个证据的前后一致，证据与证据之间一致，全案证据同案件的发生、发展的过程和结果一致，形成一个完整的证明体系；（3）作为证明对象的案件事实、情节均有相应的一定数量的证据加以证明；（4）全案证据所得出的结论是本案唯一的结论（具备有排他性）。”[①] 笔者完全赞同该观点，但认为可采用“唯一性”概念对“排他性”概念进行进一步改进，因为虽然二者在本质上是一致的，但在语言习惯上和意识上该术语可告诉证明主体对案件事实得出的结论要想

① 樊崇义：《客观真实管见——兼论我国刑事诉讼证明标准》，载《中国法学》2000 年第 1 期，第 120 页。

达到定罪最低标准应达到得出的结论只有一个即有罪，而不能有任何其他结论的可能。这样就不仅使案件事实的认定者能够从证明的客观性角度把握刑事证明标准的适用，而不至于陷入主观判断的泥潭，而且还可对司法人员的擅断行为作出约束，防止司法腐败和冤假错案的发生。

"排除合理怀疑的唯一性"与"案件事实清楚，证据确实、充分"在证明的要求上究竟孰高孰低呢，笔者认为，前者在证明程度上是高于后者的，因为后者只是单方面的仅就控方证明的要求而言的，没有反映和体现辩护方通过举证、辩解提出"合理怀疑"在证明活动中的作用和影响。因而，在辩方提出了"合理怀疑"的情况下，并不影响这一标准的成立。也就是说"即使辩方提出了合理怀疑或质疑，控方的所谓'犯罪事实清楚，证据确实、充分'依然能够成立，因为这一标准并不要求排除合理怀疑"①。

"排除合理怀疑的唯一性"与"确定无疑的唯一性"在证明程度上究竟是孰高孰低呢，笔者认为前者是低于后者的，因为要想对刑事案件作出有罪判决首先应满足前者标准，死刑案件概莫能外，但是，对于死刑案件的证明而言，仅满足前者所要求的程度是不够的，还必须满足后者的"确定无疑"的程度，这样方可准确认定案件事实，实现对人的生命权的尊重和保护。

（3）高度确信的优势证明。在刑事诉讼中，并不是所有案件事实的证明一律适用"排除合理怀疑的唯一性"的证明标准，在世界上一些国家和地区刑事立法中，由于特定的案件事实不同、承担证明责任的主体不同、证明责任的性质不同，证明所适用的标准也就不同。此外，出于政策等因素的考虑，立法上也会降低对特定案件事实的证明标准。例如，我国香港《防止贿赂条例》规定："任何人士，如属政府雇员或曾为政府雇员，而其所维持之生活标准，高于与其现在或过去薪俸相称之标准者；或其所支配之财富财产与其现在或过去之薪俸不相称者，除非能向法庭作出圆满之解释，说明其如何能维持该生活标准，或如何能支配该等财富或财产，否则即属违法"②。也就是说，对于贪污受贿分子，即使没有掌握其犯罪的人证、物证，但只要其生活标准或拥有的财产超过其法定的薪水标准，本人又不能作出令人信服的解释，就可提出起诉，由法庭判罪。此外，条例赋予了执法者以特别的权力。如条例规定，只要被举报人"拥有无法解释之财产"，廉政公署就可以对之进行调查。廉政公署只需证明其有无贪污即可，而不必证明其如何贪污。可见这里对公职人员贪污事实的证明标准实行的是"高度确信的优势证据"，目的

---

① 刘梅湘：《死刑案件证明标准检讨》，载《人民检察》2006年第4期，第26页。

② 杨宇冠主编：《我国反腐败机制完善与联合国反腐败措施》，中国人民公安大学出版社2007年版，第472页。

在于打击腐败犯罪的需要。为解决司法实践中打击特殊类型犯罪的需要，笔者认为我国有罪判决证明标准还应规定“高度确信的优势证明”补充性标准。

所谓“高度确信的优势证明”也是从主客观相结合角度加以确立的一种证实的证明标准。首先，“高度确信”意指司法者对案件事实的认定或形成的心证要达到高度确信的程度实际存在，在很大的程度上相信犯罪基本事实，或者说从犯罪构成要件事实的证明来说，这些需要证明的事实证据都已具备，司法者在内心确信犯罪的指控成立，这是一个主观性的标准。其次，“优势证明”强调的是司法者在对侦查收集或提交法院的证据进行初步审查后，或者在法庭审理之后，对控辩双方的证据进行衡量，针对特定事实证明的证据一方在证明力上明显大于另一方当事人，使得事实认定者不能采纳指控或反驳方的事实主张，这是一个客观性的证明标准。高度确信不意味着事实认定者在主观上有盖然性的确信和轻微程度的确信，其强调的是一种较高的程度，如果用百分比来表示的话至少在85%以上，这就说明，这种确信要远远高于大陆法系中的民事判决51%的确信百分比这个标准。“优势证明”不能简单从百分比角度理解一方为51%，另一方为49%即可，由于强调的是主观上的高度确信，当然在客观的证明效果上，这个优势也要与之相对应，如果用百分比来表示证明力的话，一方至少为85%，另一方至少为15%。“高度确信”与“优势证明”对特定案件事实的证明标准来说，二者缺一不可，缺失了其中任何一个方面，这种证明标准则会沦为纯粹的大陆法意义上的内心确信的证明标准或英美法上的民事案件证明标准以及部分刑事案件事实的证明标准，则丧失在我司法实践中存在的可行性和科学性。

在刑事诉讼中，控辩双方的地位在实际上是不平等的，控方拥有强大的追诉权利和手段，而辩方的防御手段甚微，尤其是在我国目前刑事诉讼立法与实践中，犯罪嫌疑人、被告人不完全享有《公民权利和政治权利国际公约》第14条①所规定的关于公正审判最低限度标准的权利，律师的调查取证权受到诸多限制，因此，为实现控辩双方的平等需要，除了出于立法或政策上的因素外，对犯罪嫌疑人、被告人所从事的防御性辩护或消极性辩护的事实应适用低于控方所适用的证明标准，除了可考虑出于打击腐败犯罪、毒品、黑社会等严重危害人身或社会安全的犯罪适用高度确信的优势证明标准外，对犯罪嫌疑人、被告人的辩护性事实的证明也应适用“高度确信的优势证据”标准。

---

① 参见杨宇冠著：《人权法——〈公民权利和政治权利国际公约〉研究》，中国人民公安大学出版社2003年版，第229～299页。

在刑事诉讼立法和司法实践中，笔者认为，主观与客观证明标准之间具有密不可分的关系，只有将二者有机结合起来科学构建主观与客观相结合、抽象与实践意义相结合的证明标准，才是真正适应我国刑事诉讼实际的法律制度，才可以做到正确认定事实，准确适用法律（主客观相结合证明标准内部之间关系如表2所示）。

表2：主客观相结合的证明标准

<table>
<tr><td rowspan="4">证明标准</td><td rowspan="2">主观证明标准</td><td>排除合理怀疑</td><td rowspan="4">主客观相结合的证明标准</td><td>死刑量刑证明标准：确定无疑的唯一性</td></tr>
<tr><td>高度确信</td><td>普通刑事案件定罪证明标准：排除合理怀疑的唯一性</td></tr>
<tr><td rowspan="2">客观证明标准</td><td>唯一性</td><td rowspan="2">特殊案件补充性证明标准：高度确信的优势证明</td></tr>
<tr><td>优势证明</td></tr>
</table>

二、我国死刑判决证明标准之构建

死刑是最为严厉的刑种，对该种案件包括所适用的强制措施在的诉讼行为的证明标准都应很高，本书并不论及针对死刑案件①犯罪嫌疑人、被告人的逮捕、起诉的证明标准，而只是指审判阶段法院对死刑案件作出有罪判决的证明标准。

（一）对域外死刑判决证明标准之考察

为彰显对人生命权的尊重，一些国际刑事司法准则和国外立法和实践对死刑案件的证明标准做法并不同。由于对死刑案件采用更高证明标准可以提高刑事案件的审判质量，联合国《关于保护面对死刑的人的权利的保障措施》（以下简称《保障措施》）规定，“只有在对被告的罪行根据明确和令人信服的证据而对事实没有其他解释余地的情况下，能判处死刑。”这一规定结合了大陆法系和英美法系的定罪证明标准，并对死刑有罪判决的证明标准作了更为细致的解释，因此比两大法系的有罪证明标准更为明确、具体、富有可操作性，尤其是“对事实没有其他解释的余地”（leaving no room for an alternative explanation of the facts）的规定，从字面上看应当是比排除合理怀疑所要求的程度更高，且便于操作。

国际性刑事司法文件虽对死刑案件的有罪判决证明标准作了特殊规定，但世界上一些国家并没有为死刑案件单独制定更高的证明标准。在美国，至

---

① 我国立法和学界并没有关于“死刑案件”的统一定义，本文所言死刑案件是指依照我国现行《刑事诉讼法》第20条（审判管辖）第2款及第34条（指定辩护）第3款之规定的案件。

今虽仍存有死刑，但在其证明的等级上，刑事案件中比“排除合理怀疑”更高的证明标准是“绝对确定”[①]，而这一标准被认为在司法实践中是不能达到的，因此，也就不存在单独的死刑案件有罪判决的证明标准。但《纽约时报》日前报道，对美国23年来的死刑案件所进行的一项研究显示，其中68%因误判而被推翻重审。这篇研究报告由哥伦比亚大学的一组律师和刑事学家编纂而成。他们总共研究了1973年至1995年间美国的500个死刑案例。这项研究发现，全美执行死刑最多的三个州——弗吉尼亚州、得克萨斯州和佛罗里达州——误判率分别是18%、5%和73%。肯塔基、马里兰和田纳西州死刑案件的误判率达100%，密西西比州达91%。这项研究显示，美国执行死刑的26个州中，有24个州的误判率高于52%。[②] 因此在理论研究中，美国亦有学者主张，“在‘排除合理怀疑’标准之上确定最高级别的刑事证明标准——‘绝对有罪证明’（absolute proof of guilty）即可以排除包括无合理怀疑在内的一切怀疑的证明，这是判处死刑的案件应该达到的证明标准”[③]。威尔逊认为，在死刑案件中，证据必须达到“不得不相信”[④] 的程度。美国立法上虽然没有为死刑单独制定更高的标准，但在司法程序上，对死刑的适用进行了严格的控制。死刑案件的起诉有一套严格的程序，首先要经过联邦司法部的批准，然后要经过大陪审团（grand jury）来决定是否同意起诉，在同意起诉后，被告人还享有权利选择是否由陪审团来审理自己的案件。不仅如此，死刑案件的审判通常被分为两个截然不同的部分。第一是定罪阶段，是证据呈堂以及律师进行辩护的阶段。如果被告罪名成立，则立刻进入量刑阶段。在这个阶段，陪审团会再听到检、辩双方对被告应受到的刑罚种类的辩论。检察官在请求执行死刑时需要出示犯罪过程中的恶化因素。“同时对它们还需要出示与被告有关的证据——譬如，对所犯罪行毫无悔改之意，或前科记录。辩护律师则需要极力反对执行死刑，并要求陪审团对其委托人作出终身监禁的裁决。他们会使用减刑证据，如被告人优秀品格，与家庭和睦的关系，较轻的年纪，或没有犯罪前科”[⑤]。同时，陪审团审理死刑案件时需要作出一致裁决方可判处适用死刑，最后即使案件一审判处被告人

---

① 杨宇冠：《死刑案件程序控制的若干问题》，载《比较法研究》2006年第5期，第69页。

② 苏明：《美国刑案误判多》，载《法制日报》2000年6月14日第4版。

③ 何家弘编：《法律英语》，法律出版社1997年版，第339～340页。

④ James Wilson, The works, James Andrews, 2 wols.（Chicago 1896），1. pp. 530, 504. 转引自［美］巴巴拉·J. 夏皮罗著：《对英美“排除合理怀疑”主义之历史透视》，熊秋红译，载王敏远主编：《公法》（第4卷），法律出版社2003年版，第69页。

⑤ ［美］罗宾·马赫：《死刑改革在美国》，载陈光中、江伟主编：《诉讼法论丛》，法律出版社2004年版，第286页。

死刑，被告人若不服仍可通过四级上诉、人身保护令程序等来推翻死刑判决。可见虽然美国立法上没有单独设定死刑有罪判决的证明标准，但“对于死刑案件，陪审团要经过两次裁决，这在无形中就提高了死刑案件的证明标准”[①]。严格的程序证明要求，使美国审理死刑案件耗费了大量的司法资源，据估计，在美国，每执行一次死刑所支付的总成本高达320万美元[②]，可见其司法实践中对被告人生命权的重视。

从美国关于死刑制度的立法和实践最新动态来看，虽然其耗费了大量的诉讼资源，但由于近年的高误判率[③]的出现，使得其不得不考虑如何从证据制度改革入手以提高死刑的证明标准要求。例如，“美国伊州议会于2003年以115票全数通过全面修改死刑判罚尺度的决议。立法部门已经授权伊州最高法院，为了避免冤假错案的发生，在一些证据不够确凿或者只有一名目击证人的案例中，应该给被告更加宽松的时间以准备和提供证据”[④]。

（二）我国死刑判决证明标准特征

1. 没有单独的证明标准

在我国刑事诉讼立法中，由于法律没有对死刑案件另行规定更高的证明标准，因此死刑判决的证明标准与一般刑事案件的证明标准是一致的，即“案件事实清楚，证据确实、充分”一元化的证明标准。不仅如此，我国立法上除了为死刑案件设定复核程序外，并没有对其在一审程序中所适用的证明制度、合议制度等内容作出明确、严格的规定，也就是说，在程序上对死刑的控制并不严格，实践中并没有实行与其他非死刑案件不同的证明标准。

2. 实践标准低于法定标准

由于我国法定的刑事证明标准过于抽象、可操作性差，为解决这个问题，司法实践中实行另一个所谓操作性的证明标准，即“基本事实清楚，基本证据确凿”。2001年4月7日，最高人民检察院发布的《关于检察机关积极参加“严打”整治斗争和整顿规范市场经济秩序工作的意见》，将“两个基本”

---

① 2002年6月，在Ring诉亚利桑那州案中，美国最高法院认为，在5个州，由法官决定而不是由陪审团决定适用死刑违反了陪审团审判的宪法权利，于是推翻已经对大约800名犯人作出的死刑判决，直至举行新的审判。然而，2004年6月，在Schriro诉Summerlin案中，法院裁定，由于其早先的裁定是在诉讼程序中的某一阶段作出，因此不会被追溯适用于那些已经被判处死刑的人。参见Ring诉亚利桑那州案，122 S. Ct. 2428（2002）；Schriro诉Summerlin案，341 F. 3d 1082. 见www. deathpenaltyinfo. org。转引自杨宇冠：《死刑案件程序控制的若干问题》，载《比较法研究》2006年第5期，第69页。

② 参见光明网http://www. gmw. cn/content/2006. 07/19/content－451031. htm。

③ 据悉，由于死刑制度的僵化，自1999～2003年美国伊州已经导致17例死刑案的误判。参见子健：《美伊州法院调整死刑判罚规定》，载《法制日报》2003年11月21日。

④ 参见子健：《美伊州法院调整死刑判罚规定》，载《法制日报》2003年11月21日。

明确界定为“基本事实清楚，基本证据确凿”。2001年4月13日，最高人民法院发出的《关于贯彻全国社会治安工作会议的通知》，将“两个基本”表述为“基本事实清楚，基本证据扎实”。实际上，长期以来，我国司法机关一直坚持“两个基本”，即“基本事实清楚，基本证据确凿”的刑事证明标准，不但针对一般刑事案件采用“两个基本”的证明标准，而且对死刑案件也采用该标准。但究竟何谓“基本事实清楚，基本证据确凿”，不好理解，更无法理解，现实中的理解可谓五花八门。例如，“‘两个基本’是指‘根本’的事实清楚，根本的证据确凿；‘两个基本’指‘主要的事实清楚，主要的证据确凿’；‘两个基本’是‘大体上事实清楚，大体上证据确凿’；‘两个基本’是‘事实基本清楚，证据基本确凿’”[①]。何谓“根本”？何谓“大体上”？很难说得清楚，因为“根本”在要求的程度上可能要远远大于“大体上”，笔者认为“基本事实清楚”，不能等于事实完全清楚，“基本证据确凿”，不能等于证据确实、充分，而且前者在要求的程度上是明显低于后者的，可见实践中的死刑判决证明标准是远远低于法定标准的[②]，以此来解释实践中所发生的死刑错案也就不足为奇了。

（三）构建死刑判决证明标准之理论基础

笔者认为构建死刑证明标准符合相称原理。所谓相称原理，是指在刑事诉讼中，一个人所面临的指控，应与对其实行的保障措施和救济制度成正比，也即当犯罪嫌疑人、被告人面临的指控越严厉，法律上所设置的保障措施和赋予的救济权利就越高和越多。只有这样，方能实现对刑事诉讼当事人权利的有效保护，也才能彰显刑事诉讼的文明和现代化。之所以对死刑判决设置更高的证明标准，从相称原理角度看主要有两个理由：第一，从一个人面临不利境地的角度而言，死刑案件中犯罪嫌疑人、被告人面临的指控要远比其他刑事案件中犯罪嫌疑人、被告人面临的指控严重，设置较高的证明标准和给予其相应的更高的救济权利也是理所当然的。相反，在司法实践中，对所有的犯罪嫌疑人均实行统一的证明标准所带来的危害后果是严重的，如这些年基于“严打”需要而在我国刑事司法机关奉行的“基本事实清楚”、“基本证据确实、充分”（通常所说的“两个基本”）的定案标准，在死刑案件中被经常用到且极易导致冤案。例如，在河北承德的陈国清被控抢劫杀人案中，

① 任治中、汪敏：《构建严格的死刑案件证明标准》，载《法律适用》2007年第5期，第15页。

② 在调查的57个有罪判决的刑事案件中，法官在判决中判定属于犯罪事实清楚，证据确实充分和犯罪事实基本清楚，足以认定的有34件，占59.6%。参见胡建萍：《证明标准问题司法实务考察》，载陈光中、江伟主编：《诉讼法论丛》，法律出版社2002年版，第149页。

检察机关曾明确表示，“尽管本案在某些证据上存在一些不足和遗憾，但基本事实清楚，基本证据确实、充分”①，从而据此认定犯罪事实成立，导致了错案的发生。第二，与刑事证明的层次性原理相对应。无论在英美法系还是在大陆法系国家，在司法实践中，在同一刑事诉讼内部，由于证明对象的不同，案件性质不同，事实上所采用的证明标准也是不同的，除了实体法事实的证明标准高于程序法外，在实体法事实内部，若罪行轻重不同，则适用不同的证明标准，一般原则是，“犯罪性质越严重，必须的证据最低要求就越高”②。

（四）我国死刑判决证明标准确立之价值及障碍

1. 我国死刑判决证明标准确立之价值

（1）有助于加强对人权的保护。我国第十届全国人大二次会议把“国家尊重和保障人权”载入了宪法，这是我国人权发展史上的一座里程碑。刑事诉讼中的人权保障内涵丰富，笔者认为首要的是保障无罪的人不受错误的刑事追究，而这在我国对待死刑的问题上尤为突出，必须慎之又慎。因为，一方面我国是世界上实行死刑的为数不多的国家之一，且在立法上死刑的适用范围较广；另一方面我国刑事法律制度本身仍不健全，证据制度不发达，司法人员的全方位素质有待进一步提高，这都给我国实践中错案的发生，对他人生命权的错误剥夺留下了足够的空间。因此，对死刑案件实行最高程度的证明标准，有利于更好地尊重犯罪嫌疑人、被告人的生命权。

（2）有助于真正实行无罪推定原则。在死刑案件中，如果定罪证据不足，根据我国《刑事诉讼法》第162条规定的“疑罪从无”原则，本应以无罪或者从轻认定③，但在司法实际中，法院对于罪涉死刑的案件，如果定罪证据不足，采取的态度往往是“留有余地”，转而适用“死缓”或用无期徒刑等相对较轻的处理方法。例如，“河北承德陈国清等4人涉嫌抢劫案，10年期间前后历经两级法院五次判决。第一次审判时4个人均被判处死刑，而在终审判决时则均被改判适用‘死缓’或无期徒刑。省高级法院从宽量刑并不是因为被告有从宽量刑情节，而是由于因为本案证据不足，事实不清，出于慎重而留有余地。高级法院几次发回中级法院重审的理由都是‘事实不

---

① 《五年判决 十年生死：河北高院四次刀下留人的背后》，http://www.chinanewsweek.com.cn/V3347.html。转引自张绍谦：《论我国“死刑正当程序”的十大缺陷》，载《上海交通大学学报》（哲学社会科学版）2005年第1期，第24页。

② 任治中、汪敏：《构建严格的死刑案件证明标准》，载《法律适用》2007年第5期，第16～17页。

③ 观点参见杨宇冠、郭志远：《如何理解和把握“疑罪从无”》，载《检察日报》2006年6月20日。

清’，每次所附《发还提纲》中都列举了此案存在的20多个疑点；在第三次《发还提纲》中，特别提出‘如查证没有新的进展，就留有余地的判处’。”① 对死刑案件适用最高程度的证明标准虽从证明的难度上加重了事实证明者的负担，但在逐渐重视人权保障的今天，该标准的实施相信有助于人们转变司法观念，改变有罪推定思想，真正贯彻无罪推定原则，将重打击轻保障的心理逐渐专向打击与保障并重，进而转变到人权保障优先的观念上来，真正实现刑事诉讼的文明化。

（3）有利于司法适用的统一。我国刑事诉讼法对有罪判决所确定的证明标准为“案件事实清楚，证据确实、充分”，对死刑案件应适用何种证明标准并没有作出具体的规定，不仅如此，就是司法实践中对前述立法上的证明标准的理解也不尽相同。这就出现了同样一个死刑案件，由于司法者对证明标准的理解不同，对证据的审查、判断和采信结果不同，完全会在不同的地区、不同的时间作出留有余地即死缓的判决，甚至是徒刑的裁判。而司法实践中各行其是所谓的“司法解释”② 可谓给死刑判决证明标准的适用增添了更加复杂的色彩。例如，江苏省高级人民法院颁布实施的《关于刑事审判和定案的若干意见》（以下简称《意见》）第66条规定：“对死刑案件应做到案件事实清楚，证据确实、充分，排除一切合理怀疑，否则不能判处死刑立即执行。一切合理怀疑是指：（一）现有证据不能完全涵盖案件事实；（二）有现象表明某种影响案件真实的情况可能存在，且不能排除；（三）存在人们常识中很可能发生影响案件真实性的情况。”③ 可见，《意见》既有我国立法上所规定的证明标准的影子，又有英美法系“排除合理怀疑”证明标准的影子，实践中这种“不驴不马”的做法显然不利于法律适用的统一，因此有必要在立法上对死刑案件的证明标准加以明确规定。

（4）与有关国际刑事司法准则精神相一致。“联合国所要求的死刑案件的证明标准是所有司法活动中最高的证明标准，它可以用各国定罪的术语去诠释，也是各国定罪的最高证明标准。如果一个国家的立法和司法界认为其实行的定罪标准已经无可再高，就没有必要修改本国的定罪证明标准，而可以通过增加程序和难度的方式达到更为准确的目的；如果一个国家的定罪标

① 《五年判决　十年生死：河北高院四次刀下留人的背后》，www.chinanewsweek.com.cn/V3347.html。转引自张绍谦：《论我国“死刑正当程序”的十大缺陷》，载《上海交通大学学报》（哲学社会科学版）2005年第1期，第24页。

② 在我国司法实践中，各地自行其是的“司法改革”，发布的所谓“司法解释”从立法权限划分角度来说完全是违法的，这不利于维护法律的统一、权威，造成了法律适用的随意性和流动性。

③ 赵合理、周少华：《死刑案件中证据审查与采信的反思》，载《现代法学》2004年第4期，第46页。

准，包括死刑案件，本身还有改进的余地，则应当根据联合国文件的要求进行改进”[①]。《公民权利和政治权利国际公约》明确规定“人人固有生命权，这个权利理应受到法律保护，不得任意剥夺任何人的生命”，这充分体现了对生命权的高度重视和充分尊重。笔者认为，我国司法实践中的所谓“两个基本”的证明标准显然给其他合理解释留下了很大的空间，在证明程度上是远低于国际刑事司法准则要求的，而我国已经签署了该国际公约，考虑刑事司法的国际化，履行国际条约所确定的义务，我们应将死刑案件的证明标准确立为有罪判决的最高证明标准。

2. 死刑判决证明标准确立障碍之破解

在我国，对死刑案件适用更高的证明标准，笔者认为可能存在下述障碍：

（1）认识上的困难。如哈兰所言：“在关于以前事件的事实存在争议的司法程序中，事实发现者对于究竟发生了什么不可能获得完全准确的认识”[②]。实行高程度的证明标准可能会给从事司法实践的人带来一种担忧，即这种证明程度很难达到。因为“人的认识能力总是有一定限度的，绝对确信确实很难达到；另一方面，如果死刑案件证明标准比其他案件证明标准高，则可以认为对其他刑事案件的定罪存在‘不负责任’的意味，因为如果存在可以达到的证明标准而不要求其他案件达到，反而降低了其他案件的有罪证明标准”[③]。笔者认为，对死刑案件事实的证明适用更高程度的证明应持乐观主义态度，原因在于世界是可以被认知的，虽然这个认知的过程有点漫长，但是只要付诸努力，终究可以被认知，认识上的困难是可以克服的，且刑事证明并不是要穷尽每一个细枝末节，只是对案件的要件事实进行求证即可。

（2）观念上的障碍。若对一个死刑案件的犯罪嫌疑人、被告人适用更高的证明标准，而对其他刑事案件的被告人适用较低的证明标准，是否与人人平等原则相违背，与现代法治精神相违背，这是实践中可能会带来的一个民众所担心的问题。笔者认为这种担心是不必要的，原因在于，立法上的平等并不等于法律适用上的平等，即使法律规定每个公民个人享有相同的权利，但是这种实践中绝对的平等是做不到的。此外，从实践来看并不是说赋予每个被指控的人相同的权利，或者说都是要求适用最高的证明标准就会被最终得到适用，原因在于被指控的案件性质不同、原因不同，当事人所利用的救济权利也就会有所区别，证明的难易程度会有所不同，人们在主观上的接受程度也就会有所区别，而不需要采取一律排斥的方式。

---

① 杨宇冠：《死刑案件程序控制的若干问题》，载《比较法研究》2006年第5期，第69页。

② 何家弘、刘品新著：《证据法学》，法律出版社2004年版，第327页。

③ 杨宇冠：《死刑案件程序控制的若干问题》，载《比较法研究》2006年第5期，第69页。

（3）司法资源的有限。据统计，美国佛罗里达州一个死囚从被判处死刑到执行要花费2400万美元，得克萨斯州的死囚年均花费高达230万美元，这个数字相当于关押3个普通犯人40年的花费。[①] 从经济分析的角度看，实行高标准的死刑判决证明标准意味着查明犯罪事实会付出更多的司法资源，因为证明标准越高，对证据的质和量要求就越高，就需要司法机关花更多的时间、人力物力、财力和精力去收集证据。在我国目前司法资源有限，尤其是在欠发达地区更为明显的情况下，会导致部分地区因司法资源不足，导致真正犯罪的人得不到应有的惩罚，不能有力打击犯罪，不能够从总体上维护社会稳定。笔者认为刑事诉讼制度的设计向来是在各种目的、价值之间作出平衡和选择的结果，在世界上实行死刑国家为数不多的今天，实行死刑制度的本身即体现了该种刑罚制度的严酷性和非文明性，不仅如此，我国刑法中所规定适用死刑的罪名之多，范围之广也是为数不多的，而为了有效地遏制该项制度的实施，从程序制度上控制死刑，实现刑事诉讼的民主、文明现代化，彰显人文关怀，就有必要将人权保障作为其追求的首要目标，对面临死刑审判的人实行更高程度的证明标准应是必然选择。

（五）我国死刑判决证明标准新构

在国内，对死刑案件是否适用单独证明标准有两种截然对立的观点。龙宗智教授认为，死刑案件可适用“确定无疑”[②] 的证明标准。刘梅湘教授认为，死刑案件应适用“犯罪事实清楚，证据确实、充分，排除了合理怀疑”[③] 的证明标准。国内亦有学者对死刑案件单独制定证明标准持反对态度。周道鸾教授认为，“刑事案件不宜制定两个证明标准。问题在于，什么叫‘证据确实、充分’，应当在制定的刑事证据规则中，或者通过立法解释或司法解释，对它的含义作出明确的界定。证据若要达到‘确实、充分’的程度，就不仅要排除一切非法证据，而且要排除一切合理怀疑。这和上述联合国《保障措施》的规定是一致的”[④]。而陈卫东教授则更为进一步论述了死刑案件不应实行更高的证明标准，主张死刑案件的定罪和量刑适用分而治之的证明标准，即“定罪坚持适用与普通案件相同的排除合理怀疑，进入量刑阶段，例外的是，如果控方主张判处被告人死刑，那么法院应当就是否判处被告人死

---

① 赵广俊：《“第1000个死囚”引发激烈争议》，载《法制日报》2005年12月17日。

② 龙宗智：《“确定无疑”——我国刑事诉讼的证明标准》，载《法学》2001年第11期，第29~33页。

③ 刘梅湘：《死刑案件证明标准检讨》，载《人民检察》2006年第4期，第26页。

④ 周道鸾：《关于完善死刑复核程序的几个问题》，载《法学杂志》2006年第6期，第27页。

刑适用排除一切合理怀疑的证明标准”[①]。

依据证明标准的层次性原理，笔者认为对最严重的罪行定罪当然应设置最高的证明标准，应对死刑案件的证明标准作出特殊的规定，将其设置为有罪判决证明标准限度内最高的证明层次，但是若实行与普通刑事案件有罪判决不同的证明标准，则易导致对我国证明标准制度的误读，即在司法实践中，对死刑案件的被告人进行定罪和量刑时，适用高于普通刑事案件的证明标准，但是若证明不能满足这个证明标准时，则会对其作出无罪的判决，而不是作出罪轻的判决[②]，从而机械地适用证明标准。因此，笔者认为陈卫东教授的观点较科学[③]，借鉴该观点，对我国死刑案件的证明标准实行分而治之的做法，从证明主客观性相结合的角度，将定罪证明标准确定为与普通刑事案件相同的证明标准，即“排除合理怀疑的唯一性”，将量刑标准确定比之更高的标准，即“确定无疑的唯一性”。

“确定无疑”是一个主观性标准，要求对死刑案件事实的证明没有任何怀疑，这在程度上显然要高于“排除合理怀疑”，但也不能机械地用100%的概率加以理解；“唯一性”是一个客观标准，要求对死刑案件事实的证明得出的结论只有一个，没有任何其他可能性，不能存疑。这两个标准相互结合，缺一不可，构成了统一、完整的死刑案件的证明标准。

为保障死刑案件证明标准得到切实适用，除了从程序上改革我国现有死刑复核程序和实现二审全部开庭之外，还需改革我国的合议制度，借鉴美国死刑案件判决陪审团表决一致的规则，不仅要求死刑案件的合议庭人数要多于普通刑事案件的组成人数，将一审死刑案件审判的合议庭人数增加至7人，且均为职业法官组成，而且在表决规则上，实行“绝对一致规则”，“即对案件事实的认定问题实行表决绝对一致，对死刑的法律适用问题实行表决绝对一致，从而在程序上确保死刑案件证明标准的准确适用”[④]。

---

① 陈卫东、李训虎：《分而治之——一种完善死刑案件证明标准的思路》，载《人民检察》2007年第8期，第54、55页。

② 杨宇冠、郭志远：《如何理解和把握“疑罪从无”》，载《检察日报》（理论版）2006年6月20日。

③ 详见陈卫东、李训虎：《分而治之——一种完善死刑案件证明标准的思路》，载《人民检察》2007年第8期，第52~55页。

④ 杨宇冠：《死刑案件程序控制的若干问题》，载《比较法研究》2006年第5期，第69页。

第七章　我国公诉证明标准研究

一、两大法系公诉证明标准之考察

所谓提起公诉的证明标准，是指提起公诉对指控的案件事实进行证明所应达到的程度和要求。提起公诉是启动刑事审判程序的必由之路，提起公诉所依据的证据和应达到的证明标准，不仅关系到案件事实的正确认定，实现对犯罪的准确惩罚，而且还关系到犯罪嫌疑人的权利保障和诉讼效率等诸多价值的实现，因此，两大法系的立法、理论和实践都对之进行了规定和探索。

（一）英美法系国家公诉证明标准

1. 英国

为明确指示检察官提起公诉的证据标准，解决司法实践中对该问题适用上的不统一，英国总检察长1983年发布的《刑事起诉准则》指出，“不能只看是否存在足以构成刑事案件的证据，还必须考虑是否会合理的导致有罪判决的结果，或考虑一个人依法从事的无偏见的陪审团审判时，有罪判决是否比无罪开释具有更大的可能性。所谓的更大的可能性，即51%规则，指如果有罪判决大于无罪开释的可能性，该案就应起诉。”[①] 为准确加强对犯罪起诉的统一控制，英国于1985年又制定了《犯罪起诉法》（Prosecution of Offences Act 1985），其中第10条规定：“检察长应当颁布皇家检察官守则，以便在皇家检察官在适用的总的原则方面予以指导——（1）在任何案件中，在决定（ⅰ）针对某一犯罪的起诉是否应当被提起或者在业已提出起诉后是否应当终止；或者（ⅱ）应当提出何种指控；以及（b）在任何案件中，在考虑由它们向治安法院提出适合于该案的审判方式建议之时。（2）检察长可以时常对该规则进行修改。”[②] 于是，1994年英国《皇家检察官守则》（The Code for

---

① 转引自徐静村主编：《刑事诉讼法学》（上），法律出版社1999年版，第258、259页。

② 参见中国政法大学刑事法律研究中心组织编译：《英国刑事诉讼法》（选编），中国政法大学出版社2001年版，第512～513页。

Crown Prosecutors）（以下简称《守则》）颁布。该《守则》第5条第2款明确规定了提起公诉的证明标准，即“皇家检察官必须确信有充足的证据以支持对每一个被告人提出的每一项指控，并证明至‘预期可予定罪’的程度”①。可见，英国刑事诉讼中提起公诉所适用的证明标准是“预期可予定罪（realistic prospect of conviction）所需的充分（strong）的证据”②。

从证据审查判断操作性角度看，《守则》所确定的公诉证明标准具有下述优点：第一，可操作性③。“预期可予定罪”的结论要通过仔细的证据审查得出。具体内容是：审查证据能否在法庭中使用时，要考虑法定的证据规则，如证据是否可能因为收集方法违法或者是法律禁止使用的传闻证据而被排除；如果是这样，有无其他证据支持“预期可予定罪”；在审查证据是否可靠（reliable）时，要审查是否会因被告人的年龄、智力或者缺乏理解能力而使自白不可靠；证人的背景是否可能会削弱控诉？是否有可疑的动机（motive）或者有前科可能影响他对案件的态度；如果被告人的身份受到质疑，对此有无足够的证据。第二，客观性（A realistic prospect of conviction is an objective test）。《守则》强调在对证据进行客观性审查判断（objective test）以确定能

---

① The Code for Prosecutors 5.2 Crown Prosecutors must be satisfied that there is enough evidence to provide a‘realistic prospect of conviction’against each defendant on each charge. 文中系笔者自译，另参见中国政法大学刑事法律研究中心组织编译：《英国刑事诉讼法》（选编），中国政法大学出版社2001年版，第543页。

② 皇家检察官在决定提起公诉时，要考虑是否有充足的证据支持指控，必须确信有充足的证据指控被告达到“预期可以定罪”（When deciding whether there is enough evidence to charge, Crown Prosecutors must consider whether evidence can be used in court and is reliable. Crown Prosecutors must be satisfied there is enough evidence to provide a “realistic prospect of conviction” against each defendant.）。参见：http://www.cps.gov.uk/victims_witnesses/code.html。

③ 《皇家检察官守则》第5.4部分分四款对此作了专门规定，参见The Code for Prosecutors 5.4 b：Is there evidence which might support or detract from the reliability of a confession? Is the reliability affected by factors such as the defendant's age, intelligence or level of understanding?

c What explanation has the defendant given? Is a court likely to find it credible in the light of the evidence as a whole? Does it support an innocent explanation?

d If the identity of the defendant is likely to be questioned, is the evidence about this strong enough?

e Is the witness's background likely to weaken the prosecution case? For example, does the witness have any motive that may affect his or her attitude to the case, or a relevant previous conviction?

f Are there concerns over the accuracy or credibility of a witness? Are these concerns based on evidence or simply information with nothing to support it? Is there further evidence which the police should be asked to seek out which may support or detract from the account of the witness? 参见：http://www.cps.gov.uk/publications/docs/code2004english.pdf。

否提起公诉时，检察官必须站在陪审团的立场[①]，结合辩方可能提出的证据，就自己手中所掌握的证据能否对被告人作出有罪判决的可能性进行评估，只有在对被告人定罪的可能性远远大于对其不定罪的可能性时，或称“现实的定罪的可能性”[②] 时，才算达到了提起公诉所要求的“充分的证据”。如英国学者所言：“它不涉及有罪的可能性，而是涉及有罪判决的可能性。它并非要求警方对一定是确定充分的案件予以起诉，而是对他们能够确保证据充分的案件予以起诉的规则。该规则鼓励警方将原来证据不足的案件予以强化。”[③] 第三，高层次性。该证明标准虽是确定检察官提起诉讼的证据要求，但为了防止控方滥用控诉权，保障犯罪嫌疑人、被告人的合法权益，确保起诉的案件得到法院的裁判，因此，《守则》参照法院定罪的证明标准对起诉的证据标准作出了规定，在证明要求的层次上是很高的。例如，《守则》第5条第4款规定，“在确定是否具有足够的证据时，皇家检察官应当考虑证据能否使用和是否可靠”[④]。同时，《守则》第5条第4款还特别规定，“皇家检察官不应当由于他们不能确定能否使用某项证据或者该证据是否可靠而忽视此项证据，而应当在确认是否“预期可予定罪”时仔细地审查该证据”[⑤]。

2. 美国

如前所述，在美国证据法则和理论中，证明的程度一共分为九等：“第五等是合理根据，适用于签发令状，无证逮捕、搜查和扣押，提起大陪审团起诉书和检察官起诉书，撤销缓刑和假释，以及公民扭送等情况。”[⑥] 从证明规则来看，美国检察官提起公诉的证明标准与合法逮捕的证明标准一样，即

---

① The Code for Crown Prosecutors 5. 3 A realistic prospect of conviction is an objective test. It means that a jury or bench of magistrates or judge hearing a case alone, properly directed in accordance with the law, is more likely than not to convict the defendant of the charge alleged.

5.4 a Is it likely that the evidence will be excluded by the court? There are certain legal rules which might mean that evidence which seems relevant can' t be given at a trial. For example, is it likely that the evidence will be excluded because of the way in which it was gathered? If so, is there enough other evidence for a realistic prospect of conviction? 参见：http://www.cps.gov.uk/publications/docs/code2004english.pdf。

② 徐鹤喃：《英国皇家检控准则评介》，载《中国法学》2001年第6期，第174页。

③ 克利斯杰·布莱兹等：《起诉中的裁量权与责任》，载江礼华主编：《外国刑事诉讼制度探微》，法律出版社2000年版，第122页。

④ The Code for Crown Prosecutors 5. 4 When deciding whether there is enough evidence to prosecute, Crown Prosecutors must consider whether the evidence can be used and is reliable. 参见：http://www.cps.gov.uk/publications/docs/code2004english.pdf。

⑤ 中国政法大学刑事法律研究中心组编：《英国刑事诉讼法》，中国政法大学出版社2001年版，第542~548页。

⑥ 卞建林译：《美国联邦刑事诉讼规则和证据规则》，中国政法大学出版社1996年版，第22页。

只要求有"合理的根据"（亦可简称"合理根据"）或"相当理由"（probable cause）。所谓的"合理的根据"，只是具有"或然的理由"，也就是具有盖然性的理由，其含义是"检察官根据已知证据可以得出结论，认为该嫌疑人确有实施了指控的犯罪行为"①。但在具体司法实践中，因提起公诉既要考虑法院作出大量无罪判决的情况，也要考虑民众的反映、社会公共利益及国家政治需要，实践中检察官所适用的证明标准在层次上不仅高于逮捕的"合理的根据"证明标准，而且高于"合理的根据"这个层次，对证据的要达到充足的程度。例如，美国实践认为，起诉的"相当理由"较逮捕的"相当理由"更"高或严格"②。

由于美国在立法上是双轨制国家，对同一问题，联邦和州立法采取的态度不尽相同，在公诉证明标准方面也是如此。一些州的法律规定，检察官提起公诉时适用民事案件的证明标准，即所谓"优势证据"（preponderance of evidence）标准，指检察官根据已知证据相信该嫌疑人实施所指控犯罪行为的可能性要大于其没有实施该行为的可能性。还有一些州的法律规定，提起公诉的证明标准是"证据之形式上有罪"（prima facie，我国有学者亦称之为"案情明晰"或"表面证据"的证明，即要求公诉方的单方面证据可以明确地得出该嫌疑人已经实施了所指控犯罪行为的结论③），其意为："就已存在之证据，即令无须诠释，也足以担保有罪判决之成立。"④ 美国司法实践中一般认为所谓"证据之形式上有罪"是较"相当理由"更高程度的证明，其意为"检察官所提出的证据，作出最有利于检察官的解释，是否足以支持裁判者形成被告有罪至毋庸置疑的心证"⑤。

此外，为加强对暴力犯罪的打击，减轻检察官的起诉负担和成本，在强调人权保障的同时，美国联邦和州立法还注重对严重危害社会治安犯罪的起诉。美国法律家协会制定的《刑事检控准则》第9条规定："对于那些严重威胁社会公众的案件，即使检察官所在的司法管辖区的陪审团往往对被控犯

---

① 卞建林译：《美国联邦刑事诉讼规则和证据规则》，中国政法大学出版社1996年版，第22页。

② Kamisar, Lafave, Israve & King, supra note 6, at 944. 转引自王兆鹏著：《当事人进行主义之刑事诉讼》，台湾元照出版公司2004年版，第163页。

③ ［加］杨诚、单民主编：《中外刑事公诉制度》，法律出版社2000年版，第111～112页。

④ "the test is was there 'some evidence' which, if unexplained would warrant a conviction by a trial jury." 参见王兆鹏著：《当事人进行主义之刑事诉讼》，台湾元照出版公司2004年版，第161～162页。

⑤ Kamisar, Lafave, Israve & King, supra note 6, at 944. 转引自王兆鹏著：《当事人进行主义之刑事诉讼》，台湾元照出版公司2004年版，第162页。

有这类罪行的人宣告无罪，检察官也不得因此而不予起诉。”① 在华盛顿等州，对于侵犯人身权的暴力犯罪，法律要求的起诉证明标准比较低，“公诉方只要有足够的证据让法庭相信被告人应该接受审判，就可以提起公诉；但是对于侵犯财产权利等其他犯罪，法律要求起诉的证明标准则比较高，公诉方必须有足够的证据使有罪判决成为可能时才能提起公诉”②。

美国联邦和各州立法对提起公诉的证明标准规定虽不一致，但事实上，检察官在提起公诉时，所掌握的公诉证明标准不仅远远高于“合理根据”的标准，而且与法院作出有罪判决的标准基本一致。这是因为美国联邦司法系统和各州立法普遍赋予了被告人有要求预审的权利，加上大陪审团审查起诉制度，检察官在决定起诉时必须考虑指控的证据是否经得起预审或大陪审团审查。因而通常情况下，只有在有可采的证据表明被告人有罪达到“高度的盖然性”时，即有充分的证据相信能够获得有罪判决时，检察官才会决定提起公诉，也就出现了美国司法实践中的“提起公诉的证明标准与法院作出有罪判决的标准基本一致”③ 的现象。

此外，加拿大刑事诉讼法也对提起公诉的证明标准作出了明确规定，即“证据充分”，指控方收集的证据已经不仅仅是立案侦查时的表面证据，而是达到了“定罪的合理要求”，即“检察官必须考虑在实行无罪推定的条件下，控方有没有合理的可能证明被告人犯有指控的罪行的证据”④。

（二）大陆法系国家公诉证明标准

1. 德国

德国现行刑事诉讼法典第 152 条第 2 款规定：“除法律另有规定的以外，在有足够的事实根据时，检察院负有对所有的可予以追究的犯罪行为作出行动的义务。”⑤ 此条款不仅是对起诉法定原则的经典表述，而且也明确了检察官提起公诉的证明标准，即“有足够的事实根据”。此处所谓“有足够的事实根据”，就是指“有充分的犯罪嫌疑”⑥。此外，该法在裁判是否开始审判程序（亦称中间程序）部分再一次明确了提起公诉的证明标准（刑事诉讼法

---

① 朱仁政、史宝伦：《论我国提起公诉的证明标准》，载《国家检察官学院学报》2002 年第 2 期，第 133 页。

② ［加］杨诚、单民主编：《中外刑事公诉制度》，法律出版社 2000 年版，第 113 页。

③ 巩富文、陈学权：《现代西方国家提起公诉证明标准之考察与比较》，载《西北大学学报》（哲学社会科学版）2005 年第 1 期，第 131 页。

④ ［加］杨诚、单民主编：《中外刑事公诉制度》，法律出版社 2000 年版，第 68 页。

⑤ 李昌珂译：《德国刑事诉讼法典》，中国政法大学出版社 1995 年版，第 72 页。

⑥ ［德］克劳思·罗科信著：《刑事诉讼法》（第 21 版），吴丽琪译，法律出版社 2003 年版，第 364 页。

典第203条）："根据侦查程序结果认为被诉人有足够的犯罪行为嫌疑时，法院裁定开始审判程序。"① 所谓"有充分的犯罪嫌疑"，意思是说，"嫌疑人极有可能会被判有罪"②。

2．法国

在法国，刑事案件的公诉有严格的审查程序和内容，检察官决定是否起诉时，应当从两个方面进行审查，即追诉的合法性和适当性。在合法性方面，要求除了从形式上对有关公诉条件进行审查外，还必须从证据方面进行审查，即由检察官判断是否有"充分的证据"③ 认为发生了犯罪以及嫌疑人是否实施了该犯罪。但由于法国有典型的预审制度，预审法官身兼侦查和裁判两项职能，因而使得提起公诉的证明标准又呈现一定的复杂性，检察官在提起公诉时，可以不明确地指明被告人是谁而直接申请法官启动预审程序，让预审法官行使侦查职权，以查明应当被指控的具体被告人。但最终是否采取该行为，最终裁决权掌握在预审法官手中。法国现行刑事诉讼法典第177条第1款规定："如果预审法官认为案件事实并不构成重罪、轻罪或违警罪，或者罪犯无法认定，或者对（1993年1月4日第93－2号法律）被审查人的控告尚不充分，应以裁定宣布不予追诉。"同时，该法典第211条对二次预审的证据要求也作出了规定："刑事审查庭审议（1993年1月4日第93－2号法律）对被审查人的控告是否有足够的证据。"④ 这说明，法国的提起公诉证明标准是"足够的证据"或者"充分的证据"⑤。笔者认为这一证明标准的要求与我国刑事公诉的证明标准有相通之处，都是从客观方面对公诉证据证明力的要求，注重证明标准客观性立法与实践，要求对案件事实的证明达到充分的程度。

3．日本

日本刑事诉讼立法对提起公诉的证明标准并没有作出明确的规定，但在公诉实务中，由检察官起诉的案件几乎全部有罪，从最近几年来看，在总体上有罪率超过99%⑥。例如，"1993年地方法院的无罪率为0.22%，简易法

---

① 李昌珂译：《德国刑事诉讼法典》，中国政法大学出版社1995年版，第88页。

② ［德］克劳思·罗科信著：《刑事诉讼法》（第21版），吴丽琪译，法律出版社2003年版，第379页。

③ 罗结珍译：《法国刑事诉讼法典》，中国法制出版社2006年版，第200页。

④ 《法国刑事诉讼法典》第211条规定："刑事审查庭审议对被审查人的控告是否有足够的证据。"参见余叔通、谢朝华译：《法国刑事诉讼法典》，中国政法大学出版社1997年版，第99页。

⑤ 刘根菊教授亦持类似观点，参见刘根菊、唐海娟：《提起公诉的证明标准探讨》，载《现代法学》2003年第2期，第103页。

⑥ ［日］田口守一著：《刑事诉讼法》，刘迪等译，法律出版社2000年版，第104页。

院的无罪率为0.33%"[①]。日本司法实践中的高有罪率原因在于其检察业务的主管当局对公诉案件进行公诉审查时应遵循的证明标准提出了明确、严格的要求，对一些事项要求必须提供证据加以证明，其中"有无犯罪之嫌疑"[②]则是对提起公诉证明标准的要求。所谓"有犯罪嫌疑"，一般是指在"根据确实的证据，有相当大的把握可能作出有罪判决，才可以认定是有足够的犯罪嫌疑。"[③] 即要求检察官必须严格遵守"至少有充分证据证明能够使嫌疑人得到有罪判决才能提起公诉"[④] 的原则，当证明嫌疑人犯罪的证据不充分时，检察官则有权以"嫌疑不充分"为理由，作出不起诉的决定。笔者认为日本刑事司法理论与实践中对公诉证明标准的严格把握以及极低的无罪判决率，说明了其公诉证明标准与有罪判决的证明标准要求在程度的差距上是微小的，一方面反映了日本对公诉证明标准的高要求，另一方面反映了对人权保障的尊重。而实际上，从其立法对拘留和逮捕的证明标准条件，即"相当的理由"[⑤] 来看，如果没有高度的怀疑，公诉也不会被提起的，因此，公诉所要求的犯罪嫌疑，是一种基于证据的高度怀疑，至少要高于51%的程度。

除德、法、日代表性的国家立法与实践外，其他大陆法系国家有的也对公诉的证明标准进行了立法。例如，《俄罗斯联邦刑事诉讼法典》规定，案件侦查终结后侦查员签署起诉书送交检察长，由检察长决定是否将起诉书提交审判机关。该法典第220条规定，检察长收到侦查员送来的案件后，针对起诉书，必须查核下列问题："（4）列举证实指控的证据。（5）列举控辩双方所援引的证据。"同时第221条规定，检察长对侦查员移送来的附有起诉书的刑事案件，"有权批准起诉书并将刑事案件移送法院，或重新制作起诉书"[⑥]。笔者认为，俄罗斯的刑事诉讼立法中虽没有对公诉的证明标准作出明确规定，但是，对起诉的要求在证据方面不仅应具备能够证实指控的证据，而且还要把控辩双方所援引的证据一并提交，这就意味着起诉的证据要求应客观、全面，应考虑到起诉的案件被法院判决支持的可能性。

（三）两大法系公诉证明标准之特征

从对两大法系公诉证明标准的考察、比较研究可以看出，虽然二者在立

---

① ［日］田口守一著：《刑事诉讼法》，刘迪等译，法律出版社2000年版，第293页。

② 孙长永：《提起公诉的证据标准及其司法审查比较研究》，载《中国法学》2001年第4期，第121页。

③ 日本法务省刑事局：《日本检察讲义》，杨磊等译，中国检察出版社1990年版，第81页。

④ ［加］杨诚、单民主编：《中外刑事公诉制度》，法律出版社2000年版，第217页。

⑤ 参见《日本刑事诉讼法》第199条和第60条。参见宋英辉译：《日本刑事诉讼法》，中国政法大学出版社2000年版，第16、47页。

⑥ 黄道秀译：《俄罗斯联邦刑事诉讼法典》（新版），中国人民公安大学出版社2006年版，第199~200页。

法术语表达、操作要求上是不一致的，但是它们之间也有一些共同的特性。

1. 以定罪证明标准作为参照物

两大法系对提起公诉很慎重，都将定罪的可能性纳入证明标准，如在美国，由于刑事诉讼严格奉行“当事人主义”的对抗模式，“检察官在作出起诉决定时不能只考察手中的有罪证据是否充分，还必须考虑这些证据能否在法庭上合理地导致有罪的判决，或者说，要考虑一个公正的陪审团或法官能否接受这些证据并因此作出被告人有罪的判决”[①]。因此，在司法实践中，检察官提起公诉证明标准“现实的定罪预期”或“定罪的现实可能性”往往是以有罪判决的证明标准作为依据的。德国公诉证明标准是“有足够的事实根据”，日本公诉标准是“有犯罪嫌疑”，等等，都要求起诉有相当大的把握，或极有可能被法院判决有罪，同时还要综合考虑社会公共利益，以决定是否提起公诉。德国法虽规定“‘只要存在着与事实有关的充分根据，就必须起诉’。但是，检察实务中的起诉标准是，是否存在根据确凿的证据获得有罪判决的可能性，虽然达不到法院作出有罪判决时所要求的高度标准（超越合理怀疑的确信），但是，在提起公诉的时候，作为检察官的认识来说，必须达到接近确信的程度”，而所谓的“确信”也是法院作出有罪判决的证明标准。[②] 笔者认为这种做法至少有两种好处：第一，避免不必要的诉讼案件进入审判领域，减少法院的讼累，节约司法资源，当然，从另一方面看，较高的公诉证明标准提高了侦查、起诉的成本，但与案件真相之查明，裁判之正确比较而言，在诉讼成本的总量方面来看仍是经济的；第二，可以有效实现对犯罪嫌疑人、被告人的权利保护。较高的公诉证明标准，减少了提起公诉的随意性，达到诉讼过滤功能，可以减少控方随意擅断将犯罪嫌疑人、被告人推到审判席上的概率，从而实现了不必要的追诉。

2. 普遍低于定罪证明标准

两大法系国家的公诉证明标准普遍比法院的定罪证明标准要低，这与诉讼阶段的任务和认识规律是相一致的。在公诉的证明标准方面，无论是大陆法对检察官的起诉要求的“有足够的事实证据”、“充分的证据”和“犯罪嫌疑”，还是英美法的起诉“预期可予定罪”、“合理的根据”，等等，在证明标准要求的程度上都低于其有罪判决的证明标准。之所以如此，与两大法系侦查权能的分配是有关的。在西方国家，起诉并不意味着侦查的终结，控方在决定起诉后仍然可以继续收集有关的证据。在保留预审制度的大陆法系国家，

---

① ［加］杨诚、单民主编：《中外刑事公诉制度》，法律出版社2000年版，第112页。

② ［日］松尾浩也著：《日本刑事诉讼法》（上卷，新版），丁相顺译，中国人民大学出版社2005年版，第161页。

检察官可以启动预审程序，通过预审法官的强制权力进一步收集证据①；在英美法系国家，一方面要求控方必须在逮捕嫌疑人后尽快提出指控，另一方面允许控方在决定提出指控后，通过讯问嫌疑人以外的方法继续发现和收集证据，控辩双方还可以通过证据开示程序了解对方持有或控制的证据②。从诉讼规律角度讲，“对于控方而言，起诉的及时性要求使得它在决定起诉时不可能拥有太多的证据；同时，起诉后补充收集或者获悉的证据可能会进一步加强控诉证据的证明力，因此，也没有必要要求公诉证据标准必须达到最终足以定罪的程度”③。

但相比而言，大陆法系国家提起公诉的证明标准普遍略高于英美法系国家，这与两者使用迥异的诉讼模式（当事人主义与职权主义）以及庭前程序的完备与否（大陆法系国家一般较严密、完备，而英美法系国家则相反）有一定的关系。在大陆法系国家，如日本实行“真实主义与效率主义相结合的司法形态”④，注重侦查、起诉阶段彻底查明真相，故在证明标准的要求上要高于英美法基于程序正义观念所要求证明标准的程度。

3. 要求客观性

两大法系虽在定罪的证明标准上往往是以经验主义和怀疑主义作为其认识论基础的，强调从主观方面来设定证明标准，但是，在公诉的证明标准设定方面，在认识论观念上在很大程度上也是一致的，不论是“定罪的现实可能性”，还是“有足够的事实根据”，虽然依赖于检察官的审查和判断，离不开主观的作用，但仍强调证据充足客观性的证明作用。深受英美法影响的我国台湾地区“刑事诉讼法”也将公诉证明标准规定为“足认被告有犯罪嫌疑”，在实践中要求的是“依经验法则与论理法则，客观上可立即判断检察官举出之证明方法根本足以认定有成立犯罪之可能而言”⑤。笔者认为，这种客观性的立法要求检察官在提起公诉时不仅应遵循客观事实的证明标准，而且要考虑辩护方所提供证据的影响，给我国相关立法完善的启示是：公诉证明标准的设置，不仅应坚持较高的标准，而且要从客观性角度立法，这有利于保障公诉证据的准确性。

---

① 《法国刑事诉讼法典》第49条对预审法官的侦查权作了规定。参见余叔通、谢朝华译：《法国刑事诉讼法典》，中国政法大学出版社1997年版，第25页。

② 参见［英］麦高伟、杰弗里·威尔逊主编：《英国刑事司法程序》，姚永吉等译，法律出版社2003年版，第190～195页。

③ 孙长永：《提起公诉的证据标准及其司法审查比较研究》，载《中国法学》2001年第4期，第123页。

④ ［日］田口守一著：《刑事诉讼法》，刘迪等译，法律出版社2000年版，第104页。

⑤ 王兆鹏著：《当事人进行主义之刑事诉讼》，台湾元照出版公司2004年版，第163页。

4．概念的模糊性

两大法系的公诉证明标准所使用的概念如同其定罪证明标准概念一样，在立法及理论上的表述均具有模糊性，不论是“合理”、“足以”、“充分”，还是“犯罪嫌疑”概念，都是一个意思比较模糊的词语，给司法实践中的正确把握和操作带来了很大的困难，也正因如此，一些国家在立法、实践和理论研究中对这些标准的具体量化进行了探讨。例如，在德国刑事诉讼理论中，对所谓“充分的犯罪嫌疑”[①] 持有不同的意见，有学者认为“不应以侦查结果是否显然将致使为有罪之法院判决为判断标准，而以检察官自己的预测，其是否在审判结束时，显然将可声请有罪之判决而定”[②]。斯密特教授认为：“有足够的不利被告人的证据，可以正当地要求被告人在法庭的公开审判中回答对他提出的指控。因此，检察机关是根据充分的重大嫌疑对他提起公诉的。”[③] 可见，根据斯米特教授的观点，“充分的犯罪嫌疑”的判断标准是“足够的证据”，但笔者认为何为“足够”恐怕又是一个难以琢磨的概念。

二、我国公诉证明标准之评价

我国《刑事诉讼法》第141条规定：“人民检察院认为犯罪嫌疑人的犯罪事实已经查清，证据确实、充分，依法应当追究刑事责任的，应当作出起诉决定，按照审判管辖的规定，向人民法院提起公诉。”可见，我国提起公诉的证明标准就是“犯罪事实清楚，证据确实、充分，依法应当追究刑事责任”。我国立法上公诉证明标准虽然用的是“认为”，但这种“认为”是以证据事实为根据的，是以“认为”可以证明为预期的，可以说是检察官向自己或部门内部“证明”的事项，这种证明将是法庭证明的前提和基础。由于检察官对定罪的预期比实际定罪大，实际定罪数量一定小于公诉数量，所以公诉证明标准低于定罪证明标准，这也符合认识论的规律。结合国外立法、实践和理论中的研究成果，笔者认为我国公诉证明标准仍有一些优点与缺陷值得研究。

---

① ［日］松尾浩也著：《日本刑事诉讼法》（上卷，新版），丁相顺译，中国人民大学出版社2005年版，第161页。

② ［德］克劳思·罗科信著：《刑事诉讼法》（第21版），吴丽琪译，法律出版社2003年版，第364页。

③ ［加］杨诚、单民主编：《中外刑事公诉制度》，法律出版社2000年版，第196页。

（一）我国公诉证明标准之优点

1. 客观性

“检察官的客观义务是以真实义务为基础的”[①]，因此，公诉证明标准的客观性是检察官客观义务的要求，是发现案件真实的需要。所谓检察机关的客观义务，指的是“检察官必须站在客观的立场，追求案件的事实真相，不偏不倚地全面收集证据，审查案件和进行诉讼的行为。检察官负有客观义务，这是检察机关活动的基本原则，也是现代检察制度发展的必然要求”[②]。检察官的客观义务制度不仅为许多国家吸收，而且已经发展成为一项国际刑事司法准则。1990 年 9 月 7 日通过的《关于检察官作用的准则》第 13 条第 2 款明确指出，“检察官在履行其职责时应保证公众利益，按照客观标准行事，适当考虑到嫌疑犯和被害者的立场，并注意到一切有关的情况，无论是否对嫌疑犯有利或不利”[③]。我国公诉证明标准“犯罪事实清楚，证据确实、充分”在一定程度上体现了对检察官客观义务的要求，理由在于：一方面，从字面含义上看，不仅包含了对证据质的要求，也包含了对证据量的要求，同时更包含了对整个案件事实真实程度的要求，也就是在客观的程度上要达到清楚的程度；另一方面，从立法层面上看，在审查起诉阶段，检察机关必须客观、全面地审查案件的证据，听取犯罪嫌疑人、被害人及其委托人的意见，然后依据事实和法律作出提起公诉、不起诉的决定；起诉书必须“忠于事实真相”。坚持客观性立法可以避免控方随意将案件起诉到法院，并全面收集案件证据，避免不必要的审判，有利于节约诉讼资源，有效保护犯罪嫌疑人、被告人的合法权益。

2. 主观性

刑事证明是证明主体主观与客观相结合的活动，完全从客观方面对证明的要求加以规定，则易忽视证明主体主观方面在证明过程中的作用。我国刑事诉讼立法关于公诉证明标准的规定与侦查终结和有罪判决证明标准规定的最大不同就是认识到了证明主体主观方面的作用，即公诉证明标准虽应做到犯罪事实清楚，证据确实、充分，但这是检察官主观方面的“认为”。这种认为是单方面的，且是主观方面的要求，用一个最简单的逻辑来说，检察官连自己都不认为“犯罪事实清楚，证据确实，充分”，何谈有勇气和信心将

---

① 孙长永：《检察官客观义务与中国刑事诉讼制度改革》，载《人民检察》2007 年第 17 期，第 6 页。

② 曾献文：《确立中国式检察官客观义务》，载《检察日报》2007 年 7 月 19 日。

③ 程味秋、［加］杨诚、杨宇冠编：《联合国人权公约和刑事司法文献汇编》，中国法制出版社 2000 年版，第 264 页。

案件交给法院审理呢？这也说明，对控方所要求的公诉证明标准与判决的证明标准应是有区别的。有罪判决的证明标准是建立在控辩双方的证据经质辩后所作出的判断，而公诉证明标准则是控方对自己所掌握的证据的单方判断，是一种单向判断。相比较而言，两大法系中的“充足的理由”、“合理的根据”之类的证明标准则侧重于证明标准的客观性，而忽略了证明的主观性，显得不够全面、科学。鉴于此，可能会有学者认为，主观性标准会与检察官的客观义务相违背，笔者认为二者之间并不矛盾，我们虽然希望、要求检察官收集能够全面反映案件真实情况的证据，但由于检察官在刑事诉讼中的特殊地位，决定其很难做到。如果我们过于强调检察官所收集到的证据材料是完全客观性的，能够反映案件的全貌，则会使法院过分依赖该证据进行定案，从而忽视辩方的作用，这与刑事诉讼结构中诉讼主体的职能分工不符。

3. 有利于保障人权

在我国学术界，有学者认为“公诉案件由控诉机关一家承担证明责任，为了搜集更多、更全面的证据，以达到‘证据确实、充分’，控诉机关需投入的成本也就更大。越到后面，为搜集某一证据，其耗费的成本越有可能大大超出前面所获取的大量证据的成本的总和。而在审判阶段则不同。在审判阶段，辩护方会出示自己搜集到的证据，而这些证据可能是公诉机关根本无法预料、无从搜集的。虽然这些证据可能对控诉方不利，但对查明案件事实真相确是不可或缺的。因此，从诉讼效益的角度考虑，公诉证明标准应低于有罪判决标准”①。笔者并非主张公诉证明标准应低于有罪判决的标准，但认为前述观点是片面的，因为在刑事诉讼中，当人权保障和效益同为所追求的价值时，应将人权保障放在第一位，理由在于：不当的追诉行为和判决结果所侵犯的是犯罪嫌疑人、被告人的生命、自由、人身及财产等重要权利，尤其是人的生命、人身等重要权利一旦被侵犯，则不可恢复。因此，世界上很多国家为确保刑事诉讼的公正、准确进行，而不顾成本，对公诉设置了较高的证明标准，这也说明我国较高的公诉证明标准与世界上很多国家该项制度立法的理念是一致的，即对人权保障的尊重。在美国刑事诉讼中，为实现对人的生命权的保护，可以不顾诉讼程序的繁杂和成本的高昂对个别案件进行起诉。根据美国宪法第五修正案的规定，任何人非经大陪审团的控告，不得

---

① 邵勋：《公诉证明标准的重塑》，载《杭州师范学院学报》（社会科学版）2003年第4期，第82页。

被指控犯有死罪（capital）[1]。而美国的大陪审团（the grand jury）是从选民中随机抽取产生的，一般由23名陪审员组成。指控死刑案件时，检察官必须出席陈述案件，出示证据，传唤证人，由大陪审团对控方证据进行衡量再裁决是否起诉。如果大陪审团认为提交的案件是真实的，它就会裁决同意起诉。裁决后检察官才能向法院起诉。可见，美国设立大陪审团裁决制度的主要目的是防止死刑案件的滥诉，提高死刑案件的公诉标准，从源头上严格控制死刑适用，从而有效实现对人的生命权的保护。

（二）我国公诉证明标准之缺陷

1. 与我国刑事诉讼模式及制度不相适应

根据我国刑事诉讼法的规定，提起公诉的证明标准与法院定罪量刑的证明标准是一致的，均为“犯罪事实清楚，证据确实、充分”。笔者认为这与我国在刑事立法、司法及理论研究过程中对刑事诉讼模式和庭审方式改革所进行的探索以及我国刑事诉讼制度设计是不相适应的。在两大法系刑事诉讼中，公诉证明标准要求检察官作出起诉时不仅要站在控方的立场上，而且要站在中立的立场上，要全面考虑辩护方所提出的证据，综合衡量、判断作出有罪判决的可能性。这一理念和制度是建立在与其相适应的诉讼模式和诉讼制度基础上的，而其中不可缺少的就是证据交换、展示和预审制度。例如，法国设有预审法官，享有对起诉进行初步审查和二次预审决定是否同意起诉的权利[2]，经两次预审后，法官完全可以熟悉控辩双方所掌握的证据情况，对是否会作出有罪判决能够作出合理的预测，这种在控辩双方证据均存在的情况下，应当说证明标准的客观性要求是可以实现的。而在我国，与旧刑事诉讼法相比，现行法对我国刑事诉讼模式和庭审方式所作的重大修改，就是增强了诉讼的对抗性：一方面赋予律师提前介入并享有帮助权；另一方面案件卷宗不再全部移送法院，庭审成了决定案件事实是否成立的关键阶段。由于律师取得的证据，检察官在起诉阶段无从知晓，再加上庭审中证人作证、控方举证和论辩情况等是未知数，都使起诉主张在法庭上能否得到支持具有了很大的不确定性。可见，在我国目前诉讼模式下，在没有建立证据交换、证据展示制度及设置预审法官的情形下，想让控方掌握全部的证据显然是一种苛求，将提起公诉的证明标准在立法上明确要求达到刑事证明的最高标准，

---

① Amendment V. No person shall be held to answer for a capital, or otherwise infamous crime, unless on a presentment or indictment of a grand jury, except in cases arising in the land or naval forces, or in the militia, when in actual service in time of war or public danger.

② 详见［法］卡斯东·斯特法尼著：《法国刑事诉讼法要义》，罗结珍译，中国政法大学出版社1998年版，第79～80页。

即定罪的证明标准，不仅无制度保障，而且在实践中不可行。

2. 与诉讼认识规律不符

辩证唯物主义认识论告诉我们，人类对事物的认识是一个渐进的过程，首先是感性认识，然后是理性认识，人类在认识的过程中不断实现飞跃，并不断地实现否定之否定。作为人类认识的一种，诉讼认识同样应当遵循这个规律，在侦查阶段，因认知手段和能力的限制，侦查人员只能获得对案件事实的初步认识；在公诉阶段，对案件事实的认识则不断深化。反过来看，在侦查和起诉阶段若要求一种与审判阶段相同的认识，在证明的要求上处于相同的层次，则意味着实践中必然出现“不诉不立，不判不诉”[①] 现象，不仅会冤枉无辜，而且会放纵罪犯，不能实现惩罚犯罪与保障人权的双重目标。因此，从人类认识的一般规律及其在实践中的后果来看，侦查、起诉与判决不同，认识阶段所应适用的证明标准也应是不同的，而应呈一种递进关系。可见，我国刑事侦查终结、起诉公诉与判决证明标准的表述基本上是一致的，即都要做到“犯罪事实清楚，证据确实，充分”，这显然违背了诉讼认识的渐进性规律。

3. 概念具有模糊性

犯罪“事实清楚，证据确实、充分”是一个极其抽象的概念，其并不能给司法人员在实际办案中提供可操作性的标准。为解决难以操作的问题，最高人民检察院颁布的《人民检察院刑事诉讼规则》第286条作了“证据不足、不符合起诉条件”的反面规定，即“（一）据以定罪的证据存在疑问，无法查证属实的；（二）犯罪构成要件事实缺乏必要的证据予以证明的；（三）据以定罪的证据之间的矛盾不能合理排除的；（四）根据证据得出的结论具有其他可能性的”。因此，理论上也就出现了下述简单性的理解：“单个证据查证属实。这个标准是整个案件证据符合确实、充分的基础和前提；证据之间相互印证；证据矛盾合理排除；证据组合形成体系；证据指向唯一、排他”[②]。这种模糊性的标准给实践带来的危害是极大的，将会导致相同的案件得不到相同的处理，司法适用不统一。

4. 缺乏监督制约机制

我国刑事诉讼立法虽规定了较高的公诉证明标准，但是对该标准的掌握完全在于检察机关自身，究竟公诉有没有达到这样的证据标准，并无有效的

---

① 我国司法实践中，刑事立案机关和公诉机关往往是以有罪判决的证明标准作为立案和公诉的证明标准，也就出现了“不诉不立，不判不诉”现象。

② 刘玉选、王雄飞：《论刑事证明标准及其对公诉工作之意义》，载《国家检察官学院学报》2001年第1期，第81~83页。

外部监督制约机制。依据我国刑事诉讼法的规定，检察机关提起公诉时，法院只对起诉书是否有明确的指控事实，是否附有证据目录、证人名单和主要证据复印件等进行程序性审查，而不对全案进行实质性审查，这意味着法院不对犯罪事实是否清楚、证据是否确实充分等问题进行审查。这种立法带来的后果是，法院对公诉机关提起公诉的证据标准没有有效的审查制约机制，一旦犯罪嫌疑人、被告人遭受了不公正追诉，法院便不能尽早采取有效的救济措施。当然，从反面来说，若确立法院对公诉证据审查的制约机制，则易导致检察机关的公诉提起依赖于法院审查决定的情形，或者导致法院对案件事实的认定先入为主的现象，因此，如何建立科学的审查制约机制是值得探讨的，不同国家对该问题解决的方式亦有所不同。在法国，为有效对检察官的起诉行为进行制约，存有预审机制，若起诉的证据不符合要求，则有权作出退回的决定①。而在美国，则建有强制起诉制度，当有证据证明检察官应当提起公诉而不提起时，完全可以启动大陪审团进行审查，作出决定，强制检察官起诉。我国刑事立法传统、诉讼观念较接近法国，其发达的预审制度对有效制约不当公诉行为起到了很好的作用，笔者认为我国公诉制约机制可参考法国经验进行完善，即设置预审法官。

5. 与公诉权的属性不相称

所谓公诉权，“是法定的专门机关代表国家主动追诉犯罪，请求审判机关对犯罪嫌疑人予以定罪并处以刑罚的一种诉讼权力。其实质是在特定的犯罪案件中，国家垄断行使对犯罪行为的控告权。这种权力不具有实体处分的性质，仅仅是一种请求权”②。在刑事诉讼领域，公诉权表现为检察机关提起公诉的权利，其是一种请求权，包含求罪和求刑两方面的内容。检察机关在行使这项权利的时候具有积极主动的特性，只有其将满足公诉证明标准的案件起诉到法院，方可促使审判权的行使和诉讼进程的推进，可以说，满足公诉证明标准要求的案件是公诉权的载体。而审判权具有终局性，应对案件事实真相作出认定，应对请求的事项作出判定。公诉权与审判权的该项区别决定了公诉所要求的证明标准应与判决的证明标准有所差别，在程度上前者应低于后者。

三、我国公诉证明标准之完善

我国公诉证明标准究竟应如何设置，证明要求应达到何种程度，学界一

---

① 详见［法］卡斯东·斯特法尼著：《法国刑事诉讼法要义》，罗结珍译，中国政法大学出版社1998年版，第79~80页。

② 徐鹤喃：《公诉权的理论构解》，载《政法论坛》2002年第3期，第104页。

般有下述观点：第一，区别论。主张降低我国现行证明标准。理由在于，“降低起诉证据标准，有利于检察机关职能的发挥。从公诉与审判的关系看……国家法制允许某种程度的无罪率……意味着允许检察官对某些可能作出无罪判决的案件提起公诉，然后由法院来做最后把关……我国审判方式改为控辩方向法庭举证的所谓‘控辩式’诉讼以后，辩护的空间扩大，辩护性证据的产生可能增加公诉后果的不确定性。”① 从诉讼成本角度考虑，实行较高的证明标准，会投入很多的司法资源，耗费较长的诉讼时间，不利于诉讼效率的提高。此外，实行较高的证明标准，会使部分案件不能进入审判领域，从而导致犯罪分子被放纵，不利于惩罚犯罪。因此，应降低现行公诉证明标准，只要人民检察院认为案件已经达到定罪标准，有定罪的可能，就可以起诉。第二，一致论。主张实行与有罪判决相一致的证明标准。理由在于，我国刑事诉讼中的公、检、法机关承担的任务虽不同，但目标是共同的，即收集证明犯罪证据，惩罚犯罪，保障人权，因此，所适用的证明标准应是一致的，且高标准的证据要求可以约束公诉权。如孙长永教授指出，“其他法治国家对公诉有司法审查制度，可以抑制检察机关滥用公诉权，对公民进行不当指控。但中国的公诉权独占，不能付诸司法审查，因此必须设定较高的公诉证据标准，以防止公诉权的不当发动”②。笔者认为我国公诉证明标准完全有必要进行改革，且应从指导原则和具体制度设计两方面进行。

（一）完善我国公诉证明标准应坚持的原则

1．高标准原则

公诉与判决是两种性质不同的诉讼活动，行为的效力完全不同，在证明标准的设置上理应不同。从前文对两大法系公诉证明标准的考察中可以看出，在这些国家虽实行低于有罪判决的公诉证明标准，但在具体要求上也是有所区别的：首先，公诉证明标准往往是以定罪证明标准为参照物加以设定的，在证明所要求的程度上并不低；其次，公诉证明标准注重的是证明标准的客观性，而定罪证明标准注重的是主观性。笔者认为，在我国实行较高程度的公诉证明标准是有其合理性的：

（1）与我国诉讼实际相符。目前我国侦查人员业务素质不高，侦查水平落后，决定了侦查过程中证据的收集和运用不够充分和严谨，若实行较低的公诉证明标准，就可能使侦查人员从思想上放松对证据收集的要求，大量的案件被起诉到法院，不仅增加了法院的审判负担，而且会将没有实施犯罪的人起诉到法院，造成打击犯罪面过大的不良后果，不利于实现对犯罪嫌疑人

---

① 龙宗智：《再论提起公诉的证据标准》，载《人民检察》2002 年第 4 期，第 6 页。

② 龙宗智：《再论提起公诉的证据标准》，载《人民检察》2002 年第 4 期，第 6 页。

权利的保护。

（2）有利于实现控辩平衡。我国侦查机关享有充分的、优越于犯罪嫌疑人、被告人的侦查权，若实现对犯罪嫌疑人、被告人权利的平等保护，贯彻控辩平衡原则，达到控辩双方平等对抗的效果，则必须赋予控方较高的证明程度义务，要求其对指控提供充分的证据加以证明。

（3）有利于实践中对公诉的制约。我国立法上虽确定提起公诉应达到"案件事实清楚，证据确实、充分"的证明标准，但是有关司法解释和实践中的操作标准是低于这个标准的，即只要"起诉书有明确的指控犯罪事实并且附有证据目录、证人名单和主要证据复印件或者照片"[①]，法院即可受理检察机关的起诉，且应当开庭审判。而在国外的司法实践中，公诉证明标准一般是高于立法上的标准的，且为了达到对公诉权的有效制约、控制起诉，在检察官提起公诉以后，基本上还要经过一个严格的审查程序，如英国的治安法官预审；美国的预审和大陪审团审查起诉；法国的预审法官及"二级预审"；德国的"中间程序"。这些程序均对不当起诉起到了审查和过滤作用，抑制了公诉权的滥用。而我国的审查公诉程序功能单一，不具有证据展示和非法证据排除等功能，且更没有完善的预审程序，很难实现对公诉权进行制约，完全需要建立高层次的公诉证明标准。

（4）有利于我国庭审中心主义诉讼构造的建立。在我国刑事诉讼构造中，公、检、法三机关之间的关系是"分工负责、相互配合、相互制约"，这就决定了从刑事诉讼侦查、起诉到审判，像一个食品罐头加工厂一样，是一个"流水作业"[②]式的诉讼结构。在观念上，三机关的共同任务是收集证据，查明犯罪事实，惩罚犯罪，法院往往以起诉方的证据为标准认定案件事实，而不对庭审过程中辩方提供的证据进行考虑。若实行高标准的公诉证明标准，不仅可以对起诉行为进行制约，而且可以使法官树立庭审中心主义观念，强调法官的中立地位，考虑辩方提供的证据及意见，从而更客观、全面、准确地认定案件事实。

（5）有利于社会的和谐、稳定。从理论和实践角度来看，完整意义上的无罪推定原则在我国立法上并没有确立，同时，由于我国民众和司法者深受有罪推定观念的影响，在实践中难以革除这种观念所带来的不良后果，"凡捕有罪，有罪必捕"的观念和做法在实践中大量存在。实行高标准的公诉证

① 我国现行《刑事诉讼法》第150条规定，人民法院对提起公诉的案件进行审查后，对于起诉书中有明确的指控犯罪事实并且附有证据目录、证人名单和主要证据复印件或者照片的，应当决定开庭审判。

② 陈瑞华：《摆脱"流水作业"的诉讼模式》，载《民主与法制》2007年第21期，第56页。

明标准，不仅可以对实践中高逮捕率进行遏制，而且可以避免被逮捕的犯罪嫌疑人被判决无罪或释放得更多，从而消除民众认为其中存有司法腐败的嫌疑，消除司法机关和民众之间的紧张关系，使司法真正为民，促进社会的和谐、稳定。

2. 可操作性原则

如何既能做到法律规定的抽象性，又能兼顾该规定的可操作性，是一个很难处理的问题，两大法系主要国家的证据立法中都存在类似需要解决的问题，无论是"预期可予定罪"，还是"充分的理由"、"合理的根据"，都是一个模糊、难以操作的概念。为此，英国《守则》对公诉的证明标准作出了明确的指导，即证据审查和公共利益（public interest）[①] 审查两个方面。在我国，"案件事实清楚，证据确实、充分"同样是一个难以操作的公诉证明标准，司法实践中的理解更是五花八门。例如，"案件事实清楚，证据确实、充分"这一证明标准被实务部门转化为了"基本事实清楚、基本证据确凿"[②]。实务部门依照所谓"两个基本"的理解，在主观上又必须达到"确定无疑"的程度，在客观上必须排除其他可能性，这就说明我国实践部门有的对起诉事实证明标准的要求是很高的，与判决的证明标准几乎没有什么不同，其中所谓的"基本"，实质是要求公诉证明标准应满足法院认定案件事实证据的全部要求，在操作的标准上要求是很高的。从字面含义来理解，笔者认为"基本事实、基本证据"的要求应低于"事实清楚，证据确实、充分"的程度，因为毕竟只是"基本"的，而不是"充分"的。这种理解和操作上的混乱，需要我国检察机关发布一系列司法解释进行明确，而这些司法解释本身也是模糊的，不利于实践中的操作，因此完全有必要制定具有可操作性的证明标准。

3. 客观性原则

诉讼证明具有主客观性，公诉证明也是如此。笔者认为，我国公诉证明标准的构建应坚持客观性原则，即该证明标准主要从证明的客观角度提出要求，而不是以证明主体根据主观判断的结果，并决定是否可以进行起诉，理由在于：第一，主观性的证明标准不符合我国认知心理。众所周知，与西方

---

① The Code for Crown Prosecution 5. 6～5. 11（the public interest stage）对公共利益审查的标准和方法作出了明确规定：

② 最高人民检察院副检察长张穹 2001 年 7 月在《关于"严打"整治斗争中的法律适用问题》一文中指出："'基本事实清楚、基本证据确凿'是实践中办理刑事案件的证明要求，适用'两个基本'认定案件，必须达到确定无疑的程度，必须排除其他可能性，保证对被告人定罪量刑的准确……在起诉和审判阶段，要按照'两个基本'的要求掌握具体的条件，凡是符合条件的，就要依法起诉、判决"。转引自龙宗智：《再论提起公诉的证据标准》，载《人民检察》2002 年第 4 期，第 6 页。

建立在主观主义基础之上的怀疑论和不可知论不同，我国民众有辩证唯物主义的认知心理，在对事物证明的判断上，往往会从客观的角度进行，因此，设置客观性的公诉证明标准符合司法认识活动的心理习惯。第二，客观性的证明标准有利于准确起诉。在我国侦查、检察人员业务素质不精、技术装备不良的情况下，实行客观性的公诉证明标准，有助于促使公诉机关花更多的精力去依法收集证据，按照客观性的标准去准备证据，从而保证公诉的准确性，同时也会使他们认识到，若不具备相应的证据，公诉根本不会被提起。第三，客观性的证明标准有利于实现对当事人权利的保障。依据客观性的证明标准，公诉机关可以知道满足哪些证明要求方可提起诉讼，从而可以避免公诉被轻易提起，防止不当追诉，有效保障当事人的人权。第四，客观性与我国诉讼结构相适应。在我国刑事诉讼中，“检察机关垄断公诉权，不实行对公诉的司法审查，法院无权以检察机关起诉不当为由驳回起诉”①，在侦查、起诉行为缺乏有效的制约，尤其是司法审查情况下，若实行放任公诉机关判断的、较低的主观性证明标准，则意味着公诉机关享有大量的裁量权，难以防止公诉权被滥用，公民权利被侵害。

（二）我国公诉证明标准之确定

我国究竟应确定何种公诉证明标准，学界可谓见仁见智。龙宗智教授认为，“提起公诉的证据标准应同于或基本同于判决标准。理由在于，‘案件事实清楚，证据确实、充分’这一起诉证据标准的规定后面，可以加一个说明和解释：‘检察机关在对证据确实、充分进行评价时，应当预测起诉后证据体系可能发生的变化，只有在判定有较大把握导致有罪判决时，才能认为起诉证据确实、充分’。”② 而何家弘教授认为，“移送起诉的证明标准是‘优势证明标准’”③。笔者认为确定我国公诉证明标准需结合我国诉讼实际进行。因为，“我国现行的刑事诉讼并非采审判中心主义，而是在实施过程中遵循流水式的诉讼结构，公、检、法三机关之间呈现接力式的办案模式，每个机关各负责一个阶段，并且在自己负责的阶段里享有很大的权利。这种流水式的诉讼结构导致了三机关之间各有自己的部门利益。……各部门在具体案件操作时也多是以自己的部门解释为准，致使许多司法人员只知道自己的部门规定而不知刑事诉讼法为何物。……从某种意义上说，公、检、法三机关之间的部门利益之争已经严重地影响了刑事诉讼法的统一性，这一问题正是刑

---

① 龙宗智：《再论提起公诉的证据标准》，载《人民检察》2002 年第 4 期，第 6 页。

② 龙宗智：《再论提起公诉的证据标准》，载《人民检察》2002 年第 4 期，第 7 页。

③ 何家弘：《刑事证据的采纳标准和采信标准》，载《人民检察》2001 年第 10 期，第 12 页。

事诉讼法再修订时必须要解决的问题之一”①。若仍实行较低要求的“优势证明标准”，则会导致公诉机关放松证据收集的要求，自行发布有利于己的司法解释，大量的案件会被追诉到法院，不仅会浪费司法资源，而且会有损刑事立法的权威。此外，在刑事诉讼中，由于公诉机关提起公诉时的证明只是辩方几乎不存在证据的单方的证明，无论是从诉讼证明规律，还是公诉机关本身承担的证明任务角度而言，其所适用的证明标准都应与有罪判决的证明标准有所不同，鉴于我国立法和司法的实际，应实行较高程度的、客观性的证明标准，且不宜在立法上规定一个标准后，又通过司法解释这种“循环再循环”的细化方法，应采取一步到位的做法。

笔者认为可将我国公诉证明标准确定为“证据确实、充分的唯一性”，该标准包含两个方面的要求：一方面是对证据的要求，即证据不仅在质上要满足其本身和法定证明要件的要求，而且在量上要达到对一个案件事实证明充分的程度要求。另一方面，在证据具备质和量要求的前提下，得出一个有罪的案件事实结论，且这个结论是唯一的，没有其他任何可能。如果非要对其用百分比来表示公诉证明程度的话，笔者认为应高于民事案件的胜诉事实认定证明标准，低于特殊刑事案件有罪判决证明标准，以70%左右为宜。以“证据确实、充分的唯一性”为公诉证明标准有下述理由：

第一，与“排除合理怀疑的唯一性”有罪判决证明标准相呼应。若我国有罪判决证明标准改造为“排除合理怀疑的唯一性”，该证明标准是证明主观性与客观性相结合的产物，主观性即排除合理怀疑，客观性即唯一性。在法庭审理过程中，由于受辩方证据的影响，法院会对控方提出证据的客观性产生怀疑，这是在所难免的，而只要能够将这些怀疑合理排除，得出一个唯一的客观的结论即可定案。坚持高要求的公诉证明标准，意味着以有罪判决的证明标准为参照物，加上控方的证明是在仅依靠己方的证据作出的，因此，外界证据所能产生的怀疑成分较少，而坚持客观性的证明标准，实行证据要求上的确实、充分，证明结论上的唯一性较好。

第二，体现了证明的层次性。在诉讼中，证明活动是一个逐渐接近案件事实真相的过程，作为追诉主体，控方不仅承担发现案件事实的义务，而且承担证明犯罪嫌疑人的行为触犯何种刑律，应处何种处罚的义务。在庭审阶段，控方还会不断收集证据，加强自身的控诉能力，在辩方提供辩护证据的情况下，会对案件事实有更为全面的认识，因此，应实行比有罪判决稍低的证明标准。

---

① 汪建成：《刑事诉讼法再修改过程中需要处理的几个关系》，载《法学家》2007年第4期，第19页。

第三，与我国司法实践和立法传统相适应。在大陆法系国家证明标准立法上，虽对有罪判决的证明标准从主观性角度进行立法，但是对公诉证明标准的立法却惊人一致地从客观性角度进行。我国有遵从辩证唯物主义认识论的传统，在立法和司法实践中有从客观性角度判定证据和证明的习惯，实行客观性公诉证明标准符合我国立法和司法传统。此外，在我国司法实践中，公诉人员有按照有罪判决证明标准作为起诉证明标准习惯性的做法，而这是受到法院从辩证唯物主义角度对案件作出客观事实认定的影响。例如，我国司法实践中检察机关起诉的案件有99%①被法院判决有罪。

第四，该证明标准本身的科学性。“证据确实、充分的唯一性”这一证明标准存在内在逻辑上的合理性和科学性：“确实、充分”是对证明案件事实证据的要求；“唯一性”则是对运用“确实、充分”的证据证明案件事实所得出结论的要求，较“案件事实清楚”这一判断标准相比，有更为明确的判断准则，因为“案件事实清楚”在不同司法者心目中的结论可能是不同的，而“唯一性”则是从客观角度强调对一个案件事实的证明只有一个结论。不仅如此，“唯一性”的要求能够从证明结果的角度反向对证据是否“确实、充分”进行判断，若不能达到这一结果，则意味着证据没有满足“确实、充分”的要求，这样就实现了该证明标准的可操作性，从而在很大程度上能够保证公诉的准确性。

---

① 龙宗智：《再论提起公诉的证据标准》，载《人民检察》2002年第4期，第5页。

第八章　我国逮捕证明标准研究

一、两大法系逮捕证明标准之考察

逮捕是一种剥夺人身自由的强制措施，在强制措施严厉程度的位阶体系[①]中，处于顶端的位置，因此，两大法系对之事实条件的立法均严格，申请适用逮捕令（有证逮捕）必须向法官提供证据加以证明；无证逮捕也要在有证据证明存在“合理根据”的理由下方可采取，即逮捕的适用在事实条件上要满足其证明标准的要求。所谓逮捕的证明标准，指司法机关所掌握的批准、决定逮捕的证据所应达到的证明程度。由于逮捕是对个人自由影响最严重、深远的强制措施，两大法系均对其采用的事实要件设置了较高的证明标准。

（一）英美法上逮捕证明标准

1. 英国的“合理根据”

根据逮捕所要求的事实条件不同，英国的逮捕可分为有证逮捕和无证逮捕两类，因为需要经过法官审查，才能决定是否签发令状（writ），因此，前者对事实条件的要求要高于后者。在刑事司法实践中，警察行使侦查权时，考虑到紧急情形和搜查证据的现实需要，无证逮捕已成为惯用的方式。英国立法对不同事实条件下警察的逮捕权力作出了规定，如《1984年警察与刑事证据法》（Police and Criminal Evidence Act 1984）规定了三种不同的逮捕权力：（1）对于可捕罪[②]（arrestable offence），警察在有“合理的根据”（rea-

① 一般说来，两大法系主要国家刑事诉讼立法中能够产生未决羁押后果的强制措施主要分为拘留、逮捕和羁押三种方式。在英美法系国家，一般不使用拘留这个概念，通常将侦查机关为调查或指控犯罪案件而以强制方法迫使犯罪嫌疑人或其他人到案的措施统一称为逮捕（arrest），其逮捕的内涵相当丰富，外延十分广泛，一般是指“为了指控犯罪而将嫌疑人置于警察或司法羁押状态的行为”，其兼具我国刑事诉讼中的拘留、逮捕、扭送和留置盘查功能。本书仅对两大法系共有的强制措施，即逮捕的证明标准进行比较研究。

② 具体范围参见孙长永著：《侦查程序与人权》，中国方正出版社2000年版，第80页。

sonable grounds）怀疑犯罪已经发生时，可以无证逮捕有“合理的根据”怀疑其实施了该犯罪的人[①]。（2）对于可捕罪以外的犯罪［根据《1984年警察与刑事证据法》第25条第（3）项的规定，“一般逮捕条件”是指以下情形：（A）警察不知道相关人的姓名且不能立即确证的；（B）警察有合理根据怀疑相关人提供的姓名不是其真实姓名的；（C）具有以下情形的：（Ⅰ）相关人不能提供足以有效送达传唤令的地址；或（Ⅱ）警察有合理根据怀疑相关人提供的足以有效送达传唤令的地址是不真实的］[②]，警察有“合理的根据”怀疑犯罪已经被实施或者准备着手实施，并且具有下述情形之一的，可以无证逮捕嫌疑人。（3）其他成文法原来规定的逮捕，以及随实践发展新规定的特殊情形。例如，“因违反治安而进行的逮捕”[③]，这种逮捕的事实条件亦为“合理的根据”。但究竟何谓“合理的根据”，英国并无明确立法对其进行解释。据英国律师解释，“其既是主观标准，也是一种客观标准，说它是主观标准是因为警察事实上必须相信自己有合理的根据，说它是客观标准是指这种合理的根据必须事实上存在。不可能要求警察在获悉发生紧急情况时或者在追捕犯罪人的时候必须牢记成文法的条文，但必须合理地怀疑所存在的事实构成了他所知道的可以逮捕的犯罪”[④]。在理论上，英国皇家委员会声明，只有满足下列情况之一的逮捕才能被认为是正当的：“（a）逮捕人拒绝透露其身份，无法适用传票；（b）需要制止罪犯继续犯罪；（c）需要保护被捕人或其财产；（d）需要保全或保护证据；（e）嫌疑人有不能出席庭审应答传票的可能性。”[⑤] 从语境角度而言，笔者认为所谓“合理的根据”实质是指有证据的依据，根据的客观性是其本义，但由于这个标准需要通过警察这个证明主体进行判断，因而使其具有主观性的色彩，但无论如何，客观性是其必不可少的内涵。

---

① Police and Criminal Evidence Act 1984. 24. (6) Where a constable has reasonable grounds for suspecting that an arrestable offence has been committed, he may arrest without a warrant anyone whom he has reasonable grounds for suspecting of being guilty of the offence.

② See. 25: (3) The general arrest conditions are (a) that the name of the relevant person is unknown to them and cannot be readily ascertained by, the constable; (b) that the constable has reasonable grounds for doubting whether the name furnished by the relevant person as his name is his real name; (c) that (i) the relevant person has failed to furnish a satisfactory address for service, or (ii) the constable has reasonable grounds for doubting whether an address furnished by the relevant person is a satisfactory address for service.

③ 孙长永著：《侦查程序与人权》，中国方正出版社2000年版，第80页。

④ 参见 Peter Gillies, The Law of Criminal Investigation, 1982. pp. 159 - 166, “reasonable suspicion”。转引自孙长永著：《侦查程序与人权》，中国方正出版社2000年版，第81页。

⑤ 参见［英］麦高伟、杰弗里·威尔逊主编：《英国刑事司法程序》，姚永吉等译，法律出版社2003年版，第47~48页。

2. 美国的“可成立理由”

在美国，逮捕的条件由宪法修正案加以规定，内容比较笼统。其宪法第四修正案规定：公民的人身、住宅、文件和财产不受无理的搜查和扣押的权利，不得被侵犯；除依可能的理由，以宣誓或代誓宣言证实，并且详细写明搜查的地点所逮捕的人及要扣押的物品，不得发出搜捕和扣押状①。可见，在美国刑事诉讼中，逮捕与搜查和扣押的证明标准是一致的，即“可成立理由”（probable cause②）。但究竟何谓“可成立理由”，法无明文加以解释。在实践中，联邦最高法院于1949年在Bringer v. United States案中诠释逮捕时将“可成立的理由”定义为：“就警察所知之事项及情况，并有合理可信之信息足以使合理注意程度之人相信的程度”［Probable cause to arrest “exist where the facts and circumstance within（the officers’）knowledge and of which they had reasonably trustworthy information（are）sufficient in themselves to warrant a man of reasonable caution in the belief that an offense has been or is being committed” by the person to be arrested.］③。后联邦最高法院又指出，所谓“可成立理由，如通常谨慎之人，对被告会形成有罪的强烈怀疑，即具有相当理由”④，或者“就警察所知道的事实及情况，有合理可信的信息，足以使一谨慎的人，相信犯罪已经发生，而嫌疑犯为犯罪行为人”（at the moment the arrest was made, the officers had probable cause to make it - whether at that moment the facts and circumstances within their knowledge and of which they had reasonably trustworthy information were sufficient to warrant a prudent man in believing that the

---

① Amendment IV. The right of the people to be secure in their persons, houses, papers, and effects, against unreasonable searches and seizures, shall not be violated, and no Warrants shall issue, but upon probable cause, supported by Oath or affirmation, and particularly describing the place to be searched, and the persons or things to be seized.

② 由于翻译用语上的差异，“probable cause”在我国诉讼法研究中有被称为“合理根据”，也有用“可能原因”、“概然原因”、“或然的理由”、“可能成立的理由”“相当理由”等指代。［美］乔恩·R. 华尔兹著：《刑事证据大全》（第二版）（何家弘译，中国人民公安大学出版社2004年版，第291页）中译作“可成立的理由”。杨宇冠著：《非法证据排除规则研究》（中国人民公安大学出版社2002年版，第41页）中采用了“可能成立的理由”。我国台湾学者王兆鹏著：《刑事诉讼讲义》（台湾元照出版公司2006年版，第68页）中使用“相当理由”。笔者于书中采用杨宇冠教授观点，并将之简化为“可成立理由”，并认为学界虽对probable cause译法、表述不同，但含义基本相同。

③ See. Bringar v. United States, 338 U. S. 160(1949). See: http://caselaw. lp. findlaw. com.

④ “Probable cause is shown if a man of ordinary caution or prudence would be led to believe and conscientiously entertain a strong suspicion of the guilt of the accused.”转引自黄东熊著：《刑事诉讼法研究》（第二册），台湾“中央警察大学”印行2000年版，第161页。

petitioner had committed or was committing an offense.)[①]。不仅如此，美国联邦法院在判决中还强调，“‘相当理由’应以客观的标准（objective standard）判断，而非以警察的主观标准判断。所以不论警察主观上多真诚相信某嫌疑犯为犯罪行为人，亦不足以构成犯罪的理由”[②]。相反，“如果警察主观上虽然无十足信心相信某嫌疑犯为犯罪行为人，如客观上已具备相当理由，不因警察的主观不确信，即推断相当理由不成立”[③]。至于采用客观标准的理由，联邦法院解释道，“如果不采用客观标准，而以警察的主观作为判断的依据，等于赋予警察不受拘束的裁量权，警察可以根据个人的主观判断，任意决定逮捕，则可能随时侵犯人民的自由及隐私”[④]。“可成立理由”证明要求实现了“在犯罪控制追求的社会利益和个人行动权利之间的平衡，这个长期使用的证明标准追求保护公民的个人隐私免受不当的、无根据的侵犯，并不受毫无理由的犯罪指控”[⑤]。

至于是否可以用概率来衡量“可成立理由”，美国实践和理论上的看法并不一致。联邦最高法院于 1983 年在 Texas v. Brown[⑥]一案中指出：“‘可成立理由’所要求的心证程度不需要达到一半”。该院并在 United States v. Ventresca[⑦] 案中表示：“对‘可成立理由’是否存在处于灰色地带的案件，法官应尽可能地准发搜索票，以鼓励警察尽量使用令状搜索”。针对理论界有学者用数字来量化“可成立理由”的观点，联邦最高法院在 Illionis v. Gates[⑧] 一案中明确表示：“‘可成立理由’是一普通常识的、务实的判断，将之以数字量化可能无助于该判断。”（While an effort to fix some general, numerically precise degree of certainty corresponding to “probable cause” may not be helpful, it is clear that “only the probability, and not a prima facie showing, of criminal activity is the standard of probable cause.”）

---

① Beck v. Ohio, 379 U. S. 89 (1964). (“the facts and circumstance within their knowledge and of which they [have] reasonably trustworthy information [are] sufficient to warrant a prudent man in believing that the [suspect] had committed or was committing an offense.”)

② Beck v. Ohio, 379 U. S. 89, 97(1964).

③ Florida v. Royer, 460 U. S, 460 U. S. 491, 507(1983).

④ Beck v. Ohio, 379 U. S. 89, (1964).

⑤ Bringer v. U. S. (1949). The probable cause requirement banlance the societal interest in crime control and the individual right of locomotion. These long prevailing standards [of probable cause] seek to safeguard citizens from rash and unreasonable interferences with privacy and from unfounded charges of crime. Also see: Joel Samaha, Criminal Procedure(sixth edition), Thomson & Wadsworth, p. 160.

⑥ Texas v. Brown, 460 U. S. 730(1983).

⑦ United States v. Ventresca 380 U. S. 102(1965).

⑧ Illionis v. Gates, 462 U. S. 213(1983). See http://caselaw. lp. findlaw. com/.

（二）大陆法中的逮捕证明标准

1. 德国的“逃亡嫌疑”和“急迫的犯罪嫌疑”

在德国刑事诉讼中，羁押与逮捕是两个不同的概念，羁押是逮捕的延续，其表示的是一个持续的状态。德国刑事诉讼中的逮捕分为有证逮捕和暂时逮捕。在羁押候审时的逮捕为有证逮捕，是以法官的令状进行逮捕并移送法官决定是否羁押。在紧急情况时，纵无法官之书面的逮捕命令，检察官、警察人员或一般人在必要时，均得径行逮捕，此为暂时逮捕，这种逮捕类似于英美法中的无证逮捕，但条件更为严格。根据德国现行刑事诉讼法规定，暂时逮捕仅适用于两种情形（《德国刑事诉讼法典》第127条第1项第1段之规定[①]）：一是对现行犯或准现行犯，如果有逃亡嫌疑或身份不明的，任何人都可以暂时逮捕；二是对符合审判前羁押条件，但来不及办理羁押手续的，检察官及其附属警察官员可以决定暂时逮捕。所谓审判前羁押条件（《德国刑事诉讼法典》第112条、第112条a和第113条规定的条件[②]），概括起来主要有三点：一是有重要理由足以怀疑嫌疑人犯罪的；二是根据一定的事实可以确定犯罪嫌疑人已经逃跑或者隐蔽的，或者有情况表明犯罪嫌疑人可能逃跑或隐藏、毁灭证据或者妨碍作证，或者继续犯罪的；三是羁押与犯罪的严重程度和可能判处的刑罚相适应的。从前述立法对逮捕的事实条件规定来看，主要是逮捕的证明标准为“逃亡嫌疑”和“急迫的犯罪嫌疑”。所谓“逃亡嫌疑”，“不可古板地依抽象标准来加以判断，而应按法律明确的条文规定，并酌以个案的实际情况，才得为判断基础。因此不得仅因被告涉案之轻重程度及可能被处刑度高低而径为判断其有无逃亡之嫌疑，而是也应就被告已知之不利证据之分量、其人格及其私人关系一并加以考量。另一方面，也不得仅因被告有固定之居所就得断定其无逃亡嫌疑”[③]。所谓“急迫的犯罪嫌疑”，亦即需有高度的可能性显示，被告确曾犯该罪行，并且所有的可罚性及可追诉性之要件均成立时——除了告诉乃论罪中告诉之提起外（《德国刑事诉讼法典》第130条[④]）。而如果因无责任能力而不成立罪责时，则可为观察、收容之命令[⑤]。

可见，德国刑事诉讼法中所规定的逮捕的证明标准远比美国法高，其是

---

① 李昌珂译：《德国刑事诉讼法典》，中国政法大学出版社1995年版，第59页。

② 李昌珂译：《德国刑事诉讼法典》，中国政法大学出版社1995年版，第48~50页。

③ ［德］克劳斯·罗科信著：《刑事诉讼法》（第21版），吴丽琪译，法律出版社2003年版，第283~284页。

④ 李昌珂译：《德国刑事诉讼法典》，中国政法大学出版社1995年版，第60页。

⑤ ［德］克劳斯·罗科信著：《刑事诉讼法》（第21版），吴丽琪译，法律出版社2003年版，第283页。

从现实性角度考虑的，是一个要求程度较高的客观性标准，原因在于德国宪法规定了适当原则（或必要性原则），将强制措施的范围及其限度限定在“最有必要情形下”[①]，对逮捕这种对个人自由影响最深远的强制措施，从保障人权的角度进行限定适用，其证明标准当然亦应达到较高的程度。

2. 日本的“相当理由”和“充分理由”

日本现行刑事诉讼法规定了逮捕的三种情形，即普通逮捕、现行犯的逮捕和紧急逮捕。所谓普通逮捕亦称根据逮捕证的逮捕。日本现行刑事诉讼法第199条1款[②]规定了适用普通逮捕的两个条件：第一，逮捕的理由，即有“相当的理由”怀疑犯罪嫌疑人犯罪，第二，逮捕的必要性，即使有逮捕的理由，如果根据犯罪嫌疑人的年龄、境遇、犯罪的轻重及状态等各种理由，判断犯罪嫌疑人没有逃跑或销毁证据的可能时，驳回逮捕的请求。该法第199条第2款[③]进一步规定：具备以上两个逮捕条件的，法官应当签发逮捕证，但是显然没有逮捕必要的，不在此限。根据立法，“显然没有逮捕必要”是指犯罪嫌疑人没有逃跑或藏匿罪证的可能性等法定情况，对于应处30万日元以下罚金、拘留或罚款等轻微犯罪的犯罪嫌疑人的逮捕，除非犯罪嫌疑人住所不定或传唤不到案，否则也属于没有逮捕必要的情形。第三，必须注意，一定轻微罪行可逮捕的情况，仅限在犯罪嫌疑人居所不定或无法接到侦查机关的传唤到案要求之时（第198条第1款、第199条但书[④]）。在适用逮捕时，应该比较犯罪的轻重与羁押自由所遭受的不利，轻型犯罪只有在具有充分必要的时候才能逮捕。对现行犯的逮捕和紧急逮捕则实行不同于普通逮捕的证明标准。所谓现行犯逮捕，强调对正在实施犯罪、或实行终了的人即现行犯实行逮捕（第212条第1款[⑤]）。所谓紧急逮捕，强调在有“充分理由”足以怀疑犯有相当于死刑、无期徒刑或3年以上的惩役（第210条[⑥]）。

可见，日本逮捕的证明标准是一个客观性的标准，在证明的程度上要满足一个犯罪行为成立的要件事实规定，而不能由侦查人员随意进行主观判断，但是，该证明标准的立法同样具有抽象、难以操作的特性，因为“隐匿罪证的危险”是“相当抽象的要件，对其认定要相当慎重。隐匿的手段包括与共

---

① ［德］克劳斯·罗科信著：《刑事诉讼法》（第21版），吴丽琪译，法律出版社2003年版，第281页。

② 宋英辉译：《日本刑事诉讼法》，中国政法大学出版社2000年版，第47页。

③ 宋英辉译：《日本刑事诉讼法》，中国政法大学出版社2000年版，第47页。

④ 宋英辉译：《日本刑事诉讼法》，中国政法大学出版社2000年版，第47页。

⑤ 宋英辉译：《日本刑事诉讼法》，中国政法大学出版社2000年版，第50、51页。

⑥ 宋英辉译：《日本刑事诉讼法》，中国政法大学出版社2000年版，第50页。

犯或知情人的通谋，胁迫共犯、知情人，隐匿和破坏证据物等”[①]。

（三）两大法系逮捕证明标准特征

1．坚持高标准原则

逮捕这种强制措施折射出国家公权力和与犯罪嫌疑人、被告人所代表的公民个人私权利之间的关系，在二者关系中，后者处于较弱的地位，而人权保障价值观念“所关注的是如何抑制公权力，以及如何以私权制约公权力，而不是相反”[②]。因为在国家公权力面前，任何公民都可能成为潜在的犯罪嫌疑人、被告人，任何人随时都有可能成为实际上的犯罪嫌疑人和被告人，只有实现对这些主体人权的切实保障，对民众的人权保障才具有实际意义。从某种意义上说，降低了对犯罪嫌疑人、被告人权利保障的标准，也就降低了对民众权利保障的标准，这将导致一个人生活在社会中始终处于不安全的心理状态，担心自己的人权随时有被国家公权侵犯的危险。这就要求立法者在制定法律时对那些可能会侵害公民权利尤其是生命、人身自由等权利的强制措施设置与其严厉程度相适应的要件事实证明标准。由于人身自由权利的侵犯不同于财产权的侵犯，这种权利一旦被侵害，则难以弥补，因此有必要对涉及侵害这种权利的行为设置严格的条件，即事实条件和法律条件。所以不论是英美法系还是大陆法系，虽然在定罪的证明标准上实行的是主观性的证明标准，强调以内心的确信作为基础，排除合理的怀疑，但考虑到在侦查程序中，证据的收集是侦查机关单向性的活动，在没有辩方提供证据进行反驳、质证的情形下，想实现证据收集、证明活动的客观全面是很难进行的，完全会出于证据收集目的而不择手段地侵犯人权，因此有必要从证明标准的角度对强制措施的适用严加限制，即考虑到对被逮捕的人定罪的充分可能性，无论是“可成立的理由”、“合理的根据”，还是“相当的理由”、“紧迫的犯罪嫌疑”，在证明标准所要求的程度上都强调犯罪事实在很大程度上存在的客观可能性。例如，对“合理根据”，美国权威学者的解释是要有超过50%的可能性[③]；对“紧迫的犯罪嫌疑”，在事实的要求上亦称“重大嫌疑”[④]，我

---

① ［日］松尾浩也著：《日本刑事诉讼法》（上卷，新版），丁相顺译，中国人民大学出版社2005年版，第107页。

② 李佑标：《关于羁押性强制措施与人权保障的思考》，载《羁押制度与人权保障》，陈卫东主编，中国检察出版社2005年版，第29页。

③ ［美］杰罗德·H．以兹瑞、威恩·R．拉法吾著：《刑事程序法》（第5版，影印本），法律出版社1999年版，第121页。

④ 《德国刑事诉讼法典》第112条，参见李昌珂译：《德国刑事诉讼法典》，中国政法大学出版社1995年版，第48~49页。

国有学者对之理解是在证明标准上应达到“足以”[①] 或“充分”的程度，否则不可采取暂时逮捕措施。

2. 坚持客观性原则

两大法系虽都实行自由心证制度，但在逮捕证明标准设置上却都实行客观性的标准，即这些证明标准强调作出逮捕事实条件的客观实在性。就“合理根据而言”，其在本质上要求的是“一种有证据基础的现实可能，而不是单纯的怀疑，它虽然不要求达到可以定罪的程度，但必须有一定的证据表明某个人确实犯了特定的罪”[②]。在美国，有证逮捕以“可成立的理由”为基础，即使是无证逮捕，在“案件中起诉方也必须提供证据证明其有可成立的理由”[③]。德国刑事诉讼法中所确立的逮捕证明标准是“重大犯罪嫌疑”，但何谓“重大”，实践中仍需以“充足的客观证据”作为判断基础。笔者认为证明标准的客观性要求采取逮捕这种强制措施时必须要以证据作为现实基础，从抑制警察违法，限制逮捕的滥用，保障人权来说是必不可少的，尤其是在我国目前刑事诉讼立法中，针对逮捕的制约性措施和救济制度几乎不存在的情况下，实行客观性的证明标准，对改变实践中存在的“凡诉必捕，凡捕必诉”的情形是非常必要的，对改变实践中长期存在的超期羁押现象将会有重要作用。

3. 坚持比例原则

所谓比例原则（principle of proportionality）又称为“相适应原则”，根据德国基本法的规定，“任何旨在限制公民基本权利的法律都必须寻求符合基本法的目标，并使用适当的、必要的手段，以便使对公民权利的干预被控制在尽可能小的范围之内”[④]。在刑事诉讼中，比例原则的含义不仅指强制措施的适用及其期限应当与被指控的犯罪行为的严重性和可能科处的刑罚相适应，或者成正比例关系，而且要求“在考虑某项措施的比例性的时候，必须平衡犯罪的严重性、嫌疑的程度、保护证据或信息的措施可能带来的价值与对所涉及的人所带来的破坏或危害因素”[⑤]，因此，在两大法系逮捕制度中，除了对其设置令状司法审查、羁押期限、申诉救济等制度外，在其适用的事实条

---

① 孙长永著：《侦查程序与人权》，中国方正出版社 2000 年版，第 84 页。

② 孙长永著：《侦查程序与人权》，中国方正出版社 2000 年版，第 78 页。

③ ［美］乔恩·R. 华尔兹著：《刑事证据大全》（第二版），何家弘译，中国人民公安大学出版社 2004 年版，第 291 页。

④ 陈瑞华著：《问题与主义之间——刑事诉讼基本问题研究》，中国人民大学出版社 2003 年版，第 177 页。

⑤ 宋冰编：《读本：美国与德国的司法制度及司法程序》，中国政法大学出版社 1998 年版，第 384 页。

件上还进行了严格限制。德国法中所坚持的“重大嫌疑”和“紧迫的犯罪嫌疑”，目的在于除该种事实条件存在外，否则不能采取逮捕这种强制措施。不仅如此，两大法系为限制逮捕制度的随意适用，也都在立法上对其适用范围作了限制，仅确定其针对特定的犯罪适用[①]，如意大利现行刑事诉讼法规定，逮捕适用于依法应判处3年以上有期徒刑的既遂或未遂的过失犯或者实施依法应判处5年以上有期徒刑的过失犯罪[②]。正因坚持比例原则，适用高程度的证明标准，在西方国家司法实践中，逮捕的适用只是例外，一些犯罪嫌疑人被逮捕后，大都采取了人身自由限制较轻的诸如保释等强制措施。在美国刑事诉讼中，“在被控方起诉到法院的案件中，大约有3/4的嫌疑人受到逮捕（轻微的交通肇事者和严重的暴力犯罪除外），其余的嫌疑人都是以传票的形式出庭应诉的。这些被捕的嫌疑人中的大多数在警察局、第一次出庭或者随后的阶段先后被以保释或附条件的方式予以释放。只有大约10%的嫌疑人在逮捕后一直被关押在法院生效裁判产生之时”[③]。

4. 明显的层次性

由于刑事诉讼每一阶段的任务不同，对特定证明对象所要求的证明标准在层次上也就不同，两大法系的逮捕证明标准均低于各自的有罪判决证明标准，这使得证明标准在刑事诉讼运行过程中呈现明显的层次性。首先，针对大陆法系而言，无论是“相当理由”，还是“重大嫌疑”或“紧迫的犯罪嫌疑”，都没有达到公诉所要求的“充足、充分”的证明程度，更没有达到在证明主体的心目中形成对该嫌疑人确信有罪的程度，也即没有达到“内心确信”有罪判决证明标准的要求；其次，就英美法系而言，虽然美国在立法上并没有对逮捕与起诉的证明标准加以明确规定，在证明的程度上都要求达到“可成立理由”的程度，但在实践操作中，起诉的证明标准是远高于逮捕的证明标准的。在英国司法实践中，提起公诉的证明标准考虑的是定罪的现实性，而不仅仅是一种可能性，在证明程度上显然高于“合理根据”（probable）的程度，因为现实可能性对证据的要求是“充分”（strong），是不同的。

---

① 参见《1984年警察与刑事证据法》第25条第（3）项，《日本刑事诉讼法》第210条。

② 黄风译：《意大利刑事诉讼法典》，中国政法大学出版社1994年版，第135页。

③ See. Richard S. Frase. Fair Trial Standards in the United States of America, in The Right to a Fair Trial. Edited by David Weissbrodt and others, p. 41; Richard S. Frase, Comparative Criminal Justice as a Guide to America Law Reform: How Do the French Do it, How Can We Find out, and Why Shuold We Care? In California Law Review, vol. 78, 1990, p. 60. 转引自陈瑞华著：《问题与主义之间——刑事诉讼基本问题研究》，中国人民大学出版社2003年版，第175页。

二、我国逮捕证明标准之评价

我国现行《刑事诉讼法》第60条规定："对有证据证明有犯罪事实，可能判处徒刑以上刑罚的犯罪嫌疑人、被告人，采取取保候审、监视居住等方法，尚不足以防止发生社会危险性，而有逮捕必要的，应即依法逮捕。"可见我国立法上逮捕的证明标准是"有证据证明有犯罪事实"。随着对诉讼规律认识科学性的增强，逮捕的证明标准在我国刑事诉讼立法中也有一个变化的过程。在1996年前的旧刑事诉讼法中规定为"主要犯罪事实已经查清"；现行刑事诉讼法将逮捕的证据条件规定为"有证据证明有犯罪事实"，适用逮捕的刑罚条件和危险性条件均未作实质性变动。比较而言，笔者认为现行的刑事诉讼法适当降低了逮捕的证明标准，因为有"证据证明有犯罪事实"并没有对证据的质和量作出要求，"证明犯罪事实"并没有点明是主要事实还是次要性事实，是部分事实还是全部事实，也即对证据对犯罪事实的证明程度没有作出要求，这符合了诉讼认识阶段渐进性的规律，有利于诉讼进程的推进。尽管如此，任何事物都具有两面性，为科学完善我国逮捕证明标准制度，笔者认为有必要对其进行全面认识。

（一）我国逮捕证明标准优点

1. 客观性

证明虽是主客观相统一的过程，但在刑事诉讼运行过程中，对其主观性和客观性要求的不同，体现了立法者在诸多法律价值中的选择和制度设计的科学程度如何。从对两大法系逮捕证明标准的比较可以看出，世界主要国家逮捕的证明标准都强调客观性，即这种证明标准是建立在现有的、合理的或充足的证据基础之上，而不是仅由司法人员主观判断或假想，只有这样方可实现对这种强制措施的制约，实现对犯罪嫌疑人人身自由权的保护。同样，我国逮捕证明标准不仅强调"有""犯罪事实""存在"，而且强调有"证据"加以证明，笔者认为"有"这个词语的本身表示的是"存在"①，强调的是客观属性，加上用"证据"来支撑，更是强调了证明对象犯罪事实的客观性，因此我国逮捕证明标准是一个客观性标准，其不仅可以制约司法人员随意以执法为幌子滥行逮捕权，侵犯人权，而且在理念上注重以证据为基础进行刑事诉讼活动，是刑事诉讼科学化、人性化的体现，在完善该制度时，对该特性应加以保留。

---

① 《新华词典》（修正版），商务印书馆1989年版，第1083页。

2．层次性

根据我国刑事诉讼法规定，检察机关提起公诉和法院作出有罪判决的证明标准为“案件事实清楚，证据确实、充分”，而逮捕证明标准只是要求“有证据”进行证明即可，不仅没有要求证据应“确实”，而且没有要求证明程度应达到“充分”的程度，只是要求能够证明“有犯罪事实”存在即可，并不要求达到“清楚”的程度。笔者认为“有犯罪事实”与“事实清楚”完全是两个不同层次的概念，前者只是要求有证据证明存在这种可能性，显示案件事实发生的轮廓、概貌即可，而后者则要求对犯罪构成要件的每一个具体事实加以证明，也即满足一般刑法意义上的“七何”（何人、何时、何地、何目的和动机、何手段、何行为、何后果）证明要求，因此，我国逮捕的证明标准是明显低于公诉和有罪判决证明标准的，这不仅符合刑事诉讼阶段性的任务和要求，而且符合刑事诉讼的认识规律，有利于真正贯彻无罪推定原则，实现对犯罪嫌疑人权利的有效保障。

（二）我国逮捕证明标准缺陷

1．模糊性

笔者认为我国立法上的逮捕证明标准具有模糊性，在司法实践中不好操作，具体表现在：对“有证据证明有犯罪事实”中“事实”的理解存在争议，是指已经查证属实的事实？还是指一种证据事实？对“有证据证明”的证据要不要有数量上的限制？证据的证明力强弱有没有要求？为解决这些问题，我国司法机关发布的司法解释明确了一个所谓的具体“标准”。《人民检察院刑事诉讼规则》第86条规定：“‘有证据证明有犯罪事实’是指同时具备下列情形：（一）有证据证明发生了犯罪事实；（二）有证据证明该犯罪事实是犯罪嫌疑人实施的；（三）证明犯罪嫌疑人实施犯罪行为的证据已有查证属实的。”根据该司法解释，可将该逮捕证明标准进一步确定为“有查证属实的证据证明有犯罪事实”，与立法上的证明标准相比较，只是要求司法机关在申请或作出逮捕决定时所依据的证据是客观存在的证据，而不能是虚假的，这显然是一种废话，原因在于若不是客观存在的证据的话，即可认定逮捕的犯罪事实存在，就意味着司法人员根据个人的主观想象即可逮捕。因此，对立法规定来说，该司法解释只是画蛇添足，狗尾续貂。至于所证明的“犯罪事实”即证明对象，究竟是单一犯罪行为的事实，还是数个犯罪行为中任何一个犯罪行为的事实。对实施多个犯罪行为或者共同犯罪案件的犯罪嫌疑人，只要证实数罪中的一罪或者多次犯罪行为中的一次犯罪行为的，是否属有“犯罪事实”，其中也不能判断出来。

正是由于立法上对证明标准规定的模糊性，导致了我国理论研究中对其也有不同的理解。有学者认为我国逮捕的证明标准对证据的要求是“充分”[①]。原因在于我国《刑事诉讼法》第65条规定：“公安机关对于被拘留的人，应当在拘留后的二十四小时以内进行讯问……对需要逮捕而证据还不充足的，可以取保候审或者监视居住。”这表明：虽有证据但证据不充足的，不能对被拘留的人逮捕，也就是说，逮捕必须以“证据充足”为条件。最高人民法院《关于霍娄中、霍一米申请宝鸡县人民检察院赔偿案的复函》认为：“因事实不清、证据不足，检察机关决定不起诉或撤销案件的，根据刑事诉讼法的规定即不能认定犯罪嫌疑人的犯罪事实，检察机关批捕后应视为对没有事实的人错误逮捕，依照赔偿法第15条的规定，检察机关应当承担赔偿责任。”从该复函可以看出，“对于有证据但证据不足的犯罪嫌疑人逮捕的，应视为错捕，也就是说逮捕犯罪嫌疑人应证据充足，这里的充足实际上与充分是同一意思”[②]。也有学者认为，我国刑事诉讼法规定逮捕证明要求的基本含义就是“证据确实、充足”[③]，但“证据充足”不等于“证据充分”。还有学者认为逮捕的首要条件应理解为“犯罪事实基本清楚，证据基本确实、充分，犯罪事实基本上为犯罪嫌疑人所为”，即“三个基本”观点[④]。

笔者认为，我国司法实践部门和理论界对逮捕证明标准理解不同的本身即说明了该标准的模糊、难以操作的特性，这不仅使司法人员陷入难以操作的困境，而且不利于法律适用的统一，难以实现惩罚犯罪和保障人权的目的，还会给司法腐败留下空间，因此完全有必要对其进行完善。

2. 缺乏比例性

我国现行刑事诉讼法对逮捕条件的规定是：有证据有证明犯罪事实，可能判处徒刑以上刑罚的犯罪嫌疑人、被告人，采取取保候审、监视居住等方法，尚不足以防止社会危害性而有逮捕必要的，应即依法逮捕。根据现行规定，就是说只要“有证据”，不管是主要证据还是次要证据，不论这种证据是否应当予以排除，只要这些证据能够证明犯罪事实存在，而不论证明的程度如何，就可以对犯罪嫌疑人实施逮捕，是否应考虑犯罪嫌疑人涉嫌的罪行轻重有别，而决定适用低或高的证明标准，这其中并无体现。在实践中，有的法院并不考虑证明标准的要求就擅自规定，“对于户口是外地的犯罪嫌疑

① 邓亚兵：《逮捕的证据标准：一次（种）以上犯罪的定罪证据确实充分》，载《人民检察》2004年第6期，第62页。

② 邓亚兵：《逮捕的证据标准：一次（种）以上犯罪的定罪证据确实充分》，载《人民检察》2004年第6期，第61页。

③ 孙谦：《论逮捕的证明要求》，载《人民检察》2000年第5期，第17页。

④ 程味秋、杨宇冠：《美国刑事诉讼中逮捕和搜查》，载《中国刑事法杂志》2001年第5期，第113页。

人，无论罪轻重，被告人没有羁押的，就不受理案件。其理由是被告人没有处在羁押状态就无法保证被告人在开庭时到庭。因此，凡是户籍在外地的犯罪嫌疑人和被告人只要被提起公诉的，就有逮捕必要”①。此外，有的案件犯罪嫌疑人、被告人的定罪证据不足，不能满足法定证明标准要求的时候，司法机关在采取逮捕强制措施后往往采取超期羁押的做法。据检察机关统计，2002 年年底全国有超期羁押 5 年以上案件 38 件 45 人没纠正，其中因事实不清，证据不足超期 36 件 42 人，管辖争议超期 2 件 3 人。截至 2003 年 6 月底，全国有超期羁押 5 年以上案件 22 件 29 人，涉嫌故意杀人罪 9 件 9 人，抢劫、杀人罪 3 件 5 人，放火、杀人罪 1 件 1 人，投毒、杀人罪 1 件 1 人，爆炸罪 1 件 1 人，故意伤害罪 3 件 3 人，诈骗罪 2 件 3 人，贩毒罪 1 件 4 人，行贿、侵占罪 1 件 2 人，其中因事实不清、证据不足超期 20 件 24 人，管辖争议超期 2 件 5 人。② 我国逮捕证明标准的立法侧重考虑一旦被逮捕的人在证据不充分时没有被定罪或定罪后没有被判处刑罚的后果，在司法实践中所带来的危害是，凡是被逮捕的犯罪嫌疑人，司法机关在作出判决时，都会考虑处以何种刑罚和何种幅度的徒刑以折抵逮捕羁押的期限，进行超期羁押。笔者认为缺乏比例性的立法导致的危害是，滥用逮捕强制措施侵犯嫌疑人的人身自由，逮捕的适用是原则，不逮捕是例外，在有的时候，逮捕的数量远远高于起诉的数量（1997～2003 年各年度全国检察机关批准逮捕和提起公诉的人数见表 3③），甚至有的年份检察机关批捕的人数大于起诉的人数，最低时二者的比率也在 90% 以上。

表 3：1997～2003 年我国检察机关批捕与起诉的人数

年　　度	1997	1998	1999	2000	2001	2002	2003
批捕人数	537363	598101	663518	715833	841845	782060	764776
起诉人数	525319	584763	672367	708836	845306	854870	819216

此外，笔者认为我国逮捕措施的适用频率如此之高与《公民权利与政治权利国际公约》第 9 条规定的“等待审判的人被置于羁押状态不应当是一般的原则”精神相冲突，不利于实现对犯罪嫌疑人、被告人的人身自由权进行保障。针对我国逮捕的两个条件（法定理由和必要性）而言，从法定理由角

① 张智辉：《重构审前羁押的若干思考》，载陈卫东主编：《羁押制度与人权保障》，中国检察出版社 2005 年版，第 235～236 页。

② 徐海法：《超期羁押的预防机制研究》，载《中国刑事法杂志》2003 年第 5 期，第 67 页。

③ 转引自孙长永：《比较法视野中的刑事强制措施》，载《法学研究》2005 年第 1 期，第 115 页。

度来看是其所适用的证明标准，从必要性角度来看是犯罪嫌疑人本身具有社会危害性，实质上这两个条件之间是有紧密联系的，当一个犯罪嫌疑人被证明有犯罪事实时，也就意味着其将会受到刑罚的处罚，至于所谓的社会危害性等必要性条件则因无法判断而在实践中是不予考虑的，其只是一个虚置性的条件，因为根据我国的传统理论，“总的来说，就是把犯罪定义为违反刑事法律并且应当受到刑罚处罚的行为”①，既然嫌疑人将会被处以刑罚，将之逮捕进行羁押也就理所当然了，哪还管什么社会危害性。诚如陈瑞华教授所言，“检察官关心的是已经掌握的证据是否达到法定的逮捕标准。至于嫌疑人是否会逃跑、是否会妨碍侦查，甚至是否会再犯新罪等，都不会受到过多的考虑。因此毫不奇怪，大量可能被判处3年以下有期徒刑的嫌疑人，都受到逮捕，并被羁押达1年以上”②。因此完善我国逮捕证明标准，有必要将比例原则的精神内涵引入，除确定较高证明程度外，还必须对其所适用的案件范围加以明确限制，对证据对该犯罪事实证明所达到的程度亦应作出原则性的规定。

三、我国逮捕证明标准之完善

（一）完善我国逮捕证明标准应坚持的原则

1. 高标准原则

逮捕证明标准的设置不仅关系到保障犯罪嫌疑人能够顺利到案、诉讼活动的顺利进行，防止危险分子流入社会、危害社会，而且有助于有效遏制逮捕权的滥用，阻止侵害犯罪嫌疑人合法人身自由权益的行为，说到底，其事关刑事诉讼惩罚犯罪与保障人权双重目的的实现。在刑事诉讼双重目的的选择中，在一定的阶段和时空需要针对具体的犯罪嫌疑人人身状况、涉嫌的罪名和特定的社会安定等因素加以综合判断。但是，由于逮捕行为暂时限制了犯罪嫌疑人的人身自由，若被滥用，极可能会对公民的人身自由权利造成侵犯，因此有必要从事实条件上对该强制措施的采取加以严格限制，也即设置高标准的证明要求。在我国台湾地区“刑事诉讼法”中，采用普通拘提（与我国大陆逮捕制度相同）、紧急拘提或羁押强制措施时以被告“犯罪嫌疑重大”③ 为条件，而检察官提起公诉只有证据足认被告有犯罪嫌疑，方可起

① 高铭暄，马克昌主编：《刑法学》，北京大学出版社，高等教育出版社2000年版，第42页。

② 陈瑞华著：《问题与主义之间——刑事诉讼基本问题研究》，中国人民大学出版社2003年版，第207页。

③ 我国台湾地区“刑事诉讼法”第76条，第88条第1项第1款、第3款，第101条。

诉[①]。从证明的主客观性角度来看，我国台湾地区公诉的证明标准是客观性的，至于强制措施的证明标准究竟是主观性还是客观性的并不清楚，仅从嫌疑的程度来看，显然强制措施的证明标准在程度上要高于公诉的证明标准。在整个刑事诉讼进程中，由于侦查、起诉和审判是一个逐渐推进，发现案件事实真相的过程，这种认识的规律性决定了，因侦查阶段信息等方面的限制，对案件事实的认识只是初步的、表面的，所以，对该阶段强制措施的采取也不能设置较起诉和审判阶段相同或更高的证明标准，但也不应设置较采取保释、拘留这些对公民人身自由侵害较轻的强制措施的证明标准，而应在坚持高标准的前提下，设置一个与该阶段诉讼任务相适应的证明标准。从公诉和有罪判决的证明标准设置来看，我国逮捕证明标准的设置应在公诉证明标准要求之下，在拘留证明标准要求之上，而如果非要对其进行量化理解的话，若公诉证明标准为英美法的80%[②]（证据确实、充分的唯一性），则逮捕证明标准的概率起点应在51%[③]以上。

2. 客观性原则

两大法系国家逮捕证明标准立法大都坚持客观性原则，即强调逮捕的证据是客观存在的，而不能由司法人员根据主观想象随意作出，目的在于不仅保障逮捕行为的作出要有事实根据，防止司法人员滥用逮捕权，而且保障该措施不被随意作出侵害犯罪嫌疑人的人身自由权。但是，对逮捕这种强制措施理由的判断是一个很复杂的问题，诸如所谓“重大的犯罪嫌疑”或“紧迫的犯罪嫌疑”，在一个普通民众的眼里该人可能没有犯罪嫌疑，而在警察的眼里，根据其经验进行判断，其可能就具有犯罪嫌疑，那么就会存在一个问题，立法上若过于坚持客观性原则，是否会在实践中导致在逮捕的事实条件还未完全具备的情况下，是否可以对存在重大犯罪嫌疑的人采取该强制措施。为解决这个问题，美国立法在确立“可成立理由”证明标准的同时，并在State v. Demeter[④]案中确定，“在一些特定情形下，当普通人不能判断出，而根据个人特别的训练和经验可以判断犯罪行为的存在时，则赋予警察可根据其个人的训练和经验判断可成立理由的存在，但是，警察必须能够将其‘解

---

① 我国台湾地区“刑事诉讼法”第251条第1项。

② 这个比例只是笔者所假设的例子，并不具有严格的科学性。

③ 在美国法中，有“合理怀疑”即可进行侦查，“可成立理由”成立可进行逮捕，美国法院大约认为“合理怀疑”的证据力度大约在20%左右，而可成立理由则达到50%之程度。台湾中央警察大学教授合著：《各国警察临检制度比较》，台湾五南图书出版公司印行，第83页。笔者主张我国公诉证明标准为“证据确实充分的唯一性”在概率上要高于50%，可理解为80%，而逮捕证明标准则应低于该标准，但不能过低，借鉴美国实践观点，以高于50%为宜。

④ State v. Demeter 590 A.2D 1179, 1183－84 (N.J.1991).

释至一个普通、谨慎的公民可以理解的程度'"。可以看出，美国法上的可成立理由虽要求是在客观基础上的理由，但也不排除特定情形下主观解释合理的理由，而这正是应对司法实践所面临的多样化、复杂化问题，以打击犯罪的需要。因此，我国立法上在确立逮捕证明标准的客观性原则的同时，也应考虑司法实践中的特殊情形，不排除警察在特定情形下的合理主观判断作用，只要逮捕措施的采取是基于警察的训练和经验，在合理解释的前提下作出的，也可认为具备客观性。

3. 经济性原则

诉讼行为的作出需要付出一定的成本，诉讼行为对诉讼当事人权利所涉及的程度不同，所应付出的成本也就有所不同。在强制措施体系中，对犯罪嫌疑人、被告人所采取的强制措施所付出的社会成本与其对该主体可能造成的侵害是成正比的，也就是说，强制措施可能对犯罪嫌疑人、被告人的人身自由侵害越大，付出的社会成本也就越高。在采取强制措施所付出的社会成本中，无外乎有下述几个方面：第一，采取该强制措施本身所付出的社会成本。如若采取逮捕措施，则要派出大批的警察，并提供大量的物质保障。第二，强制措施对被犯罪嫌疑人、被告人所造成的损失成本。如，当一个人被采取逮捕这种强制措施后，不论其最终是否会被定罪，社会舆论可能会认为其行为不端、品行不良、名誉扫地，这是一种名誉成本。此外，一旦被羁押，就意味被羁押人不能从事社会上的一般劳动，不能创造社会价值，从社会价值总量来说，这也是一种损失。第三，被采取强制措施后的成本。与一般的诉讼行为不同，强制措施的采取是以限定犯罪嫌疑人、被告人的人身自由为目的的，因此在采取诸如逮捕这样比较严厉的强制措施后，国家要建立专门的羁押场所，组织专门的人员进行看管，付出专门的经费，因此会增加人事、设施等方面的成本。当然，对此观点可能会有人持不同意见：若不对特定的犯罪嫌疑人、被告人进行羁押，甚至采取诸如逮捕这样的强制措施，很难保证其顺利到案，很难确保刑事诉讼的顺利进行，拖延了诉讼，反而会增加更多的成本。对强制措施所付出的成本，笔者认为要采取总量和分别的分析方法，总量的分析方法意在指若不采取任何强制措施，很难保证犯罪嫌疑人、被告人到案参加诉讼，则易造成诉讼成本的增加；但分别分析方法注重在强制措施体系中，何种强制措施所付出的社会成本少，而又有助于诉讼的顺利进行和当事人权利的保障，显见，对人身自由危害较轻的强制措施付出的社会成本较少，因此应从经济学的角度，在对逮捕证明标准进行设计时，应在目的上尽量减少这种强制措施的适用，以节约司法资源。

（二）我国逮捕证明标准之确定

1. 关于逮捕证明标准代表性观点

我国究竟应确立何种逮捕证明标准，学界看法可谓见仁见智。以证明标准的规定是从主观角度还是从客观角度加以规定为标准，可将我国学界的观点分为三类，即客观性、主观性和主客观相结合的证明标准。

第一，客观性逮捕证明标准观点。该观点认为，有"'证据证明有犯罪事实'是一种状态，是'证明'的结果，在'证明'的状态下，证据必须是确实的"[①]。

第二，主观性证明标准观点。有学者主张实行"初步确定"的证明标准，强调逮捕的证据应"足以使人形成犯罪嫌疑人实施了犯罪的初步认识"[②]，这里的"人"并非指随意的一个人，而是指具有一定素质的具有普遍性的人。应当具备的素质包括以下几个方面："（1）具有社会常识。（2）具有正常的逻辑思维能力。（3）具有基本的法律专业知识。只有具备上述素质的人才可能对案件作出比较正确的判断。"[③]

第三，主客观相结合证明标准观点。孙长永教授认为可以将羁押的证明标准规定为"有确实证据足以怀疑某一犯罪已经发生和犯罪嫌疑人实施了这一犯罪"[④]。在对逮捕的事实要件证明上，在客观上要有"确实的证据"，在主观上侦查人员须产生了认为"有犯罪嫌疑"的观点。

2. 我国逮捕证明标准的完善

无论是采用纯客观的逮捕证明标准立法，还是采用主客观相结合的逮捕证明标准，由于逮捕行为仅是控方的单方行为，此时对案件的证明只是控方逐渐深入认识案件事实的过程，没有辩方证明活动的参与，这就决定了该证明活动的本质只是单向的主观证明活动。从两大法系逮捕证明标准的立法来看，为遏制逮捕的滥用，主要从客观角度进行立法，以确保在实践中该证明标准能够达到既打击犯罪又保障人权的双重目的，结合我国逮捕证明标准立法传统及司法习惯，参考国外立法，笔者认为我国首先应建立有证逮捕和无证逮捕两种制度[⑤]：针对有证逮捕，也即普通的逮捕，仍从客观角度对其进

---

① 孙谦：《论逮捕的证明要求》，载《人民检察》2000年第5期，第16页。

② 周炳亮、黄楚元：《初步确定：逮捕的证明标准》，载《广西政法管理干部学院学报》2004年第2期，第91页。

③ 周炳亮、黄楚元：《初步确定：逮捕的证明标准》，载《广西政法管理干部学院学报》2004年第2期，第91页。

④ 孙长永：《比较法视野中的刑事强制措施》，载《法学研究》2005年第1期，第121页。

⑤ 观点参见郭志远著：《我国逮捕证明标准研究》，载《中国刑事法杂志》2008年第5期，第80页。

行完善，并将其证明标准规定为“充足证据证明有犯罪事实”；针对无证逮捕，也就是紧急逮捕，或对现行犯的逮捕，采用德国的“紧迫的犯罪嫌疑”证明标准，赋予侦查人员在特殊情形下的紧急自由裁量权①。

“充足证据证明有犯罪事实”这一证明标准可作如下理解：第一，用来证明适用逮捕强制措施的证据首先是客观存在的，而且在犯罪事实的证明力上是足够的，也就是说现有证据可以让侦查人员相信犯罪事实确实存在或客观存在。第二，这种犯罪事实从证明过程来说，相对于有罪判决证明标准而言，只是一种有充足证据的怀疑，在怀疑的程度上并未达到确信的程度，没有经过辩方证据的对抗。第三，所谓充足并不要求证明案件事实的每个方面，只要能够将犯罪构成要件事实证明即可，不需要对量刑事实进行充分的证明，即确定准确的刑罚，而只要大致把握在大概的徒刑以上即可，同时，运用证据对案件事实进行证明只是对某一犯罪构成要件事实进行证明，而不是对涉嫌的数个案件事实进行证明。第四，这里所谓的“证据充足”不等于“证据充分”。“充足”只是现有的证据对于证明嫌疑的案件事实而言是充足的，而不是对于证明最终的、真实的案件事实是充足的。“充足”只是让这种嫌疑存在、成立的理由充足，因为此时只是侦查阶段，根据无罪推定原则，犯罪嫌疑人只是涉嫌犯罪，此时所谓的案件事实只是“涉嫌的案件事实”，而不是“最终的案件事实”。

所谓“紧迫的犯罪嫌疑”，是指依据侦查人员的训练和经验可以判断出，嫌疑人可能正在进行或即将实施重大的犯罪，此时若不对其采取限制人身自由的强制措施，实行紧急逮捕，将导致更大的危害发生。为防止警察滥用该裁量权，立法上还应明确规定，紧急逮捕后的24小时内，侦查人员必须提供充足的证据证明嫌疑存在的合理根据，否则，即构成违法逮捕，须对被错误逮捕的受害人进行刑事赔偿。

（三）我国逮捕证明标准的价值

结合我国刑事诉讼实际，笔者认为针对逮捕实行上述证明标准具有下述价值：

第一，有利于贯彻无罪推定原则，改变执法观念。如张智辉教授所言：“我国刑事诉讼的三大顽症，即刑讯逼供、超期羁押和律师会见难，其中每个都与羁押制度有关：刑讯逼供在羁押状态下发生的最多；如果没有羁押，

① 美国法上的“可成立理由”并不排斥警察在特殊情形下的紧急逮捕的裁量权，警察的感觉或直觉（officers，sensitive）有的时候可以成为“可成立理由”之一。

也就不存在超期羁押问题；如果没有羁押，也就不存在会见难的问题。”① 在我国目前司法环境下，全社会的人权意识尚不够发达，对人身自由的保障未能给予高度重视，特别是一些侦查、检察人员有罪推定、等级特权的陈旧观念根深蒂固，以至于根本没有把犯罪嫌疑人当做与自己有平等人格和尊严的人来对待，对逮捕实行该证明标准有利于克服实践中存在的羁押是为了取证、羁押是为了保证诉讼顺利进行、羁押即有罪而忽略人权保障的片面观念，有利于我国刑事诉讼人性化进程的推进。

第二，有利于实现强制措施体系科学化。我国强制措施体系存在的一个重要问题是，强制措施与刑罚不分，羁押期限不确定，超期羁押犯罪嫌疑人，大量侵犯人权，而实行客观、严格的证明标准，则可以从实践中大量减少逮捕这种强制措施的适用，并确定在该事实条件不具备时，应立即释放犯罪嫌疑人、被告人，从而使我国逮捕的实际适用不再是一个原则，只是一个例外，从而达到其他诸如非限制人身自由强制措施的广泛适用，有力于刑事诉讼科学化进程的推进。

第三，有利于实现刑事诉讼结构合理化。在我国，由于宪法和刑事诉讼法对公、检、法三机关的不合理定位，导致庭审中定案的证据主要依赖于侦查阶段控方收集的证据，加上我国没有预审制度，缺乏对逮捕行为的有效监督，侦查过程中所“打造”的证据决定了案件最终定性，逮捕的证明标准所使用的证据决定了有罪判决所使用的证据，这样就形成了“侦查中心主义”的刑事诉讼结构，形成了程序重心“倒挂”现象，而建构上述证明标准，实现其与公诉、有罪判决证明标准在层次上的递进，有助于我国刑事诉讼结构实现从“侦查中心主义”向“庭审中心主义”转变，从而实现刑事诉讼结构的合理化。

第四，有利于实现刑事诉讼国际化。《世界人权宣言》第 9 条规定：“对任何人不得加以任意逮捕、拘禁或放逐。”《公民权利和政治权利国际公约》第 9 条规定：“对任何人不得加以逮捕和拘禁，除非依照法律所规定的根据和程序，任何人不得被剥夺自由。”联合国人权事务委员会《关于公正审判和补救权利的宣言（草案）》第 34 条也规定：“任何人只能基于合理的理由和按照由合格当局签发的令状才能加以羁押。”确立科学、合理的逮捕证明标准，意味着实行逮捕要遵从正当程序的要求，要遵从保障人权的基本要求，也就是要从具体制度层面与国际刑事司法准则相一致，这样有助于我国刑事诉讼国际化进程的推进。

---

① 张智辉：《重构审前羁押的若干思考》，载陈卫东主编：《羁押制度与人权保障》，中国检察出版社 2005 年版，第 234 页。

第九章　我国搜查证明标准研究

搜查是侦查机关为了收集犯罪证据、查获犯罪嫌疑人，对犯罪嫌疑人的人身以及可能隐藏罪犯或者犯罪证据的人的身体、物品、住处和其他有关地方进行搜索、检查的侦查行为。搜查，依据不同标准可以分为不同的种类。依照搜查的目的为基准，若目的在于发现证据或可没收之物者，称为调查搜查，搜查之后往往伴随扣押程序；反之，搜查的目的若在于发现被告者，称为拘捕搜查，则搜查之后通常紧随拘捕。因此搜查既是扣押的手段，也是拘捕的执行方法。从搜查对象来看，可将搜查分为对人的搜查与对物的搜查。由于搜查不仅可能对犯罪嫌疑人、被告人的人身、财产及隐私权造成侵犯，还有可能对犯罪嫌疑人、被告人以外的人的权利构成侵扰，故各国在刑事诉讼法中都明确规定了搜查具体情形、证明标准及适用程序，一些国家甚至将其上升到宪法的高度，对其适用具体情形和要求加以规定。

一、国外搜查证明标准之考察

（一）英国

在英国，搜查原则上遵循令状主义的要求，以无证搜查为例外，二者在适用上的证明标准是相同的。

1. 有证搜查

在英国，搜查需要具有“合理的根据”（reasonable ground），如1984年《警察与刑事证据法》对于警察对人、车辆或者位于车辆内或车辆上的物品进行搜查的条件明确规定为合理的根据[1]，治安法官确信有合理的根据认为已经实施了严重的可逮捕的犯罪以及申请中有关特定房屋的材料有可能对调

---

① 1.(3) This section does not give a constable power to search a person or vehicle or anything in or on a vehicle unless he has reasonable grounds for suspecting that he will find stolen or prohibited articles or any article to which subsection (8A) below applies.

查犯罪具有重大价值且该材料可能是相关的证据等，可以批准搜查房屋。[①] 该法还授权警察可以阻留搜查被盗物品、违禁品、意图用于不诚实的犯罪行为的物品，以及攻击性武器。攻击性武器被界定为不仅仅指本身具有攻击性的物品，还指警察确信嫌疑人持有的用于攻击目的的任何物品[②]。同时，该法强调要为犯罪嫌疑人提供保护，对采取搜查这一强制性措施所应适用的证明标准又根据具体情形进行了进一步解释，搜查权只能在警察有合理根据怀疑被盗或违禁物品将被发现时运用。怀疑必定由某些事物引起。这可能涉及被发现物品的本身、发现的时间和地点、收集的信息，或者与涉嫌行为有关。法典明确表示，一个人的年龄、肤色、服式、发型或者前科都不是引起合理嫌疑的充分条件。若不事先告知警察的姓名及所属警察局、打算搜查的对象和根据以及如果要求则可以获得一份搜查笔录的副本（The person who was searched shall be entitled to a copy of the record），也不能进行搜查。该法于搜查笔录的制作内容部分明确要求，进行搜查的根据必须载明（the grounds for making record）。

2. 无证搜查

对于无证搜查所适用的证明标准，英国立法上有明确规定。英国1984年《警察与刑事证据法》第16条规定，警察如果有合理的根据怀疑原本由某一因犯有可捕罪而被逮捕的人居住或控制的场所内存有与犯罪有关的证据或者相似的其他可捕罪有关的证据，且该证据不属于受法律特权保护的事项时，经督察或者更高级别的警官作出书面授权，可以进行无证搜查。

（二）美国

对犯罪控制来说，搜查（search）是必不可少的，可以说，如果没有搜查，犯罪控制的目的就不能达到。和所有的好东西一样，搜查也具有两面性，搜查的权力也要付出一定的代价。搜查容易侵犯公民的隐私（Privacy）、住宅（home）和财产（stuff）。和所有权力一样，搜查会诱使权力的掌控者去滥用它，因此对该行为的采取需要严加限制。美国联邦最高法院法官罗伯特·H. 杰克逊认为，“反对无正当理由的搜查和扣押的权利并不仅是第二等权利（second—class），而是属于人的不可缺少的权利组成部分。在所有剥夺人的权利行为中，没有一个应对公民形成威胁、压制心灵和造成内心恐怖。

---

① 8(1)If on an application made by a constable a justice of the peace is satisfied that there are reasonable grounds for believing:(a) that a serious arrestable offence has been committed; and (b) that there is material on premises specified in the application which is likely to be of substantial value (whether by itself or together with other material) to the investigation of the offence.

② "offensive weapon" means any article:(a) made or adapted for use for causing injury to persons; or (b) intended by the person having it with him for such use by him or by some other person.

在一个专制的政府所有的国家机器中，没有得到控制的搜查和扣押是首要的、最严重的有效武器。……但是，不被无正当理由搜查和扣押的权利是一个很难保护的权利，因为警察他们自己是主要的侵犯者，在法庭之外没有强制执行的机制"①。可见，杰克逊并不反对所有的搜查行为，而只是那些失控(uncontrolled)的搜查，他深知搜查在证据收集、案件事实证明和打击犯罪方面的重要作用。但是，他同样知道美国宪法第四修正案并不使一个好的警察搜查一个坏人的人身、住宅、财产的权力正当化，因此，杰克逊极力主张应当在搜查的需要和其所侵犯的公民个人隐私之间进行平衡(balance)。美国宪法第四修正案规定：公民的人身、住宅、文件和财产不受无理的搜查和扣押的权利，不得被侵犯；除依可成立理由，以宣誓或代誓宣言证实，并且详细写明搜查的地点所逮捕的人及要扣押的物品，不得发出搜捕和扣押状②。在美国立法和实践上，搜查可分为有令状和无令状两种，而这种分类依据在于是否需要令状以及适用的事实要件即证明标准的不同。

1. 令状搜查

美国宪法第四修正案规定，在没有"可成立的理由"③(probable cause)、誓言和证词支持，特别是对所要搜查的地点和人作出详细描述的情况下，令状不得采取。可成立理由意味着有充足的事实和情况使警察根据他们的经验，合理地相信嫌疑人实施了犯罪行为或即将实施犯罪行为。④ 可见，美国法上采取搜查的事实要件的证明标准是有根据的"可成立理由"，究竟何谓有根据？如何进行证明？根据美国最高法院菲利克斯·富兰克福特的定义，每一个搜查，只要其不是根据由一个地区法院的法官依据法定有效程序签发的令状而采取的，就是无根据的⑤。也就是说，令状本身就能使证据搜查的事实

---

① Bringer v. U. S. 1949. 180 – 181.

② Amendment IV. The right of the people to be secure in their persons, houses, papers, and effects, against unreasonable searches and seizures, shall not be violated, and no Warrants shall issue, but upon probable cause, supported by Oath or affirmation, and particularly describing the place to be searched, and the persons or things to be seized.

③ 由于翻译用语上的差异，"probable cause"在我国诉讼法研究中有被称为"合理根据"，也有用"可能原因"、"概然原因"、"或然的理由"、"可能成立的理由""相当理由"等指代。[美]乔恩·R. 华尔兹著：《刑事证据大全》(第二版)(何家弘译，中国人民公安大学出版社2004年版，第291页)中译作"可成立的理由"。杨宇冠著：《非法证据排除规则研究》(中国人民公安大学出版社2002年版，第41页)中采用了"可能成立的理由"。我国台湾学者王兆鹏著：《刑事诉讼讲义》(台湾元照出版公司2006年版，第68页)中使用"相当理由"。笔者于书中采用杨宇冠教授观点，并将之简化为"可成立理由"，并认为学界虽对probable cause译法、表述不同，但含义基本相同。

④ Joel Samaha, Criminal Procedure(sixth edition), Thomson & Wadsworth, p. 160.

⑤ Harris v. U. S. 1947, 162.

要件得到证明。根据美国宪法第四修正案的规定，采取令状证据搜查，三个要素是必备的：特殊情形（particularity）；可成立理由的裁决（Affidavit supporting probable cause）；“敲门告知”（knock and announce rule）规则。

（1）特殊情形。根据美国宪法第四修正案规定，搜查令必须特别明确描述所要搜查的场所（particularly describe the place to be searched），这被称为特殊情形要素。例如，单一的居住处，“美国华盛顿大街布莱克路408号”应描述为特定的搜查场所。令状若将搜查的地址描述为“美国华盛顿石头街1136号”六楼公寓，则显得复杂而不必要。此外，令状还必须描述需要扣押的对象，若一个令状上写明“一本名为刑事程序法（第六版），Joel Samaha著的书”就足够了。这样令状也算标明了一些必要项目，如“书的地址、日记、商业记录、文件、收支记录、书目、枪支、录音设备和彩色电视机”一系列所盗窃的财产。另外一种列举方式也可满足搜查令的要求。例如，在一个案件中，若一个令状标明了“记录、笔记和表明牵涉和控制卖淫行为的文件”就足够了，因为警察会根据指示仅去扣押与卖淫行为有关的证据。

（2）“可成立理由”的裁决。“可成立理由”的裁决是一个支持令状中所标明的、将要在搜查的场所发现、所声称的材料和目录性证据。“可成立理由”证明要求实现了“在犯罪控制追求的社会利益和个人行动权利之间的平衡，这个长期使用的证明标准追求保护公民的个人隐私免受不当的、无根据的侵犯，并不受毫无理由的犯罪指控”①。究竟何谓“可成立理由”，法无明文加以解释。在实践中，联邦最高法院于1949年在Bringer v. United States案中诠释逮捕时将“可成立的理由”定义为：“就警察所知之事项及情况，并有合理可信之讯息足以使合理注意程度之人相信的程度”［Probable cause to arrest“exist where the facts and circumstance within（the officers'）knowledge and of which they had reasonably trustworthy information（are）sufficient in themselves to warrant a man of reasonable caution in the belief that an offense has been or is being committed” by the person to be arrested.］②。后联邦最高法院又指出，所谓“可成立理由，如通常谨慎之人，对被告会形成有罪的强烈怀疑，即具

---

① Bringer v. U.S.(1949). The probable cause requirement banlances the societal interest in crime control and the individual right of locomotion. These long prevailing standards [of probable cause] seek to safeguard citizens from rash and unreasonable interferences with privacy and from unfounded charges of crime. Also see: Joel Samaha, Criminal Procedure(sixth edition), Thomson & Wadsworth, p.160.

② Bringar v. United States, 338 U.S. 160(1949). See: http://caselaw.lp.findlaw.com.

有相当理由"[①]，或者"就警察所知道的事实及情况，有合理可信的讯息，足以使一谨慎的人，相信犯罪已经发生，而嫌疑犯为犯罪行为人"（at the moment the arrest was made, the officers had probable cause to make it – whether at that moment the facts and circumstances within their knowledge and of which they had reasonably trustworthy information were sufficient to warrant a prudent man in believing that the petitioner had committed or was committing an offense.）[②]。不仅如此，美国联邦法院在判决中还强调，"'相当理由'应以客观的标准（objective standard）判断，而非以警察的主观标准判断。所以不论警察主观上多真诚相信某嫌疑犯为犯罪行为人，亦不足以构成犯罪的理由"[③]。相反，"如果警察主观上虽然无十足信心相信某嫌疑犯为犯罪行为人，如客观上已具备相当理由，不因警察的主观不确信，即推断相当理由不成立"[④]。至于采用客观标准的理由，联邦法院解释道，"如果不采用客观标准，而以警察的主观作为判断的依据，等于赋予警察不受拘束的裁量权，警察可以根据个人的主观判断，任意决定逮捕，则可能随时侵犯人民的自由及隐私"[⑤]。

至于是否可以用概率来衡量"可成立理由"，美国实践和理论上的看法并不一致。联邦最高法院于1983年在Texas v. Brown[⑥]一案中指出："'可成立理由'所要求的心证程度不需要达到一半"。该院并在United States v. Ventresca[⑦]案中表示："对'可成立理由'是否存在处于灰色地带的案件，法官应尽可能地准发搜查票，以鼓励警察尽量使用令状搜查"。针对理论界有学者用数字来量化"可成立理由"的观点，联邦最高法院在Illionis v. Gates[⑧]一案中明确表示："'可成立理由'是一普通常识的、务实的判断，将之以数字量化可能无助于该判断。"（While an effort to fix some general, numerically precise degree of certainty corresponding to "probable cause" may not be helpful, it is clear that "only the probability, and not a prima facie showing, of

---

① "Probable cause is shown if a man of ordinary caution or prudence would be led to believe and conscientiously entertain a strong suspicion of the guilt of the accused."转引自黄东熊著：《刑事诉讼法研究》（第二册），台湾"中央警察大学"印行2000年版，第161页。

② Beck v. Ohio, 379 U. S. 89（1964）.（"the facts and circumstance within their knowledge and of which they [have] reasonably trustworthy information [are] sufficient to warrant a prudent man in believing that the [suspect] had committed or was committing an offense."）

③ Beck v. Ohio, 379 U. S. 89, 97(1964).

④ Florida v. Royer, 460 U. S, 460 U. S. 491, 507(1983).

⑤ Beck v. Ohio, 379 U. S. 89, (1964).

⑥ Texas v. Brown, 460 U. S. 730(1983).

⑦ United States v. Ventresca 380 U. S. 102(1965).

⑧ Illionis v. Gates, 462 U. S. 213(1983). See: http://caselaw. lp. findlaw. com/.

criminal activity is the standard of probable cause.")

(3)"敲门和告知"规则。对令状应如何采取，大多数州和美国联邦政府有很多明确的要求。在这些规则中，敲门和告知规则在英国和美国的历史已有700多年，在其背后，围绕它的有几个世纪的争论。根据这项规则，搜查警察在持有令状进入搜查场所之前，必须履行敲门和告知程序。但是，第四修正案要求这项敲门和告知规则或者是不敲门进入有根据吗？很奇怪的是，在这项规则的历史背后，争论一直不休，美国联邦最高法院一直到1995年的Wilson v. Arkansas[①]案才对之作出回答。在该案中，警察申请并获得前往Wilson和Jacobs家中搜查和逮捕的令状。在进行搜查和逮捕过程中，警察发现通往Wilson家中的主要门是开着的，然后他们就推开了门、进入了居所，并宣称他们是警察，声称他们已获得搜查令。在Wilson家中，警察将Wilson和Jacobs逮捕，并获得毒品、强制等犯罪物品。在审判前，Wilson提出排除警察在其家中搜查所获得的证据的动议（motion）。Wilson声称，根据各种理由，搜查令应是无效的，包括警察在进入他家之前没有"敲门并告知"。法庭简单地拒绝了Wilson所提出的动议。经过陪审团的审理，Wilson被认定对其所有指控成立，并被判处32年的监禁。后阿肯萨斯州最高法院支持了Wilson的上诉请求，并认为警察进入Wilson家中虽表明了身份，但是其拒绝了Wilson的根据联邦宪法第四修正案所规定的警察在进入居所之前应敲门和告知的权利。经过了Wilson v. Arkansas案，"敲门和告知"规则成为第四修正案的一部分，经过后期的发展，逐步形成了该规则的三个例外：阻止暴力犯罪；防止嫌犯破坏证据；防止嫌犯逃跑。随着实践的发展，前述的三个例外也不断出现新的情形，在State v. Richards（1996）案[②]中，威斯康辛州最高法院创造了"敲门和告知"规则的一揽子例外情形：因为毒品犯罪问题的严重，法院认为，警察在执行包括贩运毒品犯罪在内的重罪令状时从来没有被要求遵守告知规则。威斯康辛州法院的判决对Thomas法官意见的接受引发了一个更加激烈的、重要的争论：合理根据搜查的定义是否随我们所生活的时代而定？笔者认为，美国的"敲门和告知"规则随着司法实践的发展而不断地变化，其本身是流动性的概念，在采取的事实要件证明要求上也会随着案

---

① Wilson v. Arkansas 514 U.S. 927, 115 S. Ct. 1914(1995).

② 在该案中，警察先是履行了告知程序，问罗斯房内是否有人，但其回答没有，仍未开门。警察然后用击球棒将门击开，在房内，搜查到了关于犯罪的一些证据。在审判中，罗斯提出排除警察在其家中所获得的证据，认为警察的搜查行为是无合理根据的（unreasonable）。威斯康辛州最高法院认为警察的搜查行为是有合理根据的，因为他们是在告知罗斯，等了一个合理的时间后才破门进入的。State v. Ross, 639 N.W.2d 225(Wisc. App. 2001). See. Joel Samaha, Criminal Procedure(sixth edition), Thomson & Wadsworth, p.199.

件的不断变化而有所变化，履行敲门和告知这一法定的程序性要求，可以实现对其事实要件证明的保障。

2. 无令状搜查

美国最高法院虽然通过判例确立了令状搜查所适用的一些例外情形，但毕竟是立法上的内容，不能满足实践的具体需要，实际情况是，“实践中大量的搜查的作出是没有令状的，为了满足警察执行法律的偏爱和司法实践中不需要令状的实际，所谓的例外情形被解释得很宽泛”①。根据美国联邦警察的经验，大量的无令状搜查在实践中存在的原因很简单：“令状所要求的明确规则是无法执行的，执行它就意味着在很多案件中，警察的行为虽有合理根据，但所获得的证据也会被排除。”② 一些警察还表达了对申请令状迟延的抱怨。一名警察说：“从他作出决定申请令状，到拿到令状需要4个小时：这是在顺利情形下的，你可以找到人……可以将令状打印出，当法官在审判时你可以找到他，因为很多法官在办公室时是不会见人的。如果你在那些场合找不到他，他们离开去吃午饭，你就必须等他们回来，直到他们回来取下午的案件记录表，如果他们已经进入另一案件的诉讼程序，他们不想因为令状而打断程序。因此，你就必须等三个或四个诉讼程序……这将花费一天的时间。”③ 正是因为实践中证明客观条件及申请令状法定程序的限制，在美国司法实践中，主要存在五种情形无令状搜查：突发事件逮捕时的搜查（searches incident to arrest）；同意搜查（consent searches）；车辆搜查（vehicle searche）；容器搜查（container search）；紧急搜查（emergency searche），或称（exigent circumstances search）。在证明标准的要求上，无令状搜查所要求达到的层次要低于令状搜查。

（1）突发事件逮捕时的搜查。突发事件逮捕时的搜查事实要件是有“合理的根据”（reasonable），美国最高法院认为适用该证明标准有三个理由：第一，可以保护警察怀疑的嫌犯免被伤害或处死；第二，可以防止嫌犯逃跑；第三，可以保护嫌犯可能破坏或损毁的证据。④ 在四十多年前，美国 Hugo

---

① Haddad 1977, 198 – 225; Sutton 1986, 411. See. Joel Samaha, Criminal Procedure(sixth edition), Thomson & Wadsworth, p. 200.

② Bradley 1985, 1475. See. Joel Samaha, Criminal Procedure(sixth edition), Thomson & Wadsworth, p. 200.

③ Sutto 1986, 415. See. Joel Samaha, Criminal Procedure(sixth edition), Thomson & Wadsworth, p. 201.

④ Joel Samaha, Criminal Procedure(sixth edition), Thomson & Wadsworth, p. 201.

Black 司法协会通过判例 Chimel v. California[①] 对突发事件时的搜查的合理性进行了论述："有件事是很清楚的……对一个被逮捕的人的搜查和对他所获得的财物的搜查几乎在每个案件中都是合理的。因为一直存在这样的危险，嫌犯会逃跑，嫌犯会获取隐藏的武器并可能伤害逮捕的警察，同时，他还会破坏对起诉来说关键的证据。"同时，美国联邦最高法院还认为，"第四修正案并不禁止无令状的搜查，恰恰相反，禁止无理由的搜查……当警察已有可成立理由去搜查时，而要求在逮捕嫌犯后离开现场去申请搜查令是很危险的，明显的是他们可以基于合理理由搜查的证据在获取令状回来之前就会被毁损。……既然嫌犯 Chimel 在家中被逮捕……毫无疑问的是，可成立理由不仅意味可以逮捕他，而且意味可以对其房屋进行搜查"。

（2）同意搜查。同意搜查是指，公民个人允许警察在没有取得令状的情况下，对其财物进行搜查，或作出一定的行为，以使其执行法律比较容易，适用这种情形的原因在于，在将"可成立理由"证明给法官看之前，警察不必要为是否取得搜查令状而展开激烈的争论。调查研究发现，在美国司法实践中，即使"可成立理由存在"的情况下，警察也会优先选择无令状搜查，因为该种方式适用起来很方便，而"搜查令状程序太富有专门性和浪费时间，同时……对警察来说没有什么好处，对当事人的权利保护也没有实质意义"[②]。但是，方便并不是采用同意搜查的唯一原因，事实要件的必要性也会促使警察去请求公民同意采取该项措施。当"可成立理由"不存在时，警察更需要同意搜查。在通常的毒品犯罪案件中，交易者往往是通过汽车或飞机进行运输，但是，警察并无"可成立理由"去搜查乘客，因此，他们就会接近乘客，解释毒品犯罪问题的严重性，并问是否介意警察搜查他们的身体和物品。根据警察提供的有趣证据，绝大多数乘客会同意搜查，尤其是当警察对他们表示礼貌和尊敬时。在 U. S. v. Blake（1988）[③] 案中，美国一侦探 Perry Kendrick 说，在他所工作的机场，在所交谈的 16 至 20 人中，大多数人同意搜查，只有 1 至 2 人不同意。

在美国司法实践中，伴随同意搜查而带来的问题是：如何检测或证明同

---

① 在该案中，因涉嫌盗窃，嫌犯 Chimel 被警察在家中逮捕，但警察要求在其带领下对证据进行搜查，嫌犯认为警察只有逮捕令，而无搜查令，不可对其房屋进行搜查。经嫌犯同意，警察经采取搜查后，于嫌犯家中发现所盗窃的物品。加利福尼亚地方法院和州最高法院都对 Chimel 作出有罪判决。Chimel 不服，要求联邦最高法院进行调卷复审（a writ of certiorari），经调卷复审后，驳回了 Chimel 的请求。Chimel v. California 1969, 773.

② Lawrence P. Tiffany, Donald M. Mclntyre, Jr., and Daniel L. Rotenberg. The Detection of Crime (1957). See. Joel Samaha, Criminal Procedure (sixth edition), Thomson & Wadsworth, p. 217.

③ U. S. v. Blake (1988) 927.

意是否作出？可搜查的程度如何，或者同意的范围如何？作出的同意是否可以撤回？基于第三人的同意而作出的搜查是否有效？等等。

第一，同意的检测（test）或证明。当警察要求公民同意搜查时，在实质上就是要求其放弃反对无正当理由搜查的权利，由于放弃祖先们通过战争而争取来的基本（foundmental）权利是一件很严肃的事情，所以需要满足严格的事实要件。在 Schneckloth v. Bustamonte① 案中，美国最高法院认为，作为最低限度要求，政府部门必须证明同意是自愿作出的。同意搜查自愿的证明要根据每个案件的具体情况而定，主要包括：通常意义上对宪法权利的了解；对拒绝同意权利的了解；足够的年龄和成熟可以独立作出决定；有理解同意意义的智力；有刑事司法系统工作的教育或经验；与警察的配合，例如说，"好的，头前走，搜查"；对警察将会发现违禁品可能性的态度；拘禁的时间长度和关于同意的问题的性质；围绕同意警察行为的强制程度。除了实质要件外，美国最高法院还要求同意的检测必须具备一定的书面形式，以让警察证明同意行为是出于嫌犯的自愿而作出的。

第二，同意的范围。在征得搜查的同意后，警察究竟能够在多大的范围内进行搜查，仅仅是当事人所给予的范围，但是同意的范围究竟有多大，是个很难界定的问题。根据美国联邦最高法院的裁决，同意的范围和警察根据合理的理由所判断的范围一样广泛。在 Florida v. Jimeno② 案中，警察要求允许搜查 Jimeno 的汽车，他同意后，警察不仅搜查了汽车本身，而且把汽车上的旅行箱内的文件也进行了搜查，结果在文件包内发现了毒品。最高法院支持了搜查的合理理由。根据最高法院的裁决，"当在特定的情形下，警察有客观的（objective）、合理的理由相信，嫌犯同意其打开在汽车内的特定容器，此时宪法第四修正案的要求是满足的"。在司法实践中，美国最高法院认为，同意"搜查你"包括搜查所有的（含生殖器位置）地方，特别是搜查行为发生在繁华的机场、汽车站、火车站等公共场所时。美国巡回法院则对同意的范围进行了区分，认为同意"搜查你"只包括搜查至腹股沟处，一些场合警察必须明确区分能否搜查生殖器位置。而哥伦比亚地方巡回法院则对同意搜查至胯骨分叉处的合理理由作出了分析③。

第三，同意的撤回。对于同意是否撤回，警察是持反对意见的，认为有罪的人同意搜查只是想把警察甩开，因为在他们发现有罪的证据、违禁品或武器时，计谋开始失败，就会撤回同意。对此，美国法律协会 1975 年颁布的

① Schneckloth v. Bustamonte 412 U.S. 218(1973).

② Florida v. Jimeno 248 - 249. U.S. (1991).

③ U.S. v. Rodney. 956 F.2d 295(C.A.D.C.1992).

《审前讯问程序模范守则》(Model Code of Pre - Arraignment Procedure) 于 Section24. 3 (3)(同意的撤回或限制) 部分作了明确规定，同意……可于搜查行为完成之前的任何时候作出或限制，如果撤回或限制一旦作出，搜查……应当停止，或者被严格限制适用于案件中所新限制的范围。不论同意撤回的变化，在撤回或限制作出之前所发现或搜查的证据仍有效。

第四，第三人同意的搜查。第三人同意的搜查是指一个人是否可以同意警察搜查其他人。例如，一个人是否可以同意对同寝室的室友进行搜查。这种权力一般来源于一种特殊的关系：夫妻之间；父母子女之间；室友之间；雇主和雇员之间；地主和佃户之间；学校校长和学生之间。但是这种关系并不自动地导致一方同意对另一方搜查权利的产生。例如，雇主同意对雇员的抽屉进行搜查则易导致其隐私权被侵犯。判断（证明）一个人是否能够同意警察对另一人进行搜查有一个主观和客观相结合的规则：从客观上来说，只有当某人通过合法明确授权的方式，许可第三人可同意警察对其进行搜查方有效；从主观上来说，警察有合理理由相信（reasonably believe）其有权同意对他人搜查。美国联邦和州法院通常在上述主客观标准的适用问题上持不同的做法，后在 Illinois v. Rorriguez[①] 案中，美国联邦最高法院确立了满足第四修正案的最低限度标准（minimum standard)。

3. 汽车搜查

作为令状搜查的例外，汽车搜查始于 1789 年的国会法令。该法令授权执法警察可以不需令状进入任何船舶、容器，他们应有合理理由怀疑任何根据规定应隐藏的货物、容器、商品，在那里搜查、扣押和保护这些货物的安全。之所以将对船舶的搜查与公民个人的居所不同，原因在于：第一，货物是在运输途中，并且藏在移动的集装箱里，可以很好地将之置于搜查令所能达到的范围之外；第二，汽车中的隐私保护期望（expection）较少。美国最高法院在判决中认为，在整个 19 世纪和 20 世纪，国会不断地制定关于汽车搜查和扣押例外的法令。在 1815 年，国会授权警察不仅可以在自己的辖区内登临和搜查船舶。而且可以基于怀疑有商品需要交税，而停止、搜查和检查任何船舶、动物和人。在 1917 年，国会授权警察在印度，可以基于合理理由去怀疑或者根据报案，对任何可能偷渡或已偷渡的白人和印度人、任何含酒精的液体或酒进入印度，以违法为理由，可以使船舶、商店、包裹、马车、雪橇和储存场所以及人进行搜查，如果在那里发现任何液体，然后，连同交通工具一同扣押……罚款。后来这一例外受到了挑战，根据 1917 年的《印度拨款

---

① Illinois v. Rorriguez 497 U. S. 177 (1990).

法令》（Indian Appropriation Act of 1917）规定，警察无令状能够搜查和罚款的权限限定在“用来运输引入或试图引入麻醉品进入印度领土内的汽车”[①]范围内。

4．容器搜查

在裁决一个人对在其公文包、钱包、行李和其他摆放物品的容器有合理隐私期望的同时，美国最高法院还认为，容器内隐私的期望度要小于家中，但是要高于交通工具内，因此，基于通常情况，执法警察需要同时具备令状和“可成立理由”方可搜查容器。但是，在特殊情形下，警察可扣押和搜查容器。例如，当警察有合理理由怀疑容器内有犯罪证据，他们可对之进行粗略扣押，但是，在他们没有取得“可成立理由”为支撑的令状之前不得对之进行搜查。在有“可成立理由”相信在容器内有犯罪证据存在时，警察也可以在没有令状的情况下对之进行搜查。直到1990年，警察仅在取得单独的“可成立理由”以对交通工具和交通工具内的容器进行搜查时，方可对容器进行搜查。在California v. Acevedo[②]案中，警察观察到，Acevedo离开公寓（警察已知道该公寓内藏有大麻）时，带着一个和他们以前见过的大麻包裹尺寸相同的棕色纸袋，并将其放进汽车车厢内。当Acevedo正准备驾车离去时，警察突然上前拦住了他的汽车，打开了车厢和包裹，因为有“可成立理由”相信包裹内有大麻，所以没有令状。法庭认为，Acevedo的棕色包裹内是有隐私的期望的，但是与其可能驾车离去的危险和包裹内有大麻相比，这种期望已无法相比。

5．紧急搜查

基于在有些紧急情况下，要求警察在搜查前获得令状是不实际的（impractical）的观念，美国法上规定了紧急搜查。这些紧急情形主要有：警察的人身安全；证明搜查武器行为的正当性；嫌犯或其他人可能在警察申请令状时毁灭证据；重罪的嫌犯在警察申请令状时可能会逃跑，或者嫌犯个人对社区的安全构成威胁。

（1）持有武器。

（2）毁灭证据。如果警察有“可成立理由”进行搜查，他们合理地相信现在证据可能会被毁损，则可以无令状搜查。例如，在Ker v. California[③]案中，法庭认为无令状搜查的正当性被合理的担心得到证明，即Ker准备破坏或隐藏大麻。

---

① Joel Samaha, Criminal Procedure (sixth edition), Thomson & Wadsworth, p. 234.

② California v. Acevedo (1991).

③ Ker v. California (1963).

（3）紧急追捕。紧急追捕的创设是为了满足警察在逮捕逃犯时的需要。如果警察在追捕嫌犯时有“可成立理由”，他们可以无搜查令紧随嫌犯进入住宅[①]。因此警察不需要在获得搜查令后进入住宅去搜查逃跑的、全副武装的抢劫犯和武器。由于紧急追捕的目的在于防止嫌犯逃跑或抵抗，因此警察不能对房间的每个隐蔽处和缝隙进行搜查[②]。例如，他们不能对抽屉进行搜查以获取违禁品，同样，他们也不得因为抢劫犯进入旅馆而对旅馆的每个房间进行搜查[③]。

（4）危害社区。如果有嫌犯已经犯重罪或者其他“可成立理由”的情形，诸如在社区内存在紧急的危险，警察可以越过申请令状的要求，采取无证搜查。警察可以进入、搜查社区内的某一住所，因为他们合理地相信房间内有枪支或爆炸物[④]。当警察发现门廊处有尸体时，同样成为警察无令状进入房间搜查武器的合理理由[⑤]。此外，对社区存在的危险还包括纵火和爆炸，在发现纵火时，警察不需要令状可待在燃烧的建筑物内以足够的时间去寻找可能受害的人，以及去侦查纵火或爆炸的原因。但是，一旦判断出纵火的原因，若想通过搜查获取犯罪证据，警察必须取得令状[⑥]。此外，警察不能因为纵火或爆炸在不久的将来可能发生而无证进入搜查。例如，美国一法院裁决道，知道一个人已经将危险的化学品放置于房间内几个星期，且其不在家中，不能成为警察无证进入搜查的合理理由[⑦]。

（三）德国

德国刑事诉讼法规定，搜查（亦称搜索）为寻找可为没收或追征之客体或证据物，但却被隐匿起来之物品，以及可疑之嫌犯。[⑧] 搜查的客体可分为住宅及其他处所和有嫌疑之人及无嫌疑之人，以及前二者所属之物品。对有嫌疑之人（即可能为行为人、共犯、犯使刑罚无效者、赃物犯或庇护犯者）及嫌疑之人进行搜查时，其前提要件不同，证明标准也不同。

1. 住所搜查

对有嫌疑之人住所及其他处所所进行的搜查的前提要件行为在证明标准

---

① U.S. v. Santana (1976).

② Warden v. Hayden(1967).

③ U.S. v. Winsor (1988).

④ U.S. v. Lindsey (1989).

⑤ U.S. v. Doe (1985).

⑥ Michiigan v. Clifford(1984).

⑦ U.S. v. Warner(1988).

⑧ ［德］克劳斯·罗科信著：《刑事诉讼法》（第21版），吴丽琪译，法律出版社2003年版，第346页。

的要求上并不严格，单纯的猜测，即可进行搜查。此种猜测不必要佐以具体事实，但从必需的刑事经验而言，此种猜测是成立的即可；如果只是单纯的“凭感觉”的猜测，尚不足以满足该证明标准要求。

对无嫌疑之人的住所所进行的搜查，其证明标准要求较严格，必须有事实存在显示①，并且只能在依据事实可以推测所寻找的人员、线索或者物品就在应予搜查的处所内时，才准许予以搜查②，而且相关的证据也必须具体化才行。③

2. 人身搜查

德国刑事诉讼法规定，不管是有嫌疑的人还是没有嫌疑的人均可以实施搜查。但该法只对无嫌疑之人的处所搜查有规定，对其人身搜查没有规定，在理论和实践上究竟应当依据何种理由和证明标准，看法也不一致。在实行人身搜查时，不允许对身体实施侵犯。但为了确定对程序具有重要性的事实，允许命令检查被指控人的身体。④ 在德国，总体来说，对身份检查理由的证明要求较低，大多依据警察或检察官的主观判断而作出，在特殊情况下甚至是没有相当理由的普遍性检查。但是，值得注意的是，尽管对公众进行身份识别不需要相当理由，但对是否设置公共场所的检查站，德国刑事诉讼法却有严格限制。一般需要满足以下两个条件：有事实证明发生了要求设立检查站的犯罪；有事实证明设置检查站有相当预期可以查获嫌疑人。⑤

笔者认为，德国刑事诉讼立法上搜查的证明标准是一个客观性的标准，强调该行为的进行必须有事实依据，同时，针对不同的搜查对象，为体现打击犯罪和保障人权之间的相适应性，又确立了不同的证据要求，具有一定的科学性，符合刑事诉讼规律，其中立法技术值得我国借鉴。

（四）法国

1. 搜查理由的阶段性

因法国刑事诉讼采取职权探知主义，强调案件事实的查明，立法上对搜

---

① 虽然是一种推测，但这种证明标准也要以事实为依据，我国有学者将德国搜查证明标准称为“有事实可推测”，不无道理。参见侯晓炎：《论我国搜查证明标准的完善》，载《国家检察官学院学报》2006 年第 1 期，第 114 页。

② 《德国刑事诉讼法典》第 103 条。参见李昌珂译：《德国刑事诉讼法典》，中国政法大学出版社 1995 年版，第 36 页。

③ 《德国刑事诉讼法典》第 102 条。参见李昌珂译：《德国刑事诉讼法典》，中国政法大学出版社 1995 年版，第 35 页。

④ 《德国刑事诉讼法典》第 81 条 a。参见李昌珂译：《德国刑事诉讼法典》，中国政法大学出版社 1995 年版，第 23 页。

⑤ ［德］克劳斯·罗科信著：《刑事诉讼法》（第 21 版），吴丽琪译，法律出版社 2003 年版，第 347 ~ 348 页。

查对象没有什么限制。搜查对象主要有人身、私人住所、物品以及公共场所。司法检察官和预审法官在对现行犯的侦查中，甚至可以对律师的办公室或住所和医师、公证人、诉讼代理人、执法员的办公室，以及新闻、音像通信部门的所在地进行搜查。[①] 在法国，搜查的理由在不同的证据调查程序中有很大的不同，呈动态性变化。主要表现在三个方面：第一，在初步调查也称预备侦查中，搜查一般应征得当事人的同意。在现行犯罪侦查中，司法警察、司法检察官和预审法官可以对任何他们认为与犯罪有关的人身、场所在正式侦查中进行搜查，预审法官也可以对任何与犯罪有关的人身、场所进行搜查。法国刑事诉讼法中规定的预备侦查，类似于我国侦查程序中的初查，其目的是查明某些简单的情况，或者公民的某一告诉是否属于虚假之词，确认构成犯罪的某些要件是否具备，以免发生“令人遗憾的不当追诉”。预备侦查一般由司法警察警官或者在其监督下的司法警官助理向当事人告知法国刑事诉讼法所规定的其所享有的权利。[②] 在法国刑事诉讼中，预侦行为与正式侦查中的“预审行为”有很大的区别，其重要表现是预侦行为没有强制性。因此，司法警官及其助理在预侦阶段展开的搜查，必须得到被搜查人的同意。同意应当是书面的，由被搜查人亲笔书写或者他人代写，记入搜查笔录。未经屋主的明示同意，不得对其进行搜身、室内搜查或者扣押证据。否则，构成违法搜查而无效。不过应当明确，这里的明示同意只针对公民的人身或者私人住宅，对于公共场所、零售小酒店进行搜查，并没有明示同意这一限制性条件。[③] 第二，司法警察在履行行政性治安职责时也可以核查某些个人的身份地，甚至可以“从人的衣服外面对该人进行触摸检查”，这不构成强制性的搜查。如果检查发现有某些犯罪的明显特征，则可以将此看做是现行犯罪，司法警察可以进行合法的搜查。第三，如果是现行犯罪，司法警察警官、司法检察官、预审法官则都有法定的搜查权力，他们可以动用强制性的搜查，立即查找任何有助于案件侦查的线索和材料。按照《法国刑事诉讼法典》第53条的规定[④]，现行犯罪包括“当时正在实行的犯罪”、“刚刚实行的犯罪”以及“法律规定可以被视为现行的犯罪”三种情况。在法国刑事诉讼法中，现行犯罪不仅依据“时间标准”，而且还依据“视觉标准”，即警察可以从外部确认的、可以使人相信存在某种违法行为的表面迹象并由此表明犯罪的存

---

① 参见罗结珍译：《法国刑事诉讼法典》，中国法制出版社2006年版，第98页。

② 《法国刑事诉讼法典》第75条对当事人所享有的权利作出了规定。参见罗结珍译：《法国刑事诉讼法典》，中国法制出版社2006年版，第68页。

③ 《法国刑事诉讼法典》第57条、第59条对这一限制作出了明确规定。参见罗结珍译：《法国刑事诉讼法典》，中国法制出版社2006年版，第55、56页。

④ 参见罗结珍译：《法国刑事诉讼法典》，中国法制出版社2006年版，第49页。

在时，即构成现行犯罪。

2．预审法官制度

预审法官①是法国的司法传统之一，在刑事诉讼中起着举足轻重的作用。在法国，所有的重罪案件都必须经过预审，轻罪案件可以选择性进行预审。预审必须根据共和国检察官的公诉书。预审法官在刑事诉讼中具有完全独立的地位，不受检察院提出的意见书约束，也不属于“应受法院管辖的人”。因此，在指挥侦查或者他自己进行侦查的过程中，预审法官可以完全自由地进行他认为有助于查明事实真相的任何预审活动，包括搜查。对于预审法官可能滥用预审权力的情形，检察官和当事人只能通过上诉来纠正。

3．广泛的搜查权

法国的搜查权在预备侦查中属于司法警察，但在现行犯罪侦查中须经被搜查人的同意，属于司法警察、共和国检察官和预审法官，在正式侦查中属于预审法官，但预审法官可以授权司法警察来行使，且搜查的范围几乎不受限制，主要表现在司法警察在履行行政性治安职责——“从人的衣服外面对该人进行触摸检查”式的身份检查中，不需要有特定的怀疑。只要他按照检察官指定的方式、地点和期限就可以检查任何人的身份，同时为了防止对社会秩序的侵犯，也可以对候选人任何人检察身份以防止对他人的人身和财产的侵犯。法国搜查人员执行搜查并不需要特定的证据标准。是否应当对特定人身、处所和物品进行搜查，全依靠搜查人员自己的主观判断，凡是他认为有助于查明案件事实的人身、处所和物品，他都可以进行搜查。这种搜查权力的行使，没有受到任何限制，全凭搜查人员的职业良知和理性。

笔者认为，法国法上虽然没有对搜查的具体证明标准加以规定，全凭搜查人员的职业良知和理性，但在其具体制度运作和实践中实际上是受到严格控制的，除了单独设计了预审法官制度外，立法上还针对具体情形搜查这一强制措施的应用主体、条件、程序等内容作出规定，以加强对这一强制措施运用的控制，如《法国刑事诉讼法典》规定，紧急情况下，预审法官也可以批准司法警察官在居住场所采取这些行动：“3．在有一项和数项合乎情理的理由可以怀疑在应当进行搜查的场所内一人或数人实行属于第706－73条适用范围的重罪或轻罪时。”② 这说明，实践中采取搜查强制措施的证明标准虽是“合乎情理的理由”，但在适用的具体罪名上有限制，要体现比例原则。此外，加上法国警察制度的历史传统悠久，执法者素质较高，有良好的业务和道德素质保障，因此实践中极少发生不当搜查、侵犯人权的现象。

---

① 参见罗结珍译：《法国刑事诉讼法典》，中国法制出版社2006年版，第47～48页。

② 参见罗结珍译：《法国刑事诉讼法典》，中国法制出版社2006年版，第520～521页。

（五）日本

在日本，搜查可分为根据令状进行的搜查和不依据令状进行的搜查。

1．根据令状进行的搜查

住宅不可侵犯是一个基本的人权。日本宪法规定：“任何人的住所、文件及其所持物不受侵入、搜查或查收”，只有第33条规定的情况例外，即排除了宪法规定的合法拘留的情况。为了对抗这一基本权利，宪法规定，要根据“有权的司法官宪”（即法官）签发的明确规定“搜查场所以及押收物品”的令状进行搜查和押收（《宪法》第35条）。为体现宪法精神，《日本刑事诉讼法》第102条规定，法院在必要的时候可以对被告人的身体、物品、住所或其他场所进行搜查；对被告人以外的人的身体、物品、住居或其他场所，以足以认为有应予扣押的物品存在的情形为限，可以进行搜查。在很多时候，搜查对象是“住所以及其他场所”，有时又包括身体和物品。当身体、物品、住所等为犯罪嫌疑人所有或者占有时，可以无条件地成为搜查的对象；但是，当身体、物品或住所等非为犯罪嫌疑人所有或占有时，必须具有一定的客观状况足以怀疑欲扣押之物存在时，才可以成为搜查对象。可见，日本立法对嫌疑人或物品的搜查证明标准或要件可概括为“对侦查犯罪有必要”，所以必须要有具体的嫌疑事实，而对嫌疑人以外的人的搜查要求存在“足以认为有应予扣押的物品存在的情况”。究竟何谓“必要”，法律没有作出明文规定，必须考虑到有无搜查的“必要”。参照犯罪的形态和轻重、对象物的重要程度、被扣押和被搜查对象的利益受损失大小等各种因素，明确认定不具有搜查“必要”的时候，不允许进行搜查。

2．不依据令状进行的搜查

《日本刑事诉讼法》第220条规定，检察官、检察事务官或者司法警察人员，在有证据逮捕犯罪嫌疑人或者逮捕现行犯的场合，可以进行搜查而不必取得令状的程序，具体适用情形为在进入有人居住或者有人看守的府邸、建筑物或者船舶搜查犯罪嫌疑人以及在逮捕现场进行搜查。因为，就搜查来讲，在合法实施“拘留”这种强有力的处分时，即使在“拘留现场”附带实施搜查时，这时对住宅安宁的侵害是相对较轻的。

为严格控制搜查强制措施的适用，防止其不当侵犯犯罪嫌疑人和公民的合法权利，日本立法禁止根据对方同意进行的搜查。《日本搜查规范》第108条规定，对于人的住所或者有人看守的住宅、建筑物或者船舶，如果有搜查必要，即使能够取得住所主人或者看守人员的同意，也要领取搜查许可令，才能够进行搜查。[①] 笔者认为，这一规定目的在于保障搜查证据理由等要件的严格实施，保障犯罪嫌疑人及相关主体的住宅、人身等基本权利不受非法侵犯。

（六）意大利

意大利刑事诉讼法规定，搜查必须由法官发布附理由的搜查令才能进行，法官可以亲自进行搜查，也可以指定司法警官进行。只有在特殊情形下可以不用搜查令：（1）在当场发现犯罪或者罪犯脱逃的情况下，如果司法警察官员有理由认为可能隐藏有与犯罪有关的物品或痕迹并且它们可能被消除或者消失的；（2）行为人实施了刑法典所规定的必须当场逮捕的罪犯而受到的指控或被判刑，应当执行预防性羁押的决定或监禁令时。[②]

意大利刑事诉讼法中根据搜查的对象，将搜查分为人身搜查、场所搜查和住宅搜查三种。当确有理由认为某人身上藏有犯罪物证或者与犯罪有关的物品时，进行人身搜查。当确有理由认为上述物品处于某一特定地点或者在某特定地点可能逮捕被告人或逃犯时，进行场所搜查。当确有理由认为上述物品可能处于被搜查人的住宅时，进行住宅搜查。

可见，意大利刑事诉讼法对搜查的证明标准规定为确有理由，至于何谓确有理由，法无明文规定，实践中更无对其的解释。笔者认为，有理由和确有理由在证明标准的要求程度上是不同的，从字面含义上理解，有理由既可能是客观性的标准，也可能是主观性的标准，也就是说，在客观性的标准不具备的情形下，侦查人员完全可凭主观经验判断搜查的理由是否存在即可，而确有理由主要应是客观性的标准，因为其不仅强调搜查的证据理由存在，而且在证据质的要求上是客观存在的，而不能仅根据自身的经验作出判断，虽然这一客观性的标准是通过侦查人员的主观思维进行判断的，同时，确有理由这一证明标准对证据客观性的要求在一定程度上体现了立法对搜查这种易侵犯公民人身权和财产权的限制和约束。

二、中外搜查证明标准之比较

我国《宪法》第37条规定："禁止非法搜查公民的身体"。现行《刑事诉讼法》第109条规定，为了收集犯罪证据、查获犯罪人，侦查人员可以对犯罪嫌疑人以及可能隐藏罪犯或者犯罪证据的人的身体、物品、住处和其他有关地方进行搜查。《公安机关办理刑事案件程序规定》第205条规定，为

---

① ［日］松尾浩也著：《日本刑事诉讼法》（下卷，新版），张凌译，中国人民大学出版社2005年版，第82页。

② 参见《意大利刑事诉讼法典》第352条。

了收集犯罪证据、查获犯罪嫌疑人，经县级以上公安机关负责人批准，侦查人员可以对犯罪嫌疑人以及可能隐藏罪犯或者犯罪证据的人的身体、物品、住处和其他有关地方进行搜查。《人民检察院刑事诉讼规则》第175条、第178条规定："为了收集犯罪证据、查获犯罪人，侦查人员可以对犯罪嫌疑人以及可能隐藏罪犯或者犯罪证据的人的身体、物品、住处、工作地点和其他有关地方进行搜查"，"进行搜查，应当向被搜查人或者他的家属出示搜查证。搜查证由检察长签发"。从法律语境角度考虑，"非法"的对立面应是"依法"，我国宪法上的证据搜查证明标准应为"依法"；根据刑事诉讼法及其相关解释的具体规定，证据搜查的证明标准是"可以"或"可能"。笔者认为"依法"包含符合实体法的要求，也包含程序法的要求，而"可以"、"可能"主要是从实体内容角度作出的判断，而该概念的内容是空洞和虚无的，因为"可以"也意味着"可以不"，即侦查主体可以进行证据搜查，也可以不进行证据搜查，至于是否采取这项措施，完全依赖其自由选择，而"可能"的程度则很宽泛，如果从概率论来考虑，是1%，还是50%，也就是说是一种最低限度的可能，还是一种高度的可能，则不甚明确，而在司法实践中，所谓的"可能"条件几乎是无任何限制作用的。可见，在我国，搜查程序可以轻易启动，缺乏应有的证明标准。对于搜查的实质条件（或称搜查理由），刑事诉讼法及相关司法解释均未作规定，只是重复强调"为了收集犯罪证据、查获犯罪人"这一目的性要求，而这实际上是整个侦查活动的目的和任务，缺乏作为具体侦查行为（在我国搜查通常是强制侦查行为）应有的针对性。若没有以特定证明标准为核心的搜查理由，仅仅是出于侦查的需要启动搜查程序，势必导致搜查的滥用，其结果是侵害到公民的宪法性权利。

通过对中外证据搜查制度证明标准的粗略分析，笔者认为二者之间存在一系列不同。

（一）适用主体不同

国外的搜查无论是有证还是无证，最终都要由警察向签发令状的法官加以证明，如果采取搜查的证据事实不存在或没有达到法定证明标准的要求时，则会被驳回或认定违法，对其所造成的损害进行赔偿。《德国刑事诉讼法典》第105条规定："是否搜查，只允许由法官，在延误就有危险时也允许由检察院和它的辅助官员决定。"[①] 法国在现行犯罪的侦查中，搜查权属于司法警察官和司法官；正式侦查中的搜查权属于预审法官，但预审法官可以授权司法

---

① 李昌珂译：《德国刑事诉讼法典》，中国政法大学出版社1995年版，第36~37页。

警察行使。日本无证搜查的权力属于侦查机关，其情形由法律明确规定；有证搜查需经法院许可。在国外，对搜查证据理由的证明是一种他向性的证明，或者说是警察向法官的证明。虽然警察在申请令状时或无证搜查是内心也存在对采取的理由是否成立的判断，或者说这也是一种自向证明，但是由于搜查行为的合法性主要是通过令状判断出来的，因此，警察最终要向法官证明搜查的事实理由是具备的，而这种证明外化为他向证明，且这种证明对约束非法搜查具有实质意义。所以美国证据搜查的证明标准适用主体至少有两个，即作为侦查主体的警察和作为审查主体的法官。

我国立法上的证据搜查没有无证和有证的区别，对搜查行为必要性和合法性的判断主要是内部的行政审查机制，不具有国外立法上的司法审查属性，这就决定了证据搜查的证明标准首先是侦查人员在内心中适用的标准，是一种自向证明的标准，即使在侦查人员向部门负责人申请批准搜查令时，这种证明也不具有他向性的性质，因为该行为只是侦查机关的一种内部审批手续，且是秘密进行的内部行为，司法权无法对之进行约束，无法谈上证明的他向性。

（二）是否多元化不同

在国外的部分国家搜查制度中，因是否需要申请令状，搜查所适用的证明标准也有所区别，总体上来看，呈现二元化特征。例如，美国有证搜查的证明标准为“可成立理由”，而无证搜查的证明标准一般为“合理理由”。在证明所要求达到的程度上，“可成立理由”是高于“合理理由”的，因为前者要求的是一种客观性的判断，是一种高度的可能性，在司法实践中，“可成立理由”需要法官根据一系列的信息判断出来，其中直接信息（direct information）是必不可少的。所谓直接信息就是从事逮捕的警察根据他所看、听、感觉、品尝和嗅到的第一手信息（firsthand information），其并不能自动使“可成立理由”成立，法庭要根据所寻找的形成“可成立理由”的现场图片，环境证据（circumstance evidence）的全部情况方可作出判定，而在所寻找的这些事实和环境证据中，下表①（见表4）中的内容则是警察必须首先获得的，因为这些证据材料可单独或结合在一起让法官确信“可成立理由”成立；而后者只是一种主观性的判断，其在实践中虽要求具备一定的要件作为判断的依据，但仅是形式上的内容（如第三人同意的搜查主要看是否有授权（authrority）或根据当时的情形判断是否得到授权）。这种二元化的立法具有两个好处：第一，可以避免立法过于僵化，而使司法实践的操作过于机械，

① Joel Samaha, Criminal Procedure(sixth edition), Thomson & Wadsworth, p. 161.

不能适应打击犯罪的实际需要；第二，可以避免统一立法而不能实现对搜查行为的有效约束和限制，因为统一的标准不能满足司法实践灵活性的需要，必然会出现侦查人员采取多种花样的手段来收集证据，易对当事人的诉讼权利造成侵害。

表 4：警察获得可成立理由信息的种类

警察首先获得的可成立理由的信息	
作出矛盾的解释（giving contradictory explanations）逃跑	逃跑（fleeing）
有鬼鬼祟祟的行为（Making furtive movements）	指纹（fingerprints）
隐藏（hiding）	头发样本（hair samples）
试图破坏证据（attempting to destory evidence）	血液样本（blood samples）
阻止警察（resisting officers）	DNA 信息（DNA informations）
作出模糊的回答（giving evasive answers）	

我国证据搜查的证明标准不仅是单一的，而且是主观性的，即不同的情形下，适用的标准都为“可能”。这种单一性的证明标准在本质上体现的是重打击犯罪轻人权保障的指导思想，因为只要侦查主体认为有嫌犯有可能会隐藏证据，而不论这种危险或危害性现实存在的可能性有多大都可以进行搜查，目的就是有效地收集犯罪证据，实现对犯罪分子的有力惩罚，更不论这种强制措施的采取是否会对嫌犯的人身自由权利造成不当的侵害。

（三）可操作性不同

国外搜查证明标准大部分强调可操作性，虽然有的国家实行的是主观性标准，但实践操作过程中也是需要现实证据支持的，并以高水平和高素质的执法者作为保障。例如，美国搜查的证明标准是一个主客观相结合的标准，之所以采取这种立法原因有二：第一，可以为司法实践中侦查人员申请和进行搜查提供客观性的可操作的标准；第二，可以为令状法官在审查警察的令状申请提供客观的判断依据。除了对“可成立理由”在立法和判例上明确要求其是一个客观性的标准外，对“合理理由”或“合理相信”这种主观性的证明标准在司法实践中的具体适用也是要以客观的证据材料为依据的，如案发时的情形；已取得逮捕令；书面证明已取得授权，等等。这种客观性的立法不仅可以防止警察和法官在申请和审查令状时处于无所适从的境地，而且为明确判断搜查行为（司法审查）的合法性，实现对嫌犯合法权益的维护提供了判断依据，从而有效抑制警察违法搜查行为的发生。

比较而言，我国“可能”的证据搜查证明标准则是一个纯主观性的标准，因为“可成立的理由”要求有证据证明这种理由成立，而可能，尤其是指一种最低限度的可能时，则是完全通过主观判断的标准，对之我国现行立法并没有作出详细的可操作性的规定，而完全依赖于侦查人员的主观判断，因此很难阻却其在实施过程中会对公民人身、住所和财产的不当侵犯。

（四）价值理念不同

国外搜查证明标准意在重视对犯罪嫌疑人、公民的住宅、人身等基本权利的保障，相应地体现了人权保障与惩罚犯罪二价值理念之间的取舍与平衡。例如，美国搜查的证明标准蕴涵的价值理念主要为正当程序（due process），强调非依法律的正当程序，任何公民的人身自由、住所和财产不受非法侵犯，因此为有效遏制不当的证据搜查行为对公民基本权利（foundmental right）的侵犯，立法上对该行为的不同种类及其申请、适用的程序作出了严格的规定，不仅警察在申请令状时要提供证词，进行宣誓，而且在实施时也要遵守“敲门和告知规则”。

我国证据搜查的证明标准蕴涵的价值理念主要为惩罚犯罪，强调通过对证据材料的及时有效搜索、对犯罪嫌疑人人身的有效控制，以发现更多的犯罪线索和证据材料，从而实现从快打击犯罪、维护社会秩序安定的目的，忽视了对犯罪嫌疑人的人身、住所和财产等权利的保护，因此，在适用的程序上就很简单，在审批的程序上不仅只是一个内部的审查程序，而且在司法实践中采取搜查的主体和“审查”的主体同一①，无法实现对该行为的有效监督和制约。

（五）违法搜查的法律后果不同

国外大部分立法都对违法搜查的法律后果作出了规定，确定了违法搜查证据的使用禁止或排除，违法搜查行为，不仅受到实体法的制约，更在诉讼程序上被予以否定。就美国而言，对于违反宪法第四修正案的行为存在着三种法律救济措施。第一种是预防性的，要求警察从法官或司法行政长官处取得令状后才能执行，即搜查令制度。大多数国家认为搜查令制度可以有效排除警察在执行相关标准时犯错误的风险，起到防患于未然的作用。第二种法律救济手段是对违宪搜查的侵权诉讼。它允许人们用非法搜查所引起的侵犯隐私权利的实际社会成本来衡量对非法搜查的制裁。第三种救济措施是非法证据排除规则，非法搜查所发现的证据和证据线索不得用作对搜查目标所进行的刑事审判中的证据。美国是最早确立非法证据排除规则的国家，也是实

① 据笔者了解，有些侦查机关办案人员事先将搜查令盖好印章，办好批准手续，随身携带，当需要时，自己就直接填上需要搜查的内容，这完全是搜查主体和“审查”主体合一的行为。

施非法证据排除规则的一个具有代表性的国家。早在1914年，美国联邦最高法院便依据宪法第四修正案在维克斯诉合众国一案的判决中提出了非法证据排除规则。美国宪法第四修正案规定："人们保护自己的人身、房屋、文件及财产不受任何无理由搜查和扣押的权利不容侵犯；除非是由于某种正当理由，并且要有宣誓或誓言的支持并明确描述要搜查的地点和要扣留的人或物，否则均不得签发搜查证。"在德国，如果检察单位及其辅助机关对法官是否会签署搜索命令，实有疑问时，以及如果法官对此的保留，却被故意规避时，通过这种途径获得搜查令进行搜查所获得的证据不具有证据力。[①] 此外，侦察人员无权命令为建筑物之搜查[②]，即或在为建筑物之搜查时所意外查获之物品，此物品不具有证据力[③]。在法国，现行刑事诉讼法第170条规定：在任何情况下，应预审法官、共和国检察官或有关当事人的申请，上诉法院刑事审查庭在审理过程中，有权对某一行为或某一证据宣布无效。宣布无效的结果可能导致一些证据被排除。此外，对于司法警察的某一成员不按规定办案，在执行任务中对当事人造成的损害，受害人可以在刑事法院提出附带民事诉讼，还可以向民事法院提出诉讼。另外，由于办案人不按法律规定的程序办事，受到这种行为损害的受害人，也可以依据司法组织法典第781－1条的规定，以公务行为不良为理由，向国家提出诉讼。[④]

我国现行法律对违法取证规定相当宽松，侦查机关执法行为自由度非常大。从立法层面来看，我国刑事诉讼法对搜查中非法获取的实物证据及其他相关证据材料都有规定，但由于制度的设置上根本没有对侦控机关的权力进行制衡，如没有规定司法令状原则，没有对非法获取证据的证据能力做出限制，所以其规定总的来说显得粗疏。在非法收集证据方面，我国《刑事诉讼法》第43条则对其作了禁止性规定，最高法院司法解释也作了相关证据排除的规定，但由于相关配套制度的缺失，如证明责任的分配制度等，使得这些规定处于虚置状态，仅具宣示意义，没有实际效用。在司法实务中，对于违反法定程序或侵犯了犯罪嫌疑人的人身权利、诉讼权利而收集到的非法证据，如果查证属实，对案件事实有证明力的，证据是可以被采用的。《刑事诉讼法》第109条至第118条对搜查、扣押实物证据的具体程序作了规定，但同

---

① ［德］克劳斯·罗科信著：《刑事诉讼法》（第21版），吴丽琪译，法律出版社2003年版，第346页。

② 《德国刑事诉讼法典》第105条第1项第1段。参见李昌珂译：《德国刑事诉讼法典》，中国政法大学出版社1995年版，第36页。

③ 《德国刑事诉讼法典》第108第3段。参见李昌珂译：《德国刑事诉讼法典》，中国政法大学出版社1995年版，第37页。

④ 杨宇冠：《非法证据排除规则研究》，中国人民公安大学出版社2002年版，第205～206页。

样没有规定如何救济违反法定程序的问题，对非法获得的实物证据有无证据能力没有明示。在司法实务中，违反法定程序进行搜查，扣押而取得实物证据，如查证属实，只要事后补办相应的手续，完全可以采用。

（六）搜查证证明内容要求不同

为限制警察权力的滥用，两大法系国家在搜查证上多要求具体地写明搜查的对象，使执行搜查的警察可以合理地确定所要搜查的具体场所、车辆和人，要求在搜查证中写明“搜查的理由和搜查的范围”，满足“特定性”要求，从而强化了搜查证明标准的适用。例如，在英国，根据警察的书面申请，由治安法官签发搜查证。搜查证必须写明申请人的姓名、签发的日期和法律依据，具体指明要搜查的场所，并尽可能指明要寻找的人和物品。警察在进入屋内进行搜查后，一旦搜查证上载明所要扣押的物品已经发现或者认定该物品不在该场所时，搜查就应立即停止。英国 1984 年《警察与刑事证据法》第 15 条第 6 项规定：“搜查令应具体说明提出申请的人的姓名、签发的日期、签发所依据的法规以及将要搜查的房屋，只要有可能应确认要查找的物品及人员。”要求搜查证的“特定性”，禁止签发一般性的令状或普遍适用的令状，其目的是防止搜查人员滥用搜查权，侵害公民的合法权益。一般情况下，搜查人员只能在搜查证确定的范围内进行搜查，即搜查的范围只限于搜查证明确记载的人和物，如果不按搜查证的要求进行搜查会导致搜查违法的后果，还要接受法官的事后审查。在美国，对城市内进行的搜查，搜查证必须具体写清所要搜查的建筑物所在的街道及门牌号或其他足以特定的事项；对人身的有效搜查证则必须载明被搜查人姓名或其他足以特定被搜查人的事项。①根据德国宪法法院判例的要求，德国搜查证要求贯彻“特定性”要求，如物品搜查证必须写明所怀疑的犯罪、物品的特征、搜查的地点，说明为什么可以期待在准备搜查的地方可以发现该物品等。《日本刑事诉讼法》第 219 条规定搜查证必须写明嫌疑人的姓名、罪名，应予搜查的场所、身体或物品，有效期及过期不得执行并退回搜查证的意旨，签发的年、月、日，并由法官签名、盖章。②

比较而言，《搜查证》在我国属于多联式填充型司法文书，由存根和正本构成。存根有案件名称、案件编号、犯罪嫌疑人姓名、住址、搜查原因、搜查对象、批准人、批准时间、办案人、办案单位、填发人等 12 项记载内容，其主要作用是留存备查；正本的主要内容则是“根据《中华人民共和国刑事诉讼法》第一百零九条之规定，兹派侦查人员（侦查人员姓名）”对犯

① 参见孙长永著：《侦查程序与人权》，中国方正出版社 2000 年版，第 105 ~ 106 页。

② 参见宋英辉译：《日本刑事诉讼法》，中国政法大学出版社 1999 年版，第 52 页。

罪嫌疑人××在×市×区×路×号的住宅进行搜查。并没有像国外规定的那样，要求在搜查证中写明“搜查的理由和搜查的范围”，这不利于对搜查理由和证明标准的把握和控制，易造成实践中的无限制搜查和侵犯人权现象。

三、我国搜查证明标准制度完善构想

（一）申请与审查主体分离

在我国，证据搜查证明标准的申请主体与适用主体是同一的，这既不利于实现对证据搜查事实要件的有效判断，也不利于实现对证据搜查行为的有效制约，因此，有必要将证据搜查证明标准申请适用的主体与审查判断的主体相分离。

由于我国没有英美令状法官的传统，而且实践中美国的令状搜查的申请也遇到了诸如专门性强和迟延等问题，因此，我国不宜将法官确定为令状审查的主体，结合逮捕审批的实际，可将证据搜查证明标准的审查主体确定为检察机关。这样做有两方面的好处：第一，实现了申请主体与审查主体的分离，可以实现对搜查行为的监督和制约；第二，与我国现行立法模式和诉讼实际相符。根据我国现行立法，检察机关是批捕的主体，是法律监督主体，在司法实践中，承担着大量的法律监督任务，因此，检察机关承担对搜查事实条件的审查任务不仅与我国立法精神相符，而且具有实践的可行性。具体而言，在申请适用令状搜查时，当侦查人员认为申请的事实理由满足证明标准的要求后，应当向作出判断的主体，即检察机关提出申请，为保障申请得到及时审批，检察机关设立专门的机构和人员，设置24小时值班制，随时应侦查机关的搜查申请而进行审查并作出决定。针对无证搜查的情形，立法上除规定进行该种强制措施必须满足法定证明标准要求外，还应规定，无证搜查后的24小时内必须向检察机关证明无证搜查的理由，以证明该行为的正当性。

（二）实行多元化的证明标准

我国立法上并没有针对实践中的不同情形规定不同种类的搜查制度及其所适用的证明标准，笔者认为该立法与诉讼规律是不相符的，因为纸面上的法需要转化到具体实践中才有意义，而法律规定若过于原则，则丧失其在实践中的生命力。笔者并不是主张全盘西化者，但认为国外搜查及其证明标准制度的规定给我国该项制度的完善带来了有益的启示：应设立多元化的证明标准制度，即搜查令适用“可成立理由”的证明标准，无证搜查适用“合理相信”的证明标准；对犯罪嫌疑人、被告人的人身及处所或物品的搜查适用“可成立理由”的证明标准，对犯罪嫌疑人、被告人以外的第三人的人身及处所或物品的搜查适用更高的证明标准，借鉴我国台湾地区“刑事诉讼法”规定，可设立“相当理由”[①] 的证明标准。借鉴《俄罗斯联邦刑事诉讼法典》第 172 条规定[②]，对在拘留或羁押时及在有相当理由的推定，现在正在进行提取或者搜查的房舍或者其他地点的人，随身隐藏对于案件具有意义的物品或者文件的情形下，可以不单独作出决定或不经检察长批准而进行人身搜查，侦查人员可以采取紧急搜查。

“可成立理由”的证明标准主要适用于证据搜查的一般情形，即侦查机关有相当理由证明有必要对嫌犯的人身、住所、财产或发现其可能逃跑的情况进行证明，审查机关方可作出批准的决定；“合理相信”的证明标准主要适用于下述两种情形：第一，侦查人员在取得逮捕令后进行拘捕过程中，有合理理由相信犯罪嫌疑人的人身、住所或者财产等处藏有毒品、武器等可能威胁侦查人员人身安全的情形；第二，侦查人员发现嫌犯有实施现场犯罪的重大嫌疑，或者嫌犯身上持有爆炸物、武器等对社区或民众危险性较大的可能。在司法实践中，有证逮捕和无证逮捕的证明标准可能会交叉适用，原因在于，逮捕所适用的证明标准要高于搜查的证明标准，因此，在侦查人员取得逮捕证后，可能会在逮捕的过程中实施搜查措施，但是，为防止这种搜查范围不受限制，立法上有必要对该种情形下侦查机关能够进一步搜查的范围作出原则性的界定，由于搜查的目的是发现犯罪线索和证据，笔者认为若实行逮捕后，嫌犯的现实危险性不存在，则不宜立即实施搜查，若存在危险性，在其没有得到有效控制前，可以实施无证搜查，相反，则应实施有证搜查。“相当理由”的证明标准主要适用于对被告人、犯罪嫌疑人以外的第三人的人身及其处所或有关物品的搜查。

（三）应制定可操作性的程序规则

为保障搜查证明标准能够落到实处，相关配套的程序规则是不可缺少的，如在美国搜查证明标准操作过程中，无论是有证搜查，还是无证搜查，都有一套严格的程序规则（见表5）。笔者认为，我国搜查证明标准制度的完善不仅包括其本身内容设计的合理性、科学性，而且包括其实施制度的完备性，借鉴国外立法，结合我国司法实际，应对操作搜查证明标准的程序规则加以完善。

---

① 我国台湾地区“刑事诉讼法”第 122 条第 2 款规定，对于第三人之身体、物件、电磁纪录及住宅或其他处所，以有相当理由可信为被告或犯罪嫌疑人或应扣押之物或电磁纪录存在时为限，得搜索。

② 《俄罗斯联邦刑事诉讼法典》第 172 条规定，在拘留或羁押时及在有相当理由的推定，现在正在进行提取或者搜查的房舍或者其他地点的人，随身隐藏对于案件具有意义的物品或者文件的情形下，可以不单独作出决定或不经检察长批准而进行人身搜查。

表5：美国搜查程序规则

有证逮捕			无证逮捕				
特殊情形	先前裁决	敲门和告知规则	突发事件逮捕时的搜查	同意搜查	汽车搜查	容器搜查	紧急搜查

1. 引进司法审查机制，原则上由法官决定搜查、签发搜查证

对侦查权的司法控制是国外刑事诉讼中的普遍做法：对涉及公民基本权利的处分决定通常应由法官作出裁决，以防止侦查权的滥用。搜查的决定权交由法官，首先是实现权力制衡、促进权利保障的需要。为了侦破犯罪，侦查人员总是期望通过搜查获取犯罪证据，对其如果不加以必要的制约和防范，极可能造成搜查的泛滥，伤及公民的宪法性权利。故由侦查人员提出申请，由法官负责审查其理由及必要性、签发搜查证的模式应成为合理的选择。其次是程序公正的必然要求。作为冲突双方中的强势一方，侦查机关自行决定搜查违背了“任何人不得做自己案件的法官”这一程序正义的基本规则，对涉及公民重大权益问题的裁决，应交由中立的法官作出。

在我国，有学者主张应赋予检察机关搜查的批准权，以强化检察监督①。对此，笔者不敢苟同。在刑事诉讼中，检察机关代表的是国家利益，行使的是控诉职能，与公安机关同属一个利益共同体，都以追诉犯罪为己任，检察机关的侦查监督属于同质监督，这与司法审查所要求的中立性相差甚远，难以实现对人权的切实保障。依照刑事诉讼的自身规律，司法审查只能由法官进行。为此，可在人民法院内设立司法审查庭，专门对搜查等强制性侦查行为的合法性进行审查。审查法官专司裁判职能，但仅限于重大程序性问题的裁决，不得参与案件的实体审理。

此外，还应明确搜查中令状原则的例外。毕竟，侦查的重要任务是控制犯罪，在法定紧急情况下，公安机关和检察机关可先行搜查，但事后应尽快取得法官的追认及授权。

2. 明确搜查证明标准所适用的证据规则

虽然我国宪法明令禁止非法搜查，但刑事诉讼法及相关司法解释并无相应的程序性后果的规定。我国尚未确立非法物证的排除规则，非法搜查所获取的证据在诉讼中通行无阻，可以作为定罪的根据。非法搜查的侦查人员从违法行为中获取了实际利益，导致非法搜查行为的蔓延。一些地方的侦查部

① 宋世杰、黄柳：《刑事搜查初探》，载《福建公安高等专科学校学报》2003年第2期。

门甚至在没有立案、没有启动刑事诉讼程序之前即以种种借口对涉嫌职务犯罪人员的人身及办公场所进行搜查，以获取有利于办案的证据。这类做法严重侵犯了被搜查人的权利，也使法律的尊严荡然无存。为使搜查的证明标准便于操作，建议在《刑事诉讼法》中明确规定搜查证明标准所应适用的证据规则。借鉴我国台湾地区“刑事诉讼法”的规定，对搜查证据程序的进行，仅需自由证明即可，无须严格证明，原因在于：“一来是强制处分发动与否的‘程序问题’，二来是审判期日‘以外’之程序，三来通常具有紧迫性。”① 因此，搜查证明标准所适用的证据规则至少有三方面的要求：第一，不适用直接审理原则和传闻证据排除规则，警察或检察官提出用来证明搜查有可成立理由的证据，即使是证据的替代品或传闻证据，也可以作为法官合法搜查证的证据基础，法院不需要亲自传讯犯罪嫌疑人、被告人或第三人；第二，对于可成立理由的证明，并不要求达到无合理怀疑的确信程度，如果从心证所达到的比例角度来看，只要达到50%即可；第三，搜查的证明标准是否达到的证明责任由侦查人员承担，因此侦查人员在提出搜查的申请中应写明该案的犯罪事实、现有证据情况、证据与被搜查人或被搜查场所的关系，且应使法官相信通过搜查可能找到嫌疑人或与案件有关的犯罪证据。

3．完善搜查证内容

搜查证的规定内容，不仅是搜查人员执行搜查活动的合法性依据，而且也是法律为了保护公民的正当权益而对搜查权力的必要限制。纵观世界各法治国家的规定，搜查证应当规定的实质内容一般包括搜查的理由或案由、搜查的对象或范围、搜查证的有效期限等方面的内容。笔者认为，借鉴法治国家和我国台湾地区“刑事诉讼法”的经验，结合我国的实际，应从完善我国搜查证的内容。从证明标准角度而言，搜查证应明确记载搜查的案由或理由，搜查是因何原因而发动，在搜查证中要加以记载。参照日本刑事诉讼法规定，搜查证要写明被搜查人涉嫌的“罪名”，而且，对刑法犯和特别犯要有不同的记述方式。对刑法犯，可使用杀人、盗窃等构成要件的一般性名称；对特别犯，多是采用违反某某法令的记述方式。如“涉嫌违反××法”而不明确指示罪行法条；前述涉嫌罪名的证据的种类有哪些，证明至何种程度，等等。

4．违法搜查之程序性制裁

在刑事诉讼中，对侦查人员违法侦查行为进行程序性制裁是必要的，不仅有助于保障其执法行为的合法性，而且有助于实现对犯罪嫌疑人、被告人及第三人人身和财产的有效保护。笔者认为，对侦查人员违法搜查的程序性

① 林钰雄著：《刑事诉讼法》（上册），中国人民大学出版社2005年版，第301页。

制裁主要分为三个方面：一是该搜查行为的法律后果，即所获得物品证据在该案的使用中应当予以禁止；二是该搜查行为若对犯罪嫌疑人、被告人或第三人的人身、财产造成不当侵害，应当予以国家赔偿；三是对违法行为人违法搜查的情节轻重予以相应的法律责任追究。为将非法证据排除规则落到实处，笔者认为应通过程序性裁判建立对非法搜查的程序性制裁机制，在我国刑事诉讼法修改时主要从两方面着手完善：（1）刑事诉讼法应赋予任何遭受非法搜查侵犯的人都可以向法院提出动议，要求排除非法搜查所获取证据的效力的权利。（2）法官应就此举行一个由控辩双方参与的专门听证程序，针对是否存在非法搜查问题进行程序性裁判。在围绕搜查的正当性与合法性上，如不能尽到证明责任，则需承担非法证据被排除的程序性制裁后果。

第十章 推定与刑事证明标准

一、推定概述

（一）推定的概念

1. 学理上的概念

究竟何谓推定，在德国，“没有哪个学说会像推定学说这样，对推定的概念十分混乱。可以肯定地说，迄今为止人们还不能成功地阐明推定的概念”①。在我国台湾地区，“无论在学术论著或司法判例方面，每为各种不同意义之使用，如所谓法律上之推定，事实上之推定，决定性之推定，冲突之推定，强固之推定，薄弱之推定，以及推定证据等用语。极易使一般人对于究竟何谓推定之观念，混淆杂乱，如入云里雾中，莫知所从”②。概括起来，学者们对推定进行定义，代表性的观点有：

（1）从描述事实间关系来看，认为推定通常系指一种法则或一种推论而言。使用此种法律术语时，即描述某一事实或若干事实之间的关系。某一事实即为基础事实甲，另一事实则为推定事实乙，它仅用以表示若干甲事实于诉讼中一经确立，除非或直至另有特殊的条件构成，即必须假定乙事实的存在。一般说，“推定是指一个事实或一组事实之间的关系。前一种事实称为基础事实，即事实甲，后一种事实则称为推定事实，即事实乙”③。在《简明牛津英语词典》中，“推定被简单定义为‘假设某种事；或者，假定某种事；或者假定，假定可能性，假象，期待’。基于前提性事实 X（基础事实），我们假定事实 Y（推定事实）”④。在法律上，推定被分为不同的情形：“事实上

① ［德］莱奥·罗森贝克著：《证明责任论》，庄敬华译，中国法制出版社 2002 年版，第 206 页。

② 李学灯著：《证据法比较研究》，台湾五南图书出版公司印行，第 249 页。

③ 沈达明编著：《英美证据法》，中信出版社 1996 年版，第 210 页。

④ Alan Taylor, BA, M Phil, Principles of Evidence(second edition), London Sydney, 2000. p. 39.

的推定——《简明牛津英语词典》将之定义为，‘从已知事实，推断出一个不确定的事实’。法律上的推定，它可被分为可反驳的推定和不可反驳的推定，双重定义是：‘（a）推定任何事情是真实的，直到其反面被证实；（b）根据法律，一个推断被普遍接受适用于特定情形。’”① 在英国的判例与实践中，事实上的推定可分为：“生命存续的推定（the continusnce of life）、不适宜航海的推定（Unseaworthiness）、意图性推定（Intention）、有罪常识推定（Guilty knowledge）、所谓的事实推定（So called presumption of fact, such as presumption of innocence）；法律上的不可反驳的推定；法律上可反驳的推定：合法性的推定（Presumption of legitimacy）、婚姻推定（Presumption of marriage）、死亡推定（Presumption of death）、规律性推定（Presumption of regularity）。”②

（2）从推定效果上看，认为推定是指从审判知识或已经证明的事实，或者当它是真的事实，来推断出另一问题的事实结论。例如，“一定之事实（前提事实）经被证实时则无需任何证明，即可用来认定其他之事实（推定事实），谓之为推定”③。或“在没有更多的证据时，从基础性事实推导出可适用的结论的证明”④。美国学者戴尧、韦格穆尔和美国法学会“一般均主张推定一词，应仅用以表示若干事实在诉讼中一经确立，除非或直至另有特殊之条件构成，即必须假定乙事实之存在”⑤。

（3）从推定与证明责任的关系看，认为推定是法理学上证明法则之一，用以推测未知事实的真相。法官得利用此一法则，以决定诉讼中证责之归属。

（4）从事实认定角度看，认为推定是指法律对某种事实或责任所作的，允许当事人举证否认的一种认定。

（5）从动态过程上看，认为推定就是甲事实的存在，推演出乙事实存在的诉讼活动⑥。

上述关于推定概念的定义虽有不同，但它们之间存在一些共性内容，主要是：

第一，推定本身并非证据，而只是一种证明方法或证据规则。这种证据规则的特殊之处就是法律所直接认可或间接认可用来求证未知的案件事实。

---

① Alan Taylor, BA, M Phil, Principles of Evidence(second edition), London Sydney, 2000. p. 39.

② Alan Taylor, BA, M Phil, Principles of Evidence(second edition), London Sydney, 2000. pp. 39 ~ 47.

③ 黄朝义著：《刑事证据法研究》，台湾元照出版公司 2000 年版，第 273 页。

④ Margaret T. Stopp, J. D. Evidence Law in the Trial Process, West Legal Studies, 1999. p. 73.

⑤ ［美］摩根著：《证据法之基本问题》，李学灯译，台湾世界书局 1960 年版，第 58 页。

⑥ 后三种观点转引自江伟主编：《证据法学》，法律出版社 1999 年版，第 123 页。

第二，推定分为两个事实，即基础性事实和推定事实。推定规则则是连接和沟通二者关系的桥梁，缺乏其一，则无任何证据法上的实际意义。

第三，推定允许当事人反驳，允许当事人用反证加以推翻，与证明责任、证明标准等制度紧密联系。反之，若不允许反证加以推翻，其则非为证据规则。

2. 立法上的概念

何谓推定，一些国家和地区的证据立法中也对此作出了定义。美国《1999年统一证据规则》第3条规定："推定是指在发现某一基础事实存在的情况下，作出如下假定——除非依照规则302、规则303作出不存在推定事实的，假定存在着推定事实。"美国《加州证据法典》第600条则分别对推定和推理作出了定义：(a) 推定是一种事实的假定，即法律要求从另一事实或事实组中得出或在诉讼中加以确认。推定不是证据。(b) 推理是一种事实的推导，即可以另一事实或事实组中符合逻辑、合理地被导出或在诉讼中被确认。加拿大《魁北克民法典》则规定："推定系依法进行的推断，或者法院从已知事实推断未知事实。"同时规定："法律未规定的推定由法院自由裁量，法院仅应考虑慎重、精确且一致之推定。"大陆法系的代表——法国在其民法典第1349条规定："推定系指法律或司法官依已知之事实推断未知之事实所得的结果。"同时以第一目——法律上的推定（第1350条）规定："法律上的推定是指，特别法对某些行为或某些事实的推定，例如：1. 法律仅依据行为的性质，推定其违反法律规定，认定其为无效的行为……"第二目——非法律上的推定（第1353条）规定："非法律上的推定，由司法官依其学识与审慎自定之；司法官仅应承认重大的、准确的、前后相互一致的推定，且仅在法律允许以证人为证的情形下作此种推定，但如证书因欺诈之原因受到攻击时，不在其内。"《意大利民法典》第2727条规定："推定是指法律或法官由已知事实推测出一个未知事实所获得的结果。"

虽然不同学者及立法对推定的概念界定有不同的表达方式，笔者认为它们对推定内涵的认知是一致的，通过上述推定概念的表述，我们可以从中发现推定所具有的主要构成要素：一是推定涉及两种事实，即已知事实和未知事实，或者说基础事实和推定事实。推定反映的是这两种事实之间的关系。二是推定的发生依据包括法律规定和经验法则。三是推定的救济方法是反证。当事人可以提出反证，推翻推定事实，从而使推定规则失去效用。因此，所谓推定是指事实审理者可根据前提性事实，推断出结论性事实，并允许当事人举证加以推翻的一种证据法则。

（二）需要澄清的概念

在所有案件中，在没有任何基础证据事实的情形下，直至相反的事实被证明前，一些事实规定应被视为真实的法律规则。这种类型主要有无罪推定和精神状况的推定。在一定意义上，这些事实应被视为真实的，除非有人证明相反事实成立。但在实践中，这些事实并没有根据通常的证据规则加以证明，包括证明责任的分配和证明标准的设置。正是推定这一术语经常适用于一些法律规则，而这些规则在现实中是不同于推定的，将它们与推定相混淆导致有些实质不是推定的证据规则而被误认为推定，这些规则主要有：

1. 关于一些必要事实主张规则

在刑事诉讼中，实体法上的一些必要事实主张的规则应被加以拒绝适用，若没有这个规则，一些特定类型的案件就不被主张。例如，10 岁以下的儿童不得被认为刑事犯罪，先前的 14 岁以下的儿童无性交能力规则①。现在，世界上很多国家的立法中，普遍承认该规则为实体法上的规则，其和证据法上的规则无关，尽管有的时候被称为不可反驳的推定或结论性推定，② 笔者认为实体法上一些必要事实的规则，只是从立法上政策角度确定的一个公平的操作规则而已，不存在证明责任的分配问题，也不存在证明标准的适用问题，其本身不应是推定。

2. 关于事实的推断（inference）

推断是司法实践中被司法者经常使用来推理案件事实的一种方法，这个术语反映了案件中特定类型的间接证据、争执事实和相似事实之间的联系。例如，若一个被指控人被发现占有最近被盗窃的物品，或者正在破获一些证据时被发现，那么，很明显的是，陪审团会推断他知道或相信物品是被偷盗的，或者这些证据对他不利。推断只是反映了执法者求证案件事实的一个逻辑思维过程，这种方法的运用不需要立法加以确认，也不具有当然的法律后果。而推定的后果具有法律拘束力，不仅可免除当事人的证明责任，在一定的情形下可直接作为裁判的依据。

3. 关于无罪推定

在人类司法历史上，出现过有罪推定的概念和观念。在我国，有罪推定原则的出现可以上溯到奴隶社会。《尚书·大禹谟》有“罪疑惟轻”的规定，虽然从轻，但在实际上还是作为罪犯对待，这就是一种“有罪推定”。在有罪推定观念下，刑事被告人依法对诉讼负有举证责任。例如，在秦的诉讼过程中，具体地表现在“自首”、“自出”或“自告”的法律规定上。《法律答问》载：“把其假（借）以亡，得及自出，当为盗不当？自出，出亡论。其

---

① In England, This rule was abolished by the Sexual Offences Act 1993, s. See: Peter Murphy: Murphy on Evidence (seventh edition), Blackstone Press Limited, 2000, p. 580.

② Peter Murphy: Murphy on Evidence (seventh edition), Blackstone Press Limited, 2000, p. 580.

得。坐赃为盗；盗罪轻于亡，以亡论。”[①] 携带借用的官有物品逃亡，如果被捕获，就依法以盗窃罪论处；如果是自首，就依法以逃亡罪论处。无罪推定是作为有罪推定的对立物而出现的，贝卡利亚认为：“在法官判决之前，一个人是不能被称为是罪犯的。只要还不能断定他已经侵犯了给予他公共保护的契约，社会就不能取消对他的公共保护。”[②] 在这一原则的表述中，出现“推定”的字眼。因此，有些学者把无罪推定看作推定之一种。实际上，无罪推定与推定在内涵与要求上有很大的差别。第一，性质不同。从公民权利保护的角度出发，无罪推定确定了公民按照正常生活状态活动的自然权利[③]，而推定则是基于立法上的规定所成立的一种规则，在性质上是一种法定权利。第二，构成条件不同。无罪推定不需要前提性条件或基础性事实即可成立，自刑事诉讼程序的肇始至结束，只要没有证据最终有效证明犯罪嫌疑人、被告人是有罪的，其就是无罪的。而推定则不然，其构成需要附加一定的条件或基础性事实，若这些条件和事实不存在，则推定根本不能发生。第三，推翻的证明标准不同。无罪推定使被告人以没有任何相反证据的清白之身参加诉讼……仅仅这一点就足够宣告被告人无罪，除非陪审团根据所有的证据排除合理怀疑地认为该无罪推定不成立[④]。例如，《波兰刑法典》规定，“在没有依照刑法典的规定证明之前，被告人不得被认为有罪，未解决的怀疑不得用作对被告人不利的指控。”[⑤] 而推定是一种证据规则，其适用的诉讼领域不同，求证的待证事实不同，所适用的证明标准也随之不同。例如，民法上的宣告死亡的推定和宣告失踪的推定的证明标准就不尽相同，前者的条件比后者要严格得多。同样，民法上的死亡的推定证明标准在刑事案件中就不能适用，而应适用更高程度的证明标准，如排除合理怀疑。

4. 关于精神正常的推定

在刑事诉讼中，在没有得到相反的证明之前，精神正常的推定是一个结论性的概念。因为，根据 McNghten 规则，“在所有的刑事案件中，陪审团应该被告知，在相反的事实未被证明至其满意的程度前，每个人应被推定为精

---

① 《睡虎地秦墓竹简》，第 195 页。

② ［意］贝卡利亚著：《论犯罪与刑罚》，黄风译，中国大百科全书出版社 1993 年版，第 31 页。

③ Carr . v . State 192 Miss. 152, 4 So . 2d 887(1941); Wells v. State, 288 So. 2d 860(Miss. 1974).转引自黄永著：《刑事证明责任分配研究》，中国人民公安大学出版社 2006 年版，第 300 页。

④ Kentucky v. Whorton, 441 U.S. 789,99 s. Ct. 2088,(1979). 转引自黄永著：《刑事证明责任分配研究》，中国人民公安大学出版社 2006 年版，第 300 页。

⑤ 见《波兰刑法典》第 3 条第 2 款、第 3 款之规定。Also see: Jenny McEwan . Evidence and the Adversarial Process(second edition), Hart Publishing - Oxford, 1998. p.81.

神正常，有充足的理由对其犯罪行为负责”①。

（三）推定的价值

1. 有助于推进诉讼进程

推定的目的之一是要求单独掌握证据或者较易获得证据的一方承担证明责任。为了使诉讼行为切实可行，推定假设一定情况成立，直到相反的事实成立为止。通常情况下，如果有证据将相反的事实进行证明，则推定消失。推定不是一种证据，其只是一种规则，解决的问题是在证明难以进行下去的时候，诉讼事实的尴尬境地该如何解决，从而避免司法者随意擅断。例如，《最高人民法院关于贯彻执行〈中华人民共和国继承法〉若干问题的意见》第2条规定，相互有继承关系的几个人在同一事件中死亡，如不能确定死亡先后时间的，推定没有继承人的人先死亡。死亡人各自都有继承人的，如几个死亡人辈份不同，推定长辈先死亡；几个死亡人辈份相同，推定同时死亡，彼此不发生继承，由他们各自的继承人分别继承。在刑事诉讼中，如果犯罪嫌疑人、被告人以其不熟悉法律为由进行抗辩免责，那么就违反了任何均知法的推定，对这样的事实没有必要要求当事人举证证明。可见，推定能够防止陪审团和法官浪费时间去考虑没有证据支持的争执点。如果另一方提不出支持对他有利的断定的证据，一方就不需要提出证据，从而缩短审理的时间。

2. 有利于推行社会政策

有时候，推定的建立并不以事实上的联系必然性程度为基准，而只是为了国家政策的倾向进行考虑，即支持或不支持某种行为的社会政策。这种政策指导下的推定倾向于通过国家鼓励的行为作出有利的假设而给予其实体上的利益，并相应地对国家给予否定评价的行为作出相反的不利规定，来尽量阻止这种不利行为的产生②。“在工业化社会体制下，公害等难以认定因果关系之犯罪行为层出不穷，为考量检察官对特定犯罪事实易于举证起见，在政策上可能导入诸如推定与转换举证责任等权宜手段”③。例如，汽车驾驶者推定他得到车主的许可以保护车祸受害者并诱导车主选择谨慎小心的驾驶者以确保公路上交通的安全。我国刑法中关于巨额财产来源不明罪的规定，只要国家工作人员持有的巨额财产来源是不明的，所持有的财产就容易被认为是违法的。之所以如此规定，因为这类主体即国家工作人员持有巨额的来源不明的财产对国家、社会政治、经济、道德等各方面的影响均很大，为保证这些特定主体职务的廉洁性，树立民众对执法者的信心，立法上希望其不要拥

---

① Sir Rupert Cross, Evidence, London Butterworths, 1979. p. 122.

② John William Strong, McCormick on Evidence, West Publishing Co. 1992, p. 580.

③ 黄朝义著：《刑事证据法研究》，台湾元照出版公司2000年版，第278页。

有这些物品。在英国刑事司法历史上，在奸淫幼女的犯罪中明知的推定不仅是为了避免对幼女的伤害，而且可以在社会范围内尽量避免这种暴力行为。而责任年龄的规定只不过是一种对人类认识和控制自己行为能力的推定，可尽量防止起诉裁量和法官裁量认定当事人的行为能力，避免对青少年造成负面影响，避免英国历史上 6 岁少年就可以定罪的历史重演①。在反腐败案件中，由于腐败案件证据收集工作具有相当大的难度，有时侦控机关能够证明公职人员的财产或支出明显超过其合法收入，但又很难收集到充分的证据证明其财产或收入系实施腐败犯罪所得，如果仅仅依靠常规的证据收集手段，遵循通常的证明责任分配原则，往往很难达到高效而有力地预防和打击腐败的目的。因此，《联合国反腐败公约》建立了推定制度，对某些问题的证明，甚至可以降低证据运用的法律要求，降低案件事实的证明标准，对“根据本公约确立的犯罪所需具备的明知、故意或者目的等要素，可以根据实际情况予以推定”，明确“缔约国可以考虑要求由罪犯证明这类所指称的犯罪所得或者其他应当予以没收的财产的合法来源”，即在这种情况下可以实行举证责任倒置，规定该公职人员必须说明其财产或收入来源合法，否则，侦控和审判机关在对案件事实的证明程度上不必达到排除合理怀疑的程度，即可认定其有罪②。

3. 有利于提升裁判的接纳度

推定是一种证据规则，但这种规则的建立部分是日常经验积累的结果，可以说，经验使推定有了事实上的根据。从推定的结果看，它往往与事实真相相符，具有高度的盖然性优势。例如，正在驾车的人，我们可以推定他为车主，或者他的驾车是经过车主的许可的。张某在交通事故发生的瞬间，从肇事车辆的驾驶位置走了出来，我们可以推定其为肇事者。正是由于推定在部分程度上是人们根据经验总结的结果，由于只是以高度盖然性为前提，那么，推定的事实可能与真正的事实不一致，因此，部分推定（事实上的推定）是允许被推翻的。尽管如此，推定的运用，反映了人们在司法实践过程中的一种主观认识案件事实的能动性过程，反映了人们在认识案件过程中的经验积累过程，其有利于使查明的案件事实与人们的普遍经验相一致，提高人们对裁判的接纳度。

---

① 参见［英］J. C. 史密斯、B. 霍根著：《英国刑法》，马清升等译，法律出版社 2000 年版，第 217 页以下。

② 郭志远：《〈联合国反腐败公约〉与我国刑事证据制度之完善》，载《安徽大学法律评论》（第 6 卷，第 1 期），安徽大学出版社 2006 年版，第 231 页。

4. 有利于实现公平原则

在诉讼过程中，特殊的案件事实的证明需凭借证据方可进行。依据一般的“谁主张，谁举证”原则进行分配证明责任并不一定能够达到程序公正的目的，由于一方的能力较强或者其非常容易获得并掌握的证据，这种分配也是不公平的。立法上为了避免举证不能或举证困难现象的产生，便允许诉讼当事人就较易举证的间接事实（circumanstance fact）提供证据，通过推定来认定案件事实的存否。这样一方面减轻了当事人的举证负担，另一方面许可当事人提出反证加以推翻，以解除（discharge）推定的效果。可见，“推定具有调和双方当事人证明责任的内在机能，显得公平合理”①。

5. 有利于节约诉讼成本

诉讼经济泛指使法院和当事人通过一定的投入获得尽可能多的收益，这是现代诉讼制度所追求的一个重大目标和所奉行的一项基本原则。在诉讼实践中，有些案件事实虽然并非无法查清，但实际调查核实起来却很困难，往往要耗费大量的人力、物力、财力，故而十分的不经济。推定制度的运用，解决了一些案件事实上的证明困难，节约了诉讼成本，缩短了诉讼时间。例如，关于巨额财产的来源，执法机关很难查清其来源的合法性，通过推定制度的设置，将其合法性交由持有者进行证明，就有很大的证明便利，这样可以节约诉讼资源，提高诉讼效率。

（四）推定的分类

在国外，推定概念的使用比较混乱②，学者们基本上是各取所需，存在诸如推论、推定、容许性的推定和可推翻的推定、暂时的推定、确定性推定、结论性推定等③，用语繁杂且意思复杂。

根据国外立法及学理，可将推定分为不同的种类。根据是否可以反驳为标准，可将推定分为可反驳的法律推定、不可反驳的法律推定和事实推定。所谓可反驳的法律推定是指当可反驳的法律推定用来支持一方当事人时，根据证明和事实自认的原理，另一事实得到推定。一旦推定得到适用，说服责任或提供证据责任就转移给另一方当事人，以解除推定事实。所谓不可反驳的法律推定是指当不可反驳的推定适用时，根据证明或基础事实自认的原理，另一事实将会被推定，另一方当事人将被禁止提供任何证据用以反驳。所谓事实上的推定是指，总是可被反驳的，当事实上的推定适用时，根据证明和事实的自认，另一事实得到推定。但是，“不同于可反驳的法律上的推定，

① 江伟主编：《证据法学》，法律出版社1999年版，第129页。

② Peter Murphy: Murphy on Evidence (seventh edition), Blackstone Press Limited, 2000. p. 580.

③ 参见沈达明编著：《英美证据法》，中信出版社1996年版，第69、70页。

事实上的推定并不转换说服责任和证据责任。严格地说，‘事实上的推定’用词不当。它描述的是法庭准备根据普通人的常识得出确定的重复的推断的状态”[①]。下文仅以两种典型的推定分类进行分析。

1. 法律上的推定

法律上的推定即指本于他事实，而认定某事实为真实之规定。换言之，即原告主张之事实为法律上所推定之事实者，除对造能提出证据证明与推定之事实相反者外，即认其事实为真实，毋庸举证。在英美证据立法中，推定事实与司法认知、自认等事实并列为免证事实，因此有学者认为所谓法律上推定，“其意即谓如有甲事实之存在或不存在，无待证据，可以推定事实之存在或不存在”[②]。如原告主张被告甲为乙之继承人，乙经法院判决宣告死亡，因请求甲给付乙之欠款。此时，因乙已经被宣告死亡，依民法规定，甲如果主张乙尚未死亡，并未发生继承债务的事实，则应由甲就乙生活的事实负举证责任。[③]

2. 事实上的推定

事实上的推定是指法院“依照明了之事实（间接事实）推定待证事实之真伪。又称为诉讼上推定。此种证明方法依据论理法则或经验法则上推论原则而来，其推论基础在于，以已知事实为前提，以推论而得知事实为结果”[④]。即“当甲事实于诉讼中已经确立时，则乙事实之存在，得以通常推理之法则演绎之。有时即可谓审理事实之人，如认定甲事实之存在时，即得推定乙事实之存在。所谓甲事实，亦即所谓基础事实，基础事实与乙事实之间，存有合理之或然率，适用论理法则以推论得之。此项基础事实，即系法律上明了之事实。此项事实之确立，亦不必限以证据证明之事实，如法院所认知之事实，如显著之事实，或其职务上已知之事实，均可以为基础而从事推理”[⑤]。例如，某法院假日休息，即可推定当事人不可能于假日向该法院办理认证事宜，此种推定允许对方当事人推翻。

3. 法律上的推定与事实上推定之间的区别

（1）法律上的推定来源于立法上的强制性规定，而事实上的推定来源于常识（common sense）和逻辑（logic），尽管前者与后者也有一定的内在逻辑关系，在实际上来源于后者，然而有的则不是。例如，根据我国民事法律规

---

① M. N. Howard, Phipson on Evidence (fifteenth edition), London Sweet & Maxwell, 2000. p. 69.

② 李学灯著：《证据法比较研究》，台湾五南图书出版公司1992年版，第252页。

③ 陈计男著：《民事诉讼法论》（上），台湾三民书局2000年版，第475页。

④ 陈计男著：《民事诉讼法论》（上），台湾三民书局2000年版，第476页。

⑤ 李学灯著：《证据法比较研究》，台湾五南图书出版公司1992年版，第253页。

定，如果一个人失踪了三年零三百六十四天，则不能进行死亡宣告，而加上一天，则可以进行死亡宣告的推定。

（2）法律上的推定适用于一种固定和统一类型的案件，而事实上的推定则适用于个案，这些情况会发生变化和变动（fluctuating）。例如，宣告死亡的期限为4年，这是一个固定的期限，但是，在不同的案件中，失踪日期的具体起算则不尽相同，在每个案件中都需要一个精确的证明。

（3）法律上的推定的制定主体是立法者（在判例法国家可以是法官），在相反的证据不存在时，可作为直接性的证明方法加以适用，其适用具有强制性；而事实上的推定则来源于事实审理者，在有说服力的情形下，可以不使用它，取决于自由裁量权的行使。

但是，在司法实践中上述区别绝不是容易区分的，“即使它们之间的界限很清楚，有时也是容易被忽略。被一些法官和文本书写者作为法律规则的推定却被另一些法官和文本书写者看作事实，或混合的法律和事实；实际上，同样的法官，在不同的场合经常将同样的推定适用不同类的案件”①。

（五）推定的效力

在刑事诉讼中，不同种类的推定所具有的法律效力不同。为说明推定之效力，“有学者用 prima facie 术语称推定之效力，即建立在‘表面可信或初步可信证据（prima facie evidence）’，除非另有表面可信证据予以推翻，即毋庸举证”②。但有的学者（如威格莫尔）不同意这种观点，“他们认为，表面可信的证据是指证据可信的程度。在陪审制下，提出主张的一方当事人建立此种初步证据后，方可以之通过法官而提交给陪审团，因而不宜使用此术语来说明推定的效力。如英国学者斯蒂芬认为，使用推定一词，是专门针对法律上的推定可以反驳者而言的，但为表示其效力，又援引‘推论’之术语，谓推定为一种法则，法院依此应自特定之事实，或特定之证据，引申特定之推论，除非或直至此种推论另经相反证明”③。由于推定的分类标准不同，其法律效力也有所不同，笔者认为不能将推定的效力进行一概而论。

1. 法律上推定的效力

在英美法上，从法律推定在诉讼上所具有的法律效力来看，可以将法律上的推定分为不可反驳的推定（irrebutable presuption）和可反驳（rebutable presuption）的推定两种④。不可反驳的推定主要有两种：一是知悉法律的推

① M. N. Howard, Phipson on Evidence(fifteenth edition), London Sweet & Maxwell, 2000. p. 70.

② 李学灯著：《证据法比较研究》，台湾五南图书出版公司1992年版，第253页。

③ 李学灯著：《证据法比较研究》，台湾五南图书出版公司1992年版，第256页。

④ M. N. Howard, Phipson on Evidence(fifteenth edition), London Sweet & Maxwell, 2000. p. 69.

定；二是预料行为当然结果的推定。前者是指任何人都不得以其不知法律有如此规定而提出反证请求免责。这个推定源自罗马法谚："任何人不容许不知法律"，即所谓的"任何人皆知法律"。后者仅适用于精神正常的成年人，对于未成年人或心神丧失精神耗弱者，则不能适用。比较而言，可反驳的推定在数量上远远大于不可反驳的推定，较为经常和典型的推定主要有："无罪推定或无责推定；婚姻的推定；正当性的推定；存续的推定；对于不正当行为人利益的推定"①。从法律上推定的分类可以看出，对其效力的探讨不能一概而论，笔者认为应分别对待：

（1）不可反驳的法律推定产生绝对的证明效力，对案件事实具有证明作用，不可动摇，不可以反证推翻。因为，其仅决定了应由何方当事人首先举证，与举证责任的转换无关，只是实体法规范的一种表述方式。如李学灯教授所言："不可反驳之法律上推定，为拟制事实之规定……严格言之，实无所谓决定性之推定，不过假托推定之名而已。"② 英国学者奥斯丁（Astin）也指出："所谓不可动摇推定……纯属实体法而非诉讼法上的问题，即为法律上的设定，其效果等于实体法。"英国学者罗纳德·沃克（Ronald Walker）也肯定地说："不可反驳的推定有时被称为结论性的推定。其实它并不是推定，而是以推定术语表达的实体法规则。因此，与其视之为证据规则，毋宁视之为实体法规则。"③

（2）可反驳的法律推定发生举证责任的转移。对于推定是否会引起举证责任的转移，国内外学者是有不同看法的④。笔者认为不论是何种推定，其都是重要的法律行为，是必然要引起法律效力的。除了实体法上的拟制性的推定，即不可反驳的推定外，举证责任的转移是其重要性的一面。因为，"推定尽管是一种选择，但是在司法证明中是认定事实的特殊方法，作出推定意味着要认定被推定的事实。在这种情况下，主张被推定事实的一方，因推定的成立而无须再举证。既然主张被推定事实的一方无须再举证，举证责任就只能由不利一方来承担。不利一方也只有承担起举证责任并举证推翻被推定的事实或者使被推定的事实处于真伪不明的状态，才能阻止事实认定者认定被推定的事实。否则，就只能接受由推定带来的不利后果。这就是推定必然会转移举证责任的根源"⑤。但是，根据证明责任风险机制原理，当事人

---

① Peter Murphy：Murphy on Evidence（seventh edition），Blackstone Press Limited，2000. pp. 579－589.

② 李学灯著：《证据法比较研究》，台湾五南图书出版公司1992年版，第260页。

③ 江伟主编：《证据法学》，法律出版社1999年版，第135页。

④ 裴苍龄：《再论推定》，载《法学研究》2006年第3期，第125页。

⑤ 裴苍龄：《再论推定》，载《法学研究》2006年第3期，第124页。

的败诉风险来源于实体法上的规定，结果意义上的证明责任恒定于一方当事人，因此推定所导致的举证责任的转移只是提供证据责任的转移。例如，美国联邦证据规则第 301 条规定："一项推定赋予其所针对一方当事人举证反驳或抵制该推定的举证负担（证明负担），但不将未能说服即需风险之意义上的举证负担转移给该当事人。"①

2. 事实上推定的效力

（1）推定结论的法律效力。

事实上的推定是根据前提事实，运用经验、逻辑法则而推知结论事实的一种诉讼活动，它属于逻辑上演绎的推论，如果没有相反的推论，就可以对推定事实的真实性予以确认。

（2）对推定的结论可以进行反驳。

事实推定的前提事实与推定事实之间的联系只是一种高度盖然性联系，未必就与客观情况相符。因此，在事实推定中，无论当事人是对基础事实还是对推定事实，只要能够使证明对象处于真伪不明状态，不论其证据是否足够充分，均可起到推翻推定事实的效力。

二、推定与证明标准之间的联系

（一）推定往往与证明标准吻合

所谓盖然性，是指一种可能而非必然的性质。高度盖然性即是从事物发展的高度概率中推定案情、评定证据，它以认定的事实联系其他合理性考虑为前提，是我们在对证据和案件事实的认识达不到逻辑必然性的条件下不得不使用的手段。

长期以来，我们在很大程度上混淆了诉讼证明标准与诉讼证明目的之间的关系。诉讼证明目的是指诉讼主体希望通过诉讼证明活动能达到的目标，而诉讼证明标准则是衡量证明结果的尺度。刑事诉讼的目的是惩罚犯罪、保障人权，因而刑事诉讼证明目的就是努力发现案件的客观真实，并以此为裁判的基础。但是，根据诉讼证明的相对性原理，作为案件事实，都是已经发生了的事实，在时间和空间上具有不可逆转性，对此事实认定者不可能亲身经历，因而只能通过相关的证据信息来发现案件事实。最终能否准确地发现案件真实，取决于诉讼中所能获得的证据信息的数量和质量。因而，刑事诉

---

① Rule 301. In all civil actions and proceedings not otherwise provided for by Act of Congress or by these rules, a presumption imposes on the party against whom it is directed the burden of going forward with evidence to rebut or meet the presumption, but does not shift to such party the burden of proof in the sense of the risk of nonpersuasion, which remains throughout the trial upon the party on whom it was originally cast.

讼中最终被认定的事实，只能是事实认定者综合当事人的全部辩论意见和证据调查结果而作出的判断，也就是现在理论界所称的法律事实。而这种证明标准，也就不可能追求抽象层面的客观真实的证明标准。在刑事诉讼中，由于证明对象、证明责任的承担主体不同，也就存在不同程度盖然性的证明标准。

推定规则是建立在经验规则和逻辑基础上的，其前提事实与推定事实之间的可能性并不代表必然性，那这就意味这种可能性或盖然性有高低之分，也就存在“盖然性优势”的证明标准和“排除合理怀疑”的证明标准问题。司法实践中，根据推定排除合理怀疑的结论虽然很难，但在很大程度上，推定的盖然性与盖然性优势的证明标准相一致。因此，笔者认为推定往往与证明标准相吻合。

（二）推定是证明标准的助推器

对案件事实的证明面临很多困难，不仅来源于认识主体、客体的局限性，而且来源于一些诸如经济、效率等价值判断。因此，为了实现法定证明目标的要求，立法上就需要创设一些证据规则，以解决证明面临的困境，推动证明标准的适用。而推定规则是绝好的助推器，其不仅具有解决证明标准适用困难的价值，而且还可以提高诉讼效率，将更多的案件事实得以证明，从而使其具有现实意义。

1. 推定可以解决证明标准适用的困境

对事实认定者而言，诉讼证明过程是一个探知未知的过程，也是主观认识和客观认识相结合的过程。由于人类认识的局限性，不可能穷尽对案件事实的全面认识，尤其是在案件事实证明的关键枝节上，人们很难通过证据予以证明。但是，案件事实的发生总是会留下这样或那样的痕迹，也就是说总会有证据留下来，而根据证明责任的分配机制，持有证据的主体却不一定是负有提供证据义务的主体。这样，案件事实因为证明责任机制分配与持有证据主体的不一致而难以证明，由此陷入困境，因为从实际操作的角度很难进行，此时的证明标准也变得苍白无力。通过推定规则的设置和运用，根据具体证明事项的证明要求，将一些对持有证据主体不利的推定事实风险分配于他，可督促其积极举证，反证推定事实，从而有利于将案件事实证明。例如，在非法持有毒品的犯罪中，侦查人员很难证明持有毒品人的主观过错，若让其收集、提供证据证明很难达到，为了实现对这种危害社会严重罪行的打击，通过持有毒品行为即可认定主观过错的推定，就满足了持有毒品犯罪主观要件的规定，在案件事实上满足了证明标准的要求，解决了证明的尴尬境地。

2. 推定扩大了证明标准发挥作用的舞台

根据推定规则，当当事人证明一事实（primary fact），在相反事实的证据不存在时，另一事实也能够被认为得到证明。在诉讼中，提供证据以克服推定影响的当事人所进行的活动为反驳推定，当事人只有将推定事实证明至适当的证明标准时，才可能将推定的事实反证。这就意味证明标准在推定规则适用的领域运行方式不同于一般证明领域的运行方式。一般领域的证明方式是，首先由负有提供证据责任的主体提供证据对其初步主张加以证明，当事实审理者认为有必要审理时，提供证据责任的主体负有进一步提供证据并说服事实审理者相信其事实主张为真的责任，否则将会承担败诉的后果。在这个领域中，证明标准的要求是比较高的，在民事案件中，要达到证据优势的程度；在刑事案件中，要达到排除合理怀疑的程度。而在证明标准适用的推定领域，首先是基于一定的基础事实的存在将不利的推定事实进行认定，从而使一方当事人意识到，基于推定事实其可能承担不利的后果，然后根据反驳推定的证明标准要求进行举证，直至满足证明推定的事实不成立的程度。在这个领域，基于推定的基础事实与推定事实之间的盖然性联系，证明标准的要求就比较低，即使是在刑事诉讼中，一般认为达到证据优势即可。可见，推定规则从反向思维的角度为证明标准的适用提供了更为广阔的空间。

3. 推定降低了部分案件事实的证明标准

推定不是证据，只是一种证据规则，其目的在于根据事物之间联系程度的盖然性，解决证明上的困难。因此，推定对案件事实证明所达到的标准或程度无论是在理论上还是在实践上都没有利用纯证据对案件事实证明所达到的标准或程度高，也就是说，推定降低了部分案件事实的证明标准。例如，在对巨额财产来源不明的证明中，若以推定规则，只要辩方没有提供证据或提供证据不足以将财产来源的合法性证明时，即可以盖然性的优势证明标准认定财产的来源为非法的，而根据“占有即视为合法”原理，若主张占有人对该物不是合法占有的，占有人的行为构成犯罪，对此主张若单纯依靠证明则必须证明至排除合理怀疑的程度。推定之所以能够降低部分案件事实的证明标准，原因主要来源于两个方面：

（1）推定本身的盖然性机理。证据的效力有确然性效力和盖然性效力之分，所谓确然性效力是指“证据的关联作用是一向性的、唯一的，人们根据它可以作出肯定的判断。所谓盖然性效力是指证据的关联作用存在两种或多种可能性，人们根据它不能作出肯定性判断”①。美国学者华尔兹称：“推定

① 裴苍龄：《再论推定》，载《法学研究》2006 年第 3 期，第 122 页。

产生于下面这种思维过程，即根据已知基础事实的证明来推断出一个未知事实，因为常识和经验表明该已知的基础事实通常会与未知事实并存。”① 可见在推定的构成要素中，盖然性或可能性是其必备之一。正是因为前提事实和推定事实之间存在必然的可能性联系，也就决定了推定的结果的可靠性，可作为免证事实加以对待。而要想使推定的结论具有高度的可靠性，首先要求推定的基础事实必须是一项具有盖然性效力的证据。证据效力的盖然性蕴涵两种可能性的联系，即常态联系和变态联系，也就是‘一般和个别’、‘常规和例外’的关系。因为，只有以证据的盖然性两种以上的选择作为基础，才使推定有可选择的结论，也使当事人若对推定的结论不服有救济的余地。那么，以证据的盖然性为基础进行推定，选择的结论与基础事实之间是常态联系还是变态联系呢？由于变态联系是一个证明结论上的例外情形，与人们的普遍经验和逻辑规律不尽一致，若以此作为联系的基础，必然会导致所得出的结论即推定的结果不具有可靠性和权威性，进而得出错误的案件事实，所以无论是立法还是实践都对常态予以支持。例如，在英国1969年的《家庭改革法令》（Family Law Reform Act 1969）第26条中规定，任何关于任何人身份合法或不合法的法律上的推定，在任何程序中可能依据证据被反驳，这表明一个人的身份是合法还是不合法，只要案件许可，只要被证明存在的可能性大于不可能性（more probable than not）即可，即反驳推定不需要证明至排除合理怀疑的程度②。

推定本身的盖然性机理决定了推定所得出的结果不是确然的结论，在证明的程度上只是一种盖然性。在诉讼证明标准的选择中，无论是客观真实、法律真实，还是排除合理的怀疑，在对盖然性的要求上都是很高的，既考虑了常态规则，又考虑了变态规则。而推定的盖然性是在常态规则和变态规则中择优选择的结果，因此，其所适用的证明标准可以说是一种“优势的盖然性”或“盖然性的优势”。这样一来，部分刑事案件事实的证明标准就因推定而降低。

（2）推定导致行为举证责任的转换。依据英美法系和大陆法系关于证明责任的原理，推定所导致的只是行为意义上的举证责任即提出证据责任的转换。由于提出证据责任仅是当事人履行说服法官或事实审理者认为有必要将

---

① ［美］乔恩·华尔兹著：《刑事证据大全》，何家弘等译，中国人民公安大学出版社1993年版，第314页。

② S. 26. Any presumption of law as to the legitimacy or illegitimacy of any person may in any civil proceedings be rebutted by evidence which shows that it is more probable than not that that person is illegitimate or legitimate, as the case may be, and it shall not be necessary to prove that fact beyond reasonable doubt in order to rebut the presumption.

案件提交审理的责任，这是一种初步性的举证责任，与最终的裁判结果不相关联，那么，对这种证明责任的满足，显然不同于对说服责任的满足，在证明标准的要求上，前者是低于后者的。例如，在英美法中，前者要求“证据优势”的证明标准，而后者则要求“排除合理怀疑”的证明标准。正是因为推定导致举证责任的转换，当承担举证责任的主体发生变化时，若对推定的事实进行反驳，不需要高于推定所适用的证明标准，否则，这对被推定的当事人来说是不公平的。在刑事案件中，对推定反驳的证明标准将会根据是由控方还是辩方提起而变化，在由前者提起的案件中，“排除合理怀疑”的证明标准才需要。为此，有的国家在立法上和判例中对此专门作出了规定。例如，在 R v. Carr – Briant① 案中，被告人给或者借了一些钱给政府部门的一名职员，后被依据 1906 和 1916 年《防止腐败法》指控构成犯罪。被告人承担证明那些钱不是出于贿赂的目的而给或者借的法定证明责任。审判法官认为，被告人承担的反驳贿赂的证明责任和通常情形下控方承担的证明责任一样重。后来，刑事上诉法院认为，这是一种错误的指示，该法院法官 Humphreys 作出判决说：“在我们的判决中，在任何案件的场合，无论是依据制定法，还是普通法，一些事实是被推定不利于被告人的，‘除非相反的事实得到了证明’，陪审团就应被指示，相反的事实是否已被证明，那种证明责任小于检察官所应承担的证明案件应达到排除合理怀疑的程度，那种证明责任可因被告人被要求提供的证据使陪审团形成可能性的确信而解除。”② 例如，关于精神状况的推定，该推定意味直到相反的事实被证明前，一个人被推定为精神正常且应该对自己的行为负责。而辩方承担精神不正常的说服责任，尽管这个证明标准没有控方承担的证明所适用的标准高，但也应达到证据优势的程度③。

四、我国刑事推定制度之完善

（一）我国刑事推定制度之缺陷

我国现行刑事诉讼法和刑事实体法中存有推定的规定，从内容分布来看，主要是在刑事实体法中，刑事程序法中对推定的规定极少。这些推定虽对刑事司法实践起到了重要的作用，但与国外和国际公约对推定制度的规定和适用相比较，仍显得不够完善，存在很多缺陷，满足不了实现刑事诉讼立法和

---

① ［1943］KB 607, CCA. See: Adrian Keane LLB. The Moden Law of Evidence(fifth edition). Butterworths Lodon, Edinburg, Dublin, 2000. p.95.

② Richard May, B. A., LL. B. . Criminal Evidence, London Sweet and Maxwell, 1986. p.62.

③ Sir Rupert Cross, Evidence, London Butterworths, 1979. p.122.

实践的需要。

1. 指导思想不科学

在我国诉讼立法上，对案件事实证明的要求为“案件事实清楚，证据确实、充分”，对案件事实的证明以追求客观真实为目标，在诉讼制度的设计上以查明案件的客观情况为出发点，忽视程序的公正、安定、人权保障等诉讼价值因素。而推定制度是以盖然性为基础的，推定的事实既可能与真正的案件事实一致，也可能与案件事实不一致，因此，在立法和实践上对推定制度持很谨慎的态度，限制了其功能的发挥。

2. 基本概念缺失

在我国刑事实体法和程序法中，虽有推定这一术语，但对何谓推定，推定的种类有哪些，推定的适用范围和规则等问题并没有加以规定，导致了人们在一些术语上理解的困难和意见不一致，这不利于法律适用的统一。例如，我国《刑事诉讼法》第 12 条规定：“未经人民法院依法判决，对任何人都不得确定有罪”。此条规定是否可以理解为无罪推定原则，学界一直存在争议，联合国人权委员会对《公民权利和政治权利国际公约》第 14 条第 2 款对无罪推定所做的解释是：“基于无罪推定，对控诉的举证责任由控方承担，对疑案的处理应有利于被指控人。对指控的证明达到超出合理怀疑的程度之前，不能假定任何人有罪。而且，无罪推定暗含着被指控人享有按照这一原则对待的权利。因此，公共机构负有不预断审判结果的义务”。经比较可以看出，我国《刑事诉讼法》第 12 条规定与国际公约中对推定内涵的规定要求相差甚远，我国还没有确立真正意义上的无罪推定原则。

3. 适用范围狭窄

我国的刑事实体法中虽规定了部分案件事实证明中的推定规则，但是其适用的领域主要为持有型犯罪，立法上明确规定的推定较少，很多推定规则的适用依赖于执法者的自由裁量权，具有很大的随意性。例如，在职务犯罪中，由于在证据的使用上具有一对一的特点，很多犯罪证据难以收集、获取，而根据立法规定，职务犯罪中的巨额财产来源的非法性可使用推定，对于查明犯罪嫌疑人、被告人受贿的财产，无法获取证据证明其去向，又不能使用推定，导致部分案件事实难以认定，既不利于实现对犯罪行为的有力打击，也不利于对犯罪嫌疑人、被告人人权的保护。

(二) 我国刑事推定制度的完善构想

由于推定影响到提供证据责任的转换，影响到谁胜诉、谁败诉的问题，归根结底，推定制度设置得科学与否关系到公正、人权、效率等诉讼价值问题，因此推定制度的设置是一个系统的工程，需要从指导思想到具体制度等方面进行科学配置。

1. 建立科学的证明标准

在我国学界，笔者认为对诉讼认识存有片面理解，将诉讼证明甚至等同于自然科学、数学等领域的证明，在认识论上以客观真相的证明为目标，忽略了诉讼证明的相对性。实际上，“没有任何方法保障当事人所主张的事实具有严格意义上的客观真实性或某种客观盖然性，制定某种客观化的证明标准一方面是不可能，同时客观化的证明标准也不具有可操作性”①。推定是以基础事实与推定事实之间的可能性为构成要素，盖然性证明结果是其应有之义，这与我国传统的认识论和客观真实的证明标准制度是不相容的。因此，建立推定制度，首先要树立正确的证明观，建立科学的证明标准制度。为此，需要摈弃原有对客观事物认识论上的片面理解，坚持以经诉讼法律环境运行得出的事实为证明标准，坚持主客观相结合的证明标准，针对推定本身的盖然性机理，可将“高度确信的盖然性”作为刑事推定制度的证明标准。相信该证明标准的确立，将从根本上有助于我国确立科学的推定制度，从而完善证明标准理论和制度体系。

2. 内容上的设计思路

（1）立法体例。“自学者之设计，以致国家之立法，对于推定法则有以法律条文规定者。有为就其固有法则，求能化繁就简；有为因其纷歧错杂，求能折中至当；有为继受外国法制，求能仿效自立”②。笔者认为，借鉴国外理论及立法经验有助于我国制定科学的推定制度。例如，印度证据法在书证一章，自第79条至第90条规定了关于各种文书的推定；在举证责任一章，就各种推定的概念，以及应由何人举证之词句表达出来，并对各种推定的反证情形加以规定③。印度的这种立法体例较为科学，我国的证据立法采取的是分列式的规定，我们完全可以于刑事诉讼法修改时，在证据制度章下，设专节对推定制度加以规定，将推定的概念、内涵、外延及法律效果以立法的

---

① 汪建成著：《理想与现实——刑事证据理论的新探索》，北京大学出版社2006年版，第105页。

② 李学灯著：《证据法比较研究》，台湾五南图书出版公司1992年版，第282页。

③ The Indian Evidence Act, 1872. s:79. Presumption as to genuineness of certified copies; 80. Presumption as to documents produced as record of evidence; 81. Presumption as to Gazetteers newspapers, private Act of Parliament and other documents; 82. Presumption as to document admissible in England without proof of seal or signature; 83. Presumption as to maps or plans made by authority of Government; 84. Presumption as to collections of laws and reports of decisions; 85. Presumption as to powers of attorney; 86. Presumption as to certified copies of foreign judicial records; 87. Presumption as to books, maps and charts; 88. Presumption as to telegraphic messages; 89. Presumption as to due execution, etc., of document not produced; 90. Presumption as to documents thirty years old ; 90A. Presumption Document custody in court.

形式确定下来。这样，可以强化推定规则在证据证明方法中的地位，明确推定使用的范围和程序，使推定规则在司法实践中具有很强的操作性。

（2）强化法律推定的主导地位。在司法实践中，法律推定所蕴涵的自由裁量的因素要远远低于事实推定，法官恣意裁判的可能往往出现在事实推定中。因而，应以法律的明确规定为原则，以没有法律规定的事实推定为例外，慎用事实上的推定。这就需要立法者将更多的经验法则上升为法律推定法则，以此减少事实推定的适用。与此同时，强化事实上推定基础事实的可靠性标准，赋予当事人对基础事实的异议权。这样，不仅可以加强基础事实与推定事实之间联系的程度，而且可以约束法官的自由裁量行为，还可以保护当事人的诉讼权利。

（3）对推定的要件事实明确规定。推定兼具实体法与程序法的特性，从其推定结果的应用来看，其具有实体法上的效力；从其运作的领域和环境来看，具有程序法上的意义，而这与证明责任和证明标准制度密切相关。如前所述，推定制度的设置需要考虑的因素很多，政策也是其需要考虑的重要因素之一，不同国家的执法目的、政治背景和价值取向不同，推定制度在实体法上所确立适用的罪名和具体要件也就有所区别。为了让推定的适用具有明确的可操作性，笔者建议在实体法中对推定适用的具体罪名和要件范围作出明确规定，在程序法中对其适用的具体规则及效力等问题作出明确规定。

3．应重点完善的推定制度

（1）完善无罪推定原则及其相关制度。如前文分析，无罪推定与推定内涵虽不完全一致，但从国际及国外立法、司法实践而言，无罪推定原则已是衡量犯罪嫌疑人、被告人权利保障的重要标准①，有些国家如法国、意大利等是把它作为一种宪法性权利加以规定的。从国内立法、司法实践而言，我国宪法增加了具有人权事业发展里程碑式意义的“国家尊重和保障人权”一款。因此，笔者认为我们应在刑事诉讼法修改时明确确立无罪推定原则，并构建体现其精神并与我国国情的相适应的系列制度：证明责任制度、证明标准制度、非法证据排除规则②，等等。

（2）巨额财产来源不明罪的推定规则。为加大打击国家工作人员贪污贿赂犯罪的力度，世界上许多国家和地区不仅规定了国家工作人员收入要公开，而且对于财产或支出明显大于合法收入的，要求其说明理由，如不能说明其

① 相关内容参见杨宇冠著：《人权法——〈公民权利和政治权利国际公约〉研究》，中国人民公安大学出版社2003年版，第256～258页。

② 详细内容可参见杨宇冠、宋蕊：《〈联合国反腐败公约〉与非法证据排除规则》，载《中国法学》2005年第1期，第103～110页。

合法理由的，差额部分以非法所得论处。我国《刑法》第 395 条也规定，“国家工作人员的财产或者支出明显超出合法收入，差额巨大的，可以责令说明来源。本人不能说明其来源是合法的，差额部分以非法所得论”。根据我国现行立法，就控方而言，首先要就国家工作人员的财产或支出明显超过合法收入且差额巨大的事实负证明责任，且证明到“事实清楚，证据确实、充分”的程度，与此同时，还要对此罪的主体、主观方面进行相应的证明，只有完成这些事项的证明责任以后，被告方才有义务去说明“巨额财产”的来源，如若不能，差额部分即以非法所得论。但是，被告所要达到的证明标准并没有控方那么高，他只要使法官认为其证明巨额财产来源是合法的这一事实成立的可能性大于不可能性即可，即达到“优势证明”的标准。这在一定程度上也是从保护人权以免冤及无辜和举证能力上考虑的。因此，控方与辩方的证明标准是不同的——控方为先，且需就相关事实证明到“排除合理怀疑的唯一性”程度；辩方在后，只要对相关事实证明到“盖然性占优势”即可。

（3）刑讯逼供的推定规则。在庭审实践中，辩方经常以控方实施了刑讯逼供为由改变供述。但是，有关刑讯逼供问题的举证责任以及控辩双方履行证明责任需要达到何种证明标准，在理论和司法实践中，对于刑讯逼供的主张的证明则是混乱的。笔者认为，如果被告方在庭审中提出侦诉机关曾对其刑讯逼供，那么，他就有义务举出相应的证据证明此种主张。但是对被告方的举证要求不能过高，只要使法官认为刑讯逼供有可能存在即可，因为被告方被讯问时一般都失去人身自由，而且在我国律师还无权旁听侦诉机关对被告人的讯问，这些都使控辩双方在此问题上的举证先天失衡。因此针对刑讯逼供，应建立一些推定，只要被告人在法庭上出示身体上的伤痕、血衣或其他显属刑讯逼供的证据，法庭即应推定刑讯逼供发生。控方如反驳则要举证证明其没有实施刑讯逼供，如仅是消极地作口头否认，则应推定其实施了该行为，并使相应的口供失去证据能力。而且，控方证明没有刑讯逼供要达到“排除合理怀疑的唯一性”程度，辩方的证明只要达到初步证据即较低程度的可能性如“合理根据”① 即可。从刑事司法实践来看，建立这样的推定，“在中国现有的司法体制下，对于保障被告人作为弱者的权利，确保武器平等武装是非常必要的”②。

（4）腐败、毒品、黑社会和恐怖犯罪的推定规则。我国刑事实体法虽对持有型犯罪（如《刑法》第 282 条第 2 款规定的非法持有国家绝密、机密文

① 并非要求有证据，从现实角度来说，存在这种可能性即可。

② 陈瑞华著：《问题与主义之间》，中国人民大学出版社 2003 年版，第 452 页。

件、资料、物品罪）作出了规定，但是刑事实体法和程序法并没有对该类犯罪的举证责任倒置制度作出完善的规定，与有关国际公约相比较，差距仍存在，主要体现为：在腐败、毒品、黑社会和恐怖犯罪中，在有些证据尤其是关涉犯罪人的主观心理状态的证据很难收集的情况下，一方面，在我国的刑事实体法和程序法中还没有将其规定适用推定证据规则；另一方面，法律上没有规定将其中的一些情况作为举证责任倒置的情形加以规定。这就导致了实践中对腐败犯罪事实的证明“难于上青天”、诉讼过程举步维艰，不能满足打击日益猖獗的腐败犯罪行为的需要。因此，在刑事诉讼法再修改时，可规定就腐败犯罪的相关主观要件事实的证明可以采取推定的方式，降低证明标准，以减轻追诉机关的证明责任，即“国家工作人员的配偶或家人非法收受他人财物已查证属实，只要其本人不能证明其确实不知情，即可推定其为明知而认定构成受贿罪”。此外，对腐败、毒品、黑社会性质、走私、洗钱、恐怖主义等社会公共利益危害严重的犯罪行为的资金来源和去向的合法性的举证责任采取倒置方式，以提高打击这些对社会危害严重犯罪的能力。[①]

① 郭志远：《〈联合国反腐败公约〉与我国刑事证据制度之完善》，载《安徽大学法律评论》2006年第1期，安徽大学出版社2006年版，第233、235页。

参考文献

一、著作

1. 卞建林主编：《刑事证明理论》，中国人民公安大学出版社 2004 年版。

2. 卞建林主编：《证据法学》（2002 年修订版），中国政法大学出版社 2002 年版。

3. 卞建林著：《刑事诉讼现代化》，中国法制出版社 2003 年版。

4. 卞建林、杨宇冠著：《联合国刑事司法准则撮要》，中国政法大学出版社 2003 年版。

5. 毕玉谦著：《民事证据法判例实务研究》，法律出版社 1999 年版。

6. 毕玉谦主编：《证据法要义》，法律出版社 2003 年版。

7. 陈光中、徐静村主编：《刑事诉讼法学》（修订版），中国政法大学出版社 2000 年版。

8. 陈光中主编：《诉讼法论丛》（第一至八卷），法律出版社出版。

9. 陈瑞华著：《问题与主义之间》，中国人民大学出版社 2003 年版。

10. 陈瑞华著：《刑事诉讼的前沿问题》，中国人民大学出版社 2000 年版。

11. 陈瑞华著：《程序性制裁理论》，中国法制出版社 2005 年版。

12. 陈卫东、谢佑平主编：《证据法学》，复旦大学出版社 2006 年版。

13. 陈卫东主编：《羁押制度与人权保障》，中国检察出版社 2005 年版。

14. 陈一云主编：《证据学》（第二版），中国人民大学出版社 2000 年版。

15. 陈朴生著：《刑事证据法》，台湾三民书局 1985 年版。

16. 陈健民著：《刑事诉讼法要论》，台湾政策基金研究会 2007 年版。

17. 陈计男著：《民事诉讼法论》（上，增订三版），台湾三民书局 2005 年版。

18. 蔡墩铭著：《刑事证据法论》，台湾五南图书出版公司 2000 年版。

19. 程味秋、[加] 杨诚、杨宇冠编：《联合国人权公约和刑事司法文献汇编》，中国法制出版社 2000 年版。

20. 程荣斌主编:《刑事诉讼法》，中国人民大学出版社 1999 年版。

21. 樊崇义主编:《诉讼原理》，法律出版社 2003 年版。

22. 樊崇义主编:《刑事诉讼法学》（1999 年修订版），中国政法大学出版社 1999 年版。

23. 樊崇义主编:《证据法学》（第三版），法律出版社 2004 年版。

24. 樊崇义主编:《刑事审判前程序改革与展望》，中国人民公安大学出版社 2005 年版。

25. 范忠信著:《中国法律传统的基本精神》，山东人民出版社 2001 年版。

26. 高铭暄主编:《刑法学原理》（二），中国人民大学出版社 1993 年版。

27. 国家教委社科司组编:《马克思主义原理》（修订本），高等教育出版社 1998 年版。

28. 何家弘、刘品新著:《证据法学》，法律出版社 2004 年版。

29. 何家弘编:《法律英语》，法律出版社 1997 年版。

30. 何家弘主编:《证据学论坛》（一、二、四、六卷），中国检察出版社出版。

31. 黄栋培著:《民事诉讼法释论》，台湾五南图书出版有限公司 1982 年版。

32. 黄国昌著:《民事诉讼理论之新开展》，台湾元照出版公司 2005 年版。

33. 黄朝义著:《刑事证据法研究》，台湾元照出版公司 2000 年版。

34. 黄东熊著:《刑事诉讼法研究》（第二册），台湾“中央警察大学”印行 2000 年版。

35. 黄永著:《刑事证明责任分配研究》，中国人民公安大学出版社 2006 年版。

36. 黄京平主编:《破坏市场经济秩序罪研究》，中国人民大学出版社 1999 年版。

37. 金岳霖著:《知识论》，商务印书馆 1983 年版。

38. 姜世明著:《新民事证据法论》，台湾学林文化出版事业有限公司 2002 年版。

39. 江伟主编:《证据法学》，法律出版社 1999 年版。

40. 毛泽东:《新民主主义论》，载《毛泽东选集》（第 2 卷），人民出版社1991年版。

41. 恩格斯:《反杜林论》,载《马克思恩格斯选集》(第3卷),人民出版社1995年版。

42. 列宁:《唯物主义和经验主义》,载《列宁选集》(第2卷),人民出版社1995年版。

43. 林山田著:《刑事程序法》(增订四版),台湾五南图书出版股份有限公司2002年版。

44. 林钰雄著:《刑事诉讼法》(上册),中国人民大学出版社2005年版。

45. 龙宗智著:《相对合理主义》,中国政法大学出版社1999年版。

46. 李学灯著:《证据法比较研究》,台湾五南图书出版公司1992年版。

47. 李义冠著:《美国刑事审判制度》,法律出版社1999年版。

48. 李浩著:《民事证明责任研究》,法律出版社2003年版。

49. 李玉华著:《刑事证明标准研究》,中国人民公安大学出版社2008年版。

50. 刘金友主编:《证据理论与实务》,法律出版社1992年版。

51. 刘金友主编:《证据法学》(新编),中国政法大学出版社2003年版。

52. 裴苍龄著:《证据法学新论》,法律出版社1989年版。

53. 孙长永著:《侦查程序与人权》,中国方正出版社2000年版。

54. 孙长永著:《探索正当程序——比较刑事诉讼法专论》,中国法制出版社2005年版。

55. 宋英辉著:《刑事诉讼原理》,法律出版社2003年版。

56. 宋冰编:《读本:美国与德国的司法制度及司法程序》,中国政法大学出版社1998年版。

57. 锁正杰著:《刑事程序的法哲学原理》,中国人民公安大学出版社2003年版。

58. 沈达明编著:《英美证据法》,中信出版社1996年版。

59. 沈宗灵著:《现代西方法理学》,北京大学出版社1992年版。

60. 沈德咏主编:《刑事证据制度与理论》,法律出版社2002年版。

61. 汪建成著:《理想与现实——刑事证据理论的新探索》,北京大学出版社2006年版。

62. 汪海燕著:《刑事诉讼模式的演进》,中国人民公安大学出版社2004年版。

63. 王兆鹏著:《刑事诉讼讲义》(二), 台湾元照出版公司 2003 年版。

64. 王敏远主编:《公法》(第四卷), 法律出版社 2003 年版。

65. 王学棉著:《证明标准研究——以民事诉讼为中心》, 人民法院出版社 2007 年版。

66. 王兆鹏著:《当事人进行主义之刑事诉讼》, 台湾元照出版公司 2004 年版。

67. 王国枢主编:《刑事诉讼法学》(新编), 北京大学出版社 1998 年版。

68. 吴学义编著:《民事诉讼法要论》, 台湾中正书局 1979 年版。

69. 吴杰著:《民事诉讼证明标准之基础理论研究》(博士论文, 2002 年, 西南政法大学)。

70. 武延平主编:《中国刑事诉讼法教程》, 中国政法大学出版社 1999 年版。

71. 徐静村主编:《刑事诉讼法学》(上), 法律出版社 1999 年版。

72. 杨宇冠著:《人权法——〈公民权利和政治权利国际公约〉研究》, 中国人民公安大学出版社 2003 年版。

73. 杨宇冠著:《非法证据排除规则研究》, 中国人民公安大学出版社 2002 年版。

74. 杨宇冠主编:《我国反腐败机制完善与联合国反腐败措施》, 中国人民公安大学出版社 2007 年版。

75. [加] 杨诚、单民著:《中外刑事公诉制度》, 法律出版社 2000 年版。

76. 杨建华著:《民事诉讼法实务问题研究》, 台湾广益印务局 1985 年版。

77. 张卫平、陈刚编著:《法国民事诉讼法导论》, 中国政法大学出版社 1997 年版。

78. 张卫平著:《程序公正实现中的冲突与平衡——外国民事诉讼研究引论》, 成都出版社 1993 年版。

79. 张卫平著:《外国民事证据制度研究》, 清华大学出版社 2003 年版。

80. 张建伟著:《司法竞技主义:英美诉讼传统与中国庭审方式》, 北京大学出版社 2005 年版。

81. 赵震江主编:《法律社会学》, 北京大学出版社 1998 年版。

82. 左卫民著:《刑事程序问题研究》, 中国政法大学出版社 1999 年版。

83. 周士敏著:《澳门刑事诉讼制度论》, 国家行政学院出版社 2001

年版。

二、译著

1. ［日］中村英朗著：《新民事诉讼法讲义》，陈刚等译，法律出版社 2001 年版。

2. ［美］马丁·P. 戈尔丁著：《法律哲学》，齐海滨译，生活·读书·新知三联书店 1987 年版。

3. ［日］石井一正著：《日本实用刑事证据法》，陈浩然译，台湾五南图书出版有限公司 2000 年版。

4. ［德］克劳斯·罗科信著：《刑事诉讼法》（第 24 版），吴丽琪译，法律出版社 2003 年版。

5. ［美］理查德·A. 波斯纳：《证据法的经济分析》，徐昕、徐昀译，中国法制出版社 2001 年版。

6. ［美］迈克尔·D. 贝勒斯著：《法律的原则——一个规范的分析》，张文显等译，中国大百科全书出版社 1996 年版。

7. ［英］W. 塞西尔·特纳著：《肯尼刑法原理》，王国庆、李启家等译，华夏出版社 1999 年版。

8. ［美］梅里曼著：《大陆法系》，顾培东等译，西南政法学院 1983 年印行。

9. ［美］E. 博登海默著：《法理学：法律哲学与方法》，邓正来译，中国政法大学出版社 1999 年版。

10. ［美］卡尔·N. 鲁埃林著：《普通法的传统》，陈绪刚等译，中国政法大学出版社 2002 年版。

11. ［美］罗斯科·庞德著：《法律与道德》，陈林林译，中国政法大学出版社 2003 年版。

12. ［英］丹宁著：《法律的正当程序》，李克强等译，法律出版社 1999 年版。

13. ［英］彼得·斯坦、约翰·香德著：《西方社会的法律价值》，王献平译，中国法制出版社 2004 年版。

14. ［英］梅因著：《古代法》，沈景一译，商务印书馆 1959 年版。

15. ［美］F. J. 克莱因：《美国联邦与州法院制度手册》，刘慈忠译，法律出版社 1988 年版。

16. ［美］罗尔斯著：《正义论》，何怀宏译，中国社会科学出版社 1990 年版。

17. ［英］丹宁著：《法律的训诫》，杨百揆等译，群众出版社 1985 年版。

18. ［美］理查德·A. 波斯纳著：《法理学问题》，苏力译，中国政法大学出版社 1994 年版。

19. ［美］摩根著：《证据法之基本问题》，李学灯译，台湾世界书局 1982 年版。

20. ［美］伯纳德·施瓦茨著：《美国法律史》，王军等译，中国政法大学出版社 1990 年版。

21. ［古罗马］优士丁尼著：《法学阶梯》，徐国栋译，中国政法大学出版社 1999 年版。

22. ［美］拉费弗等著：《美国刑事诉讼法》（上册），卞建林等译，中国政法大学出版社 2003 年版。

23. ［日］棚濑孝雄著：《纠纷的解决与审判制度》，王亚新译，中国政法大学出版社 2004 年版。

24. ［德］莱奥·罗森贝克著：《证明责任论》，庄敬华译，中国法制出版社 2002 年版。

25. ［日］谷口安平著：《程序的正义与诉讼》（增补本），王亚新、刘荣军译，中国政法大学出版社 2002 年版。

26. ［日］田口守一著：《刑事诉讼法》，刘迪等译，法律出版社 2000 年版。

27. ［法］孟德斯鸠著：《论法的精神》（上册），张雁深译，商务印书馆 1976 年版。

28. ［德］汉斯·普维庭著：《现代证明责任问题》，吴越译，法律出版社 2000 年版。

29. ［日］松尾浩也著：《日本刑事诉讼法》（下卷，新版），张凌译，中国人民大学出版社 2005 年版。

30. ［英］维特根斯坦著：《逻辑哲学论》，贺绍甲译，商务印书馆 1996 年版。

31. ［英］罗素著：《人类的知识》，张金言译，商务印书馆 1983 年版。

32. ［美］本杰明·卡多佐著：《司法过程的性质》，苏力译，商务印书馆 1998 年版。

33. ［英］J. C. 史密斯、B. 霍根著：《英国刑法》，马清升等译，法律出版社 2000 年版。

34. ［美］乔恩·华尔兹著：《刑事证据大全》（第二版），何家弘等译，中国人民公安大学出版社 2004 年版。

35. [美] 约翰·斯特龙主编:《麦考密克论证据》,汤维建等译,中国政法大学出版社 2004 年版。

36. [美] 杰罗德·以兹瑞、威恩·拉法吾著:《刑事程序法》(第 5 版,影印本),法律出版社 1999 年版。

37. [意] 贝卡利亚著:《论犯罪与刑罚》,黄风译,中国大百科全书出版社 1993 年版。

38. [德] 奥特马·尧厄尼希著:《民事诉讼法》(第 27 版),周翠译,法律出版社 2003 年版。

39. [法] 卡斯东·斯特法尼著:《法国刑事诉讼法要义》,罗结珍译,中国政法大学出版社 1998 年版。

40. [美] 德沃金著:《法律帝国》,李常青译,中国大百科全书出版社 1996 年版。

41. 中国政法大学刑事法律研究中心组编:《英国刑事诉讼法》,中国政法大学出版社 2001 年版。

42. 日本法务省刑事局:《日本检察讲义》,杨磊等译,中国检察出版社 1990 年版。

43. [苏联] 阿斯姆斯著:《关于证明与反驳的逻辑学说》,臧之全译,生活·读书·新知三联书店出版社 1955 年版。

44. [英] 麦高伟、杰弗里·威尔逊主编:《英国刑事司法程序》,姚永吉等译,法律出版社 2003 年版。

45. [美] 罗伯特·S. 平狄克、丹尼尔·L. 鲁宾费尔德著:《微观经济学》(第 6 版),王世磊等译,中国人民大学出版社 2006 年版。

46. [美] 斯蒂格利茨著:《经济学》(第二版,上册),梁小民、黄险峰译,中国人民大学出版社 2000 年版。

47. [英] 弗里德里希·冯·哈耶克著:《法律、立法与自由》,邓正来等译,中国大百科全书出版社 2000 年版。

48. 李昌珂译:《法国刑事诉讼法典》,中国政法大学出版社 1995 年版。

49. 宋英辉译:《日本刑事诉讼法典》,中国政法大学出版社 2000 年版。

50. 澳门政府法律翻译办公室译:《澳门刑法典、澳门刑事诉讼法典》,法律出版社 1997 年版。

51. 黄风译:《意大利刑事诉讼法典》,中国政法大学出版社 1994 年版。

52. 卞建林译:《美国联邦刑事诉讼规则和证据规则》,中国政法大学出版社 1996 年版。

53. 黄道秀译:《俄罗斯联邦刑事诉讼法典》(新版),中国人民公安大学出版社 2006 年版。

54. 谢怀栻译:《德意志联邦共和国民事诉讼法》,中国法制出版社 2001 年版。

55. 罗结珍译:《法国刑事诉讼法典》,中国法制出版社 2006 年版。

56. 余叔通、谢朝华译:《法国刑事诉讼法典》,中国政法大学出版社 1997 年版。

三、中文期刊论文

1. 卞建林、郭志媛:《论诉讼证明的相对性》,载《中国法学》2001 年第 2 期。

2. 白建军:《论法律实证分析》,载《中国法学》2000 年第 4 期。

3. 陈光中、陈海光、魏晓娜:《刑事证据制度与认识论——兼与误区论、法律真实论、相对真实论商榷》,载《中国法学》2001 年第 1 期。

4. 陈光中:《构建层次性的证明标准》,载《检察日报》2002 年 3 月 26 日。

5. 陈光中:《刑事证据制度与认识论》,载《中国法学》2001 年第 1 期。

6. 陈瑞华:《刑事诉讼法学研究范式的反思》,载《政法论坛》第 23 卷第 3 期。

7. 陈卫东、刘计划:《关于完善我国刑事证明标准体系的若干思考》,载《法律科学》2001 年第 3 期。

8. 陈卫东、李训虎:《分而治之——一种完善死刑案件证明标准的思路》,载《人民检察》2007 年第 8 期。

9. 陈瑞华:《对证明标准问题的一点思考》,载《人民检察》2003 年第 5 期。

10. 陈永生:《排除合理怀疑及其在西方面临的挑战》,载《中国法学》2003 年第 2 期。

11. 陈永生:《死刑与误判——以美国 68% 的死刑误判率为出发点》,载《政法论坛》2007 年第 1 期。

12. 程荣斌:《内地的刑事证据制度》,载《刑事法评论》(第 5 卷),陈兴良主编,中国政法大学出版社 2000 年版。

13. 程味秋、杨宇冠:《美国刑事诉讼中逮捕和搜查》,载《中国刑事法杂志》2001 年第 5 期。

14. 邓亚兵:《逮捕的证据标准:一次(种)以上犯罪的定罪证据确实

充分》，载《人民检察》2004年第6期。

15. 樊崇义：《客观真实管见——兼论刑事诉讼证明标准》，载《中国法学》2000年第1期。

16. 顾永忠、刘莹：《论撤回公诉的司法误区与立法重构》，载《法律科学》2007年第2期。

17. 郭志远：《卧底侦查所获证据材料的证据能力》，载《中国律师》2008年第1期。

18. 郭志远：《〈联合国反腐败公约〉与我国刑事证据制度之完善》，载《安徽大学法律评论》2006年第1期，安徽大学出版社2006年7月版。

19. 巩富文、陈学权：《现代西方国家提起公诉证明标准之考察与比较》，载《西北大学学报》（哲学社会科学版）2005年第1期。

20. 何家弘：《刑事证据的采纳标准和采信标准》，载《人民检察》2001年第10期。

21. 何家弘：《论司法证明的目的和标准》，载《法学研究》2001年第6期。

22. 何家弘：《司法证明标准与乌托邦》，载《法学研究》2004年第6期。

23. 何家弘：《论司法证明的基本范畴》，载《北方法学》2007年第1期。

24. 侯晓炎：《论我国搜查证明标准的完善》，载《国家检察官学院学报》2006年第1期。

25. 刘金友：《坚持主客观标准的统一》，载《人民检察》2003年第5期。

26. 刘金友、郭华：《搜查理由及其证明标准比较研究》，载《法学论坛》2004年第4期。

27. 刘玉选、王雄飞：《论刑事证明标准及其对公诉工作之意义》，载《国家检察官学院学报》2001年第1期。

28. 龙宗智：《我国刑事诉讼的证明标准》，载《法学研究》，1996年第6期。

29. 龙宗智：《再论提起公诉的证据标准》，载《人民检察》2002年第4期。

30. 龙宗智：《“确定无疑”——我国刑事诉讼的证明标准》，载《法学》2001年第11期。

31. 刘根菊、唐海娟：《提起公诉的证据标准探讨》，载《现代法学》

2003 年第 2 期。

32．刘梅湘：《死刑案件证明标准检讨》，载《人民检察》2006 年第 4 期。

33．李学宽等：《论刑事证明标准及其层次性》，载《中国法学》2001 年第 5 期。

34．阮方民、封利强：《论我国刑事证明标准的现实选择：混合标准》，载《浙江大学学报》（人文社科版）2002 年第 5 期。

35．裴苍龄：《再论推定》，载《法学研究》2006 年第 3 期。

36．任治中、汪敏：《构建严格的死刑案件证明标准》，载《法律适用》2007 年第 5 期。

37．孙长永：《比较法视野中的刑事强制措施》，载《法学研究》2005 年第 1 期。

38．孙长永：《提起公诉的证据标准及其司法审查比较研究》，载《中国法学》2001 年第 4 期。

39．孙长永：《检察官客观义务与中国刑事诉讼制度改革》，载《人民检察》2007 年第 17 期。

40．孙艳：《价值冲突的权衡与选择——论卧底侦查》，载《犯罪研究》2005 年第 2 期。

41．孙丹兵：《论我国诉讼证明标准的革新》，载《南京大学学报》2003 年第 4 期。

42．孙谦：《论逮捕的证明要求》，载《人民检察》2000 年第 5 期。

43．宋世杰等：《刑事诉讼的双重证明标准》，载《法学研究》2001 年第 1 期。

44．邵勋：《公诉证明标准的重塑》，载《杭州师范学院学报》（社会科学版）2003 年第 4 期。

45．汤维建、陈开欣：《试论英美证据法上的刑事证明标准》，载《政法论坛》1993 年第 4 期。

46．汪建成、孙远：《刑事证据立法方向的转变》，载《法学研究》2003 年第 5 期。

47．汪建成：《刑事诉讼文化研讨》，载《政法论坛》1999 年第 6 期。

48．汪建成：《刑事诉讼法再修改过程中需要处理的几个关系》，载《法学家》2007 年第 4 期。

49．汪建成、祁建建：《搜查比较研究》，载陈光中主编：《诉讼法论丛》第 9 卷。

50. 汪海燕等：《论刑事证明标准层次性——从证明责任角度的思考》，载《政法论坛》2001年第5期。

51. 王圣扬：《刑事证明标准层次性论略》，载《政治与法律》2003年第5期。

52. 王斐弘：《我国刑事诉讼证明标准之重构》，载《中国刑事法杂志》2002年第6期。

53. 熊秋红：《对刑事证明标准的思考——以刑事证明中的可能性和确定性为视角》，载《法商研究》2003年第1期。

54. 谢佑平：《诉讼文化论》，载《现代法学》1992年第5期。

55. 徐鹤喃：《公诉权的理论构解》，载《政法论坛》2002年第3期。

56. 徐鹤喃：《英国皇家检控准则评介》，载《中国法学》2001年第6期。

57. 杨宇冠：《死刑案件程序控制的若干问题》，载《比较法研究》2006年第5期。

58. 杨宇冠、宋蕊：《〈联合国反腐败公约〉与非法证据排除规则》，载《中国法学》2005年第1期。

59. 杨宇冠、郭志远：《如何理解和把握"疑罪从无"》，载《检察日报》2006年6月20日。

60. 杨宇冠：《刑事强制措施适用原则的比较考察》，载《人民检察》2007年第14期。

61. 袁祥：《每一起死刑案件都要经得起历史的考验》，载《光明日报》2006年11月9日。

62. 赵合理、周少华：《死刑案件中证据审查与采信的反思》，载《现代法学》2004年第4期。

63. 周亨元：《评刑事诉讼法学中高度盖然性观点》，载《政法论坛》1995年第2期。

64. 周道鸾：《关于完善死刑复核程序的几个问题》，载《法学杂志》2006年第6期。

65. 周炳亮、黄楚元：《初步确定：逮捕的证明标准》，载《广西政法管理干部学院学报》2004年第2期。

66. 朱仁政、史宝伦：《论我国提起公诉的证明标准》，载《国家检察官学院学报》2002年第2期。

67. ［日］松岗正章：《严格证明与自由证明》，载《法学译丛》1981年第5期。

68. ［日］团藤重光：《刑事诉讼中的主体性理论》，载《法学家》1988年第4期。

四、外文类

1. Gellhorn, p. 270 & Oregon Jury Instructions 22.02.

2. Allen, Christopher. Practical Guide to Evidence (second edition), London Sydney, 2001.

3. Jerome Frank, The Judging Process and the Judge's Personality, at Robert M. Cover and Owen M. Fiss, The Structure of Procedure, the Foundation Press, 1979.

4. Richard May, B. A., LL. B.. Criminal Evidence, London Sweet and Maxwell, 1986.

5. M. R. Damaska. "Evidentiary Barriers to Conviction and to Two Models of Criminal Procedure: A comparative Study" (1973) 121 U penn. LR506.

6. Jenny McEwan. Evidence an the Adversary Process, Hart Publishing – Oxford, 1998.

7. J. Jackson, "Two Methods of Proof in Criminal Procedure" (1988) 51 MLR.

8. Joel Samaha, Criminal Procedure (sixth edition), Thomson & Wadsworth.

9. P. D, The Judge (Oxford Universiy Press, Oxford, 1979).

10. Muller Kirkpatrick. Evidence (second edition), Aspen Law and Business. 1999.

11. Peter Murphy. Murphy on Evidence (seventh edition), Blackstone Press Limited, 2000.

12. 12. (1943) 1 KB 607, CCA. See (1943) 1 KB 607, at 612. See The Modern Law of Evidence. Fifth edition. Butterworths London, Edinburgh, Duhlin. 2000.

13. Model Penal Code.

14. (1976) 63 Cr App R 7, CA. Edinburgh, Duhlin. 2000.

15. (1952) 36 Cr App R 14 at 15. Edinburgh, Duhlin. 2000.

16. (1955) 2 QB 600, CCA. Edinburgh, Duhlin. 2000.

17. (1973) 58 Cr App R 177. Edinburgh, Duhlin. 2000.

18. (1838) 2 Lew CC 227. Edinburgh, Duhlin. 2000.

19. Kamisar, Lafave, Israve & King, supra note 6, at 944.

20. Bringar v. United States, 338 U.S. 160 (1949).

21. Beck v. Ohio, 379 U. S. 89 (1964).

22. Florida v. Royer, 460 U. S, 460 U. S. 491, 507(1983).

23. Texas v. Brown,460 U. S. 730(1983).

24. United States v. Ventresca 380 U. S. 102(1965)

25. Illionis v. Gates, 462 U. S. 213(1983). http://caselaw. lp. findlaw. com/ .

26. Richard S. Frase, Fair Trial Standards in the United States of America, in The Right to a Fair Trial. Edited by David Weissbrodt and others, p. 41; California Law Review, vol. 78, 1990.

27. State v. Demeter 590 A. 2D 1179, 1183 - 84(N. J. 1991).

28. Ambrose v. Wheatley, D. C. Del. , 321 F. Supp. 1220, 1222.

29. Sir Rupert Cross, F. B. A. , D. C. L. Evidence (fifth edition). London Butterworths, 1979.

30. Peter Murphy. A Practical to Evidence (fourth edition), Blackstone Press Limited, 1992.

31. Carr v. State 192 Miss. 152, 4 So . 2d 887(1941); Wells v. State, 288 So. 2d 860(Miss. 1974).

32. Sir Rupert Cross. Evidence, London Butterworths, 1979.

33. John William Strong. McCormick on Evidence, West Publishing Co. 1992.

34. Black Law Dictionary, (5th edition), West Publishing Co. 1979.

35. M. N. Howard. Phipson on Evidence (fifteenth edition), London Sweet & Maxwell, 2000.

36. Oliver Wendell Holmes, Jr. , Natural Law, 30 Harvard Law Review 40 (1918).

37. Alan Taylor, BA, M Phil. Principles of Evidence (second edition), London Sydney, 2000.

后 记

自1998年7月本科毕业留校以来，就开始教授证据学。我对证明标准的认识是一个渐进的过程，也可以说是伴随着我国学界对证据制度的一些基本问题研究的成熟而成长的，这其中当然不乏对证明标准这一问题的了解和研究。与民事诉讼相比较，刑事诉讼过程比较清晰，各种强制措施的适用条件也较明确，所适用的证明标准制度的差异性也很明显，因此我曾有将民刑事证明标准也放在本书中进行比较的念头，但考虑研究的问题不够集中，而且国内已有著作对此进行探讨，故未予涉及。因刑事诉讼阶段不同，刑事强制措施的严厉程度不同，对当事人诉讼权利的影响程度不同，所应适用的包括事实要件在内的条件也应有所区别。一般而言，刑事诉讼行为、刑事强制措施越严厉，侵害刑事诉讼当事人诉讼权利的可能性越大，所适用的事实条件即证明标准就越严格，证明程度就越高。这样，刑事证明标准制度就呈现多样性。以此为视角，我确定了博士论文的主题，主要研究不同刑事诉讼阶段的主要诉讼行为，如有罪判决、公诉、逮捕、搜查等所应适用的证明标准。

论文的研究得到了在中国政法大学读书期间导师们的大力支持，尤其是樊崇义教授和杨宇冠教授悉心为我作论文指导，提出了很多建设性的意见和建议，为写作的顺利完成打下了基础，在此深表谢意！在博士论文写作、答辩过程中，卞建林教授、刘根菊教授、刘金友教授、熊秋红教授等老师更是提出了合理的建议，进一步充实了我的论文，很是感激！

在博士毕业之后一段时间内，我对博士论文的内容思考并不多。在到美国学习之后，我的第一着眼点就是了解他们刑事证明标准制度的最新发展，想为论文填充新的资料和内容。美国学者在近年对刑事证明标准的研究不多，所涉及的内容主要体现在司法实践中，认为证明标准这一概念适用的领域较广，在刑事诉讼不同阶段，针对不同的强制措施，在适用上的要求是不同的。而且美国部分法官和民众认为，在死刑案件中应严格适用证明标准，这也印证了本书采用最广义上的刑事证明标准概念，以此为主线探讨不同诉讼阶段、不同强制措施所应适用不同程度证明标准的合理性。

在本书写作过程中，我的爱人程强给予我大力支持和鼓励，使得我能够静下心来认真完成书稿，这其中的成功很大部分归因于她。

本书在出版过程中得到中国人民公安大学出版社领导的大力支持，在此表示感谢！

诉讼法学文库书目

Ⅰ 刑事证据法原理与适用
Ⅱ 刑事诉讼法实施问题与对策研究
Ⅲ 刑事程序的法哲学原理
Ⅳ 视听资料研究综述与评价
Ⅴ 刑事司法体制原理
Ⅵ 刑事证人证言论
Ⅶ 刑事一审程序理论与实务
Ⅷ 非法证据排除规则研究
Ⅸ 美国的外国法院判决承认与执行制度研究
Ⅹ 我国未成年人刑事案件诉讼程序研究
XI 侦查程序原理论
XII 侦查讯问程序正当性研究
XIII 死刑案件程序问题研究
XIV 刑事上诉程序研究
XV 程序正义与刑事证据法
XVI 司法改革原理研究
XVII 刑事诉讼行为基础理论研究
XVIII 无罪辩护
XIX 刑事诉讼中的禁止双重危险规则论
XX 刑事证据可采性研究
XXI 刑事诉讼模式的演进
XXII 正当程序文献资料选编
XXIII 刑事程序法功能研究
XXIV 论行政诉讼审查标准
XXV 清末刑事司法改革研究
XXVI 民事诉讼标的论
XXVII 现代公诉制度研究
XXVIII 民事司法现代化的探索
XXIX CEPA 框架下的经贸争端解决机制与程序
XXX 证据能力论
XXXI 刑事诉讼主体论
XXXII 刑事程序性裁判研究
XXXIII 案件事实认定论
XXXIV 正当法律程序研究
XXXV 强制执行立法的探索与构建
XXXVI 行政行为的可诉性研究
XXXVII 清末民初刑诉法典化研究
XXXVIII 底限正义论
XXXIX 行政诉讼类型研究
XXXX 公诉权原论

诉讼法学文库2006

1 刑事正当程序原理
2 自白制度研究
3 警察作证制度研究
4 司法公正的理念与制度研究
5 人本精神与刑事程序
6 刑事诉讼平衡论
7 刑事诉讼关系的社会学分析
8 刑事证明责任分配研究
9 刑事司法权力的配置与运行研究
10 行政诉讼原告论

诉讼法学文库2007

1 刑事诉讼交叉询问之研究
2 检警关系论
3 鉴定结论论
4 检察职能研究
5 美国死刑程序研究
6 行政诉讼问题研究与制度改革
7 刑事司法民主论
8 被追诉人的宪法权利
9 刑事裁判权研究

诉讼法学文库2008

1 论证据与事实
2 法院调解制度研究
3 弱势群体的法律救助
4 刑事赔偿制度研究
5 秘密侦查比较研究
6 非法证据排除规则：话语解魅与制度构筑
7 民事当事人证明权保障
8 现代社会中的诉讼功能
9 诉讼认识、证明与真实
10 中国刑事审前程序制度构建

诉讼法学文库2009

1 检察官证明责任研究
2 刑事诉讼生态化研究
3 对质权制度研究
4 无效刑事诉讼行为研究
5 刑事诉讼中的财产权保障
6 论对抗式刑事审判
7 案件事实认定方法
8 中国区际刑事司法协助研究

诉讼法学文库 2010

1 侦查程序诉讼化研究
2 媒体与司法关系研究
3 刑事诉讼中的公正审判权
4 证明标准研究
5 刑事诉讼客体论
6 审查判断证据
7 民事判决既判力主观范围研究
8 刑事诉讼程序的人性分析
9 检察监督与公诉职能关系论
10 中国检察制度改革与探索
11 证明力判定论
12 侦查学基础理论研究